Aleister Crowley's Scientific Illuminism

Magie und Mystik als angewandte Psychologie
zur Transformation des Menschen

von

Andreas Ludwig

Tectum Verlag
Marburg 2005

Ludwig, Andreas:
Aleister Crowley's Scientific Illuminism.
Magie und Mystik als angewandte Psychologie
zur Transformation des Menschen.
/ von Andreas Ludwig
- Marburg : Tectum Verlag, 2005
ISBN 978-3-8288-8869-2

© Tectum Verlag

Tectum Verlag
Marburg 2005

Danksagung

Das vorliegende Buch ist die überarbeitete und leicht erweiterte Fassung meiner Examensarbeit im Fachbereich Vergleichende Religionswissenschaft, eingereicht an der Friedrich-Wilhelms-Universität in Bonn.
Daß sie mit Erfolg verfasst wurde und nun als Publikation einem größeren Leserkreis zugänglich ist, liegt nicht zuletzt an der Unterstützung, die mir mancher hat zuteil werden lassen.

An erster Stelle möchte ich dabei Herrn Prof. em. Dr. Karl Hoheisel danken, der am Anfang meines Studiums motivierende Worte fand, die mich dazu veranlassten, auch Themengebieten nachzugehen, die in der Religionswissenschaft nicht unbedingt große Aufmerksamkeit genießen. Seine freundliche Unterstützung, Aleister Crowley als Thema meiner Examensarbeit wählen zu können, ermöglichte es mir, mein Interessengebiet in wissenschaftlichem Rahmen zu vertiefen und legte damit die Grundlage für die vorliegende Studie.

An dieser Stelle sei auch Herrn Dr. Dr. Wassilios Klein gedankt, der als Zweitgutachter für die ursprüngliche Examensarbeit fungierte.

Weiterhin danke ich meinem langjährigen Freund Herrn Wolfgang Buchholz, der sowohl bei der Präsentation der Examensarbeit als auch bei der technischen Vorbereitung des Buchmanuskripts maßgeblich beteiligt war.

Mein Dank gebührt ebenfalls meiner Lebensgefährtin Frau Dipl.-Geol. Daniela Koch, die mir stets mit Rat zur Seite stand und bei der Überarbeitung des Manuskriptes manche Stunde investierte. „For without woman man has no power" [Aleister Crowley]

Mit Dank gewidmet ist das Buch meinen Eltern Ursula und Heinz-Peter Ludwig, ohne die ich viele Dinge nicht hätte erreichen können.

Ahrweiler, Dezember 2004

Andreas Ludwig

Great and powerful men, in the religious dimension, are invariably regarded gods by some and as devils by others.

- Alan Watts über Aleister Crowley

Inhaltsverzeichnis:

I.	Einleitung	7
II.	Kurzbiographie Aleister Crowleys	15
III.	**Thelema: die Doktrin**	**43**
	3.1 Holy Books – das Fundament	45
	3.2 Secret Chiefs – die Autorität	58
	3.3 Äonologie & Magickal Formulae – die Weltsicht	63
	3.3.1 Äon der Isis – die Verehrung der Mutter	65
	3.3.2 Äon des Osiris – die Verehrung des Vaters	66
	3.3.3 Äon des Horus – die Verehrung des Gekrönten & Siegreichen Kindes	68
	3.3.4 Äon der Maat – die Herrschaft der Gerechtigkeit	74
	3.4 The Cult of the MA-ION – die Häresie	75
	3.5 To Mega Therion – der Prophet	82
	3.5.1 Lady Babalon – die Scharlachfrau	93
	3.6 Kultus - Das Ritualverständnis	98
	3.7 Tägliche Riten	100
	3.7.1 Das Greeting	101
	3.7.2 Will Saying	102
	3.7.3 Die Adorations	103
	3.7.4 Mass of the Phoenix	106
	3.8 Der Kalender – das sakrale Jahr	108
IV.	**Scientific Illuminism: the method of science, the aim of religion**	**111**
	4.1 Die psycho-spirituelle Natur des Menschen	117
	4.1.1 Exkurs: Jüdische und Hermetische Kabbala	120
	4.1.2 Der Mensch in seiner mikrokosmischen Struktur	122
	4.2 Yoga – keep still	130
	4.3 Magick: travel beyond the world of the senses	137
	4.3.1 Zeremonialmagie am Beispiel der Goetia	139
	4.3.2 Sexualmagie: Energized Enthusiasm	144
	4.4 Astrum Argenteum - Die Große Weiße Bruderschaft	150
	4.4.1 Die Ordensgrade – Stufen zur Vollendung	159
	4.5 Die Struktur des Weges	167
	4.5.1 Das Magische Tagebuch – Disziplin & Selbstschau	168
	4.5.2 Vergangene Leben – Wer bin ich?	172
	4.5.3 Der Body of Light – die magische Persönlichkeit	173
	4.5.4 Der Wahre Wille – das Potential	177
	4.5.5 Der Holy Guardian Angel - die innere Führung	182
	4.5.6 Der Abyssos – die Grenze	184
	4.5.7 Exkurs: Der kabbalistische Lebensbaum	185
	4.5.8 Exkurs: Enochian Magick	187
	4.5.9 Der Ipsissimus – die Vollendung	199
V.	Fazit	**205**
	Literaturverzeichnis	**211**

I. Einleitung

Als Aleister Crowley im Jahr 1947 nach einem abenteuerlichen Leben starb, hinterließ er ein zwiespältiges Bild seiner selbst in der Betrachtung derer, die in irgendeiner Art und Weise mit ihm zu tun gehabt hatten, oder zumindest von seiner Existenz wußten.

Viele sahen in ihm einen merkwürdigen religiösen Atavismus, ein Relikt aus längst überwunden geglaubter magiegläubiger Zeit, der sich in das Jahrhundert der beginnenden Entwicklung von moderner Forschung und Wissenschaft herübergerettet hatte. Die meisten dieser Zeitgenossen machten keine großen Anstalten, sich mit dem zu befassen, was Crowley selbst als seine Mission, als sein *Magnum Opus* ansah und sein Ableben hinterließ in ihren Augen eine Lücke, die ihn nur allzu gut ersetzte. Weitaus mehr Menschen mußten hingegen erleichtert sein, wenn man sich die verschiedenen Kommentare anschaut, die über Crowley Zeit seines Lebens gemacht wurden. Für diese Menschen war Crowley so etwas wie ein lebendes Symbol der sich auflösenden Traditionen, dem Abfall von Sitte und Brauch, eine Art gesellschaftlicher Rebell, der alles in Frage zu stellen schien, was bisher als gut und richtig betrachtet worden war. Ihr Interesse galt ebensowenig dem, was Crowley gelehrt hatte, sondern vielmehr nur der Hoffnung, daß sein Einfluß und Wirken mit seinem Ableben beendet sein würde. Die Art und Weise hingegen, wie man seinen Einfluß durch verschiedenste Greuelmärchen zu beschränken gedachte, darf man durchaus als kontraproduktiv werten, da sie Crowley eher zum spirituellen „verbotenen Apfel" machten, nach dem so mancher, gerade wegen des ihn umgebenden Nimbus, nur zu gerne griff.

In diesem Sinne werden die Skandalmeldungen, die zu Crowleys Lebzeiten über ihn in Umlauf waren, bis zum heutigen Tage kolportiert, so daß sich die Legende, welche sich um Aleister Crowley letztlich bildete – durchaus nicht ungern von ihm gesehen – quasi verselbständigte. Das Bild, das man sich bis heute in weiten Kreisen von ihm macht, läßt sich dabei kurz und knapp zusammenfassen als die Überzeugung: „He was mad, bad, and dangerous to know."[1]

Eine weitere, im Vergleich mit der gerade erwähnten, eher marginale Gruppe, sah in Crowleys Tod das Ende einer großen Persönlichkeit und in Crowley selbst einen bemerkenswerten Philosophen, Eingeweihten und Religionsgründer, der den Menschen etwas vermitteln wollte, was für ihre Evolution von essentieller Wichtigkeit sei. In dieser Sicht findet sich die andere Seite des Mythos Crowley als „überragende, wenn auch unheilvolle Persönlichkeit in führender geistiger

---

[1] Regardie/Stephensen, 1983, p. viii

Position"[2], wo er als Archetypus des Magiers, des Initiierten schlechthin erscheint und ihm Dinge nachgesagt werden wie:

> „Er hatte einen hohen Grad in der Sekte der Rotkappenmönche[3] inne, er wurde vom Dalai-Lama in Lhasa persönlich empfangen, er beherrschte die Mantramistik[4] und Riten der Tantra – Sekten und der Zauberpriester in der Mongolei, ebenso die Praktiken der indischen Yogalehren."[5]

An dieser Einteilung in die gerade skizzierten Verhaltensweisen gegenüber der Person und dem Werk Aleister Crowleys hat sich bis zum heutigen Tag nicht viel verändert, wenngleich es immer Personen gegeben hat, die in der Lage und Willens waren, die Legenden um Crowley zu relativieren und in seiner offensichtlichen Janusgestalt vor allem eine Projektion unbewußter Erwartung derer sahen, die sich mit ihm konfrontiert fanden, wie das vorgestellte Zitat von Alan Watts zeigt.

Heute findet man Aleister Crowley in einer Schnittmenge aus abstrusen Geschichten um seine Person, Anfeindungen durch kirchliche Apologeten und wirklichen oder vermeintlichen Satanisten, die sich in seinen Spuren wandelnd wähnen. Er stellt, diesem Bilde nach zu urteilen, so etwas wie den Ursprung der dunklen Seite der - auch in unserer Zeit boomenden - Esoterikwelle dar und es ist so, daß seine Lehre mehr oder weniger zur Gänze hinter dem verborgen bleibt, was sich heute an überzogener Diabolisierung und unreflektierter Gefolgschaft ebenso findet wie zu seinen Lebzeiten.

Ziel der vorliegenden Studie ist es deshalb, Aleister Crowleys spirituelle Doktrin und die von ihm gelehrte Methodik, das darin beschriebene Ziel zu erreichen, in möglichst klarer Weise darzulegen. Meines Wissens steht eine solche grundlegende Systematik, vor allem im Kontext der Vergleichenden Religionswissenschaft, bis dato noch aus, was man durchaus als Defizit werten kann, wie hoffentlich in den folgenden Ausführungen erkennbar werden wird.[6]

Dabei wird versucht, die als *Thelema* bekannte religiöse Bewegung im Sinne einer traditionsimmanenten Hermeneutik, d.h. aufgrund ihres Selbstverständnisses zu beschreiben, also im Gegensatz zu den Betrachtungen von kirchlicher Seite, welche eine interreligiöse Hermeneutik praktizieren, bei

---

[2] Gregorius, 1980, p. 19
[3] Gemeint ist die Linie des tibetischen Nyingmapa Ordens, der im Gegensatz zum reformierten Gelugpa Orden noch stärker der prä-buddhistischen nativen Bön Religion Tibets verbunden ist. Etwas, was ebenfalls nie reflektiert wird, ist die Tatsache, daß der Dalai Lama das geistige Oberhaupt (damit mittlerweile den eigentlichen geistigen Führer, den Panchen Lama, überragend) nur jener Tibeter ist, die der Gelugpa Schule des tibetischen Buddhismus angehören.
[4] Die Kunst und das Wissen um die heiligen tantrischen Machtworte.
[5] Gregorius, 1980, p. 17
[6] Dem Verfasser ist z.B. nur eine Examensarbeit zumindest vom Titel her bekannt, die sich mit Crowley auseinandersetzt: Kühne, Manuela: *Aleister Crowley, Satanist oder Mystiker? Zur typologischen Einordnung einer vieldeutigen Gestalt*, Giessen: Keiler 1987

der leider selten über den eigenen apologetischen Motivationshorizont geschaut wird, was zuweilen zu gewissen Unschärfen in der Darstellung des Themas führt. Angestrebt ist es, ein Gesamtbild nachzuzeichnen, was sowohl die elementare Doktrin, wie auch das methodische System, das Crowley *Scientific Illuminism* nannte, umfaßt. Um der angestrebten objektiven Darstellung gerecht werden zu können, ist es unerläßlich, daß der Verfasser im Laufe der Studie Selbstaussagen Crowleys, oder anderer hier beschriebener Personen, die den Quellen zufolge innerhalb eines magisch-empirischen Kontextes zustandekamen, als Bekenntnisse subjektiver Wahrheit auffaßt. Es liegt in der Natur der Sache, daß Aussagen über solche Erfahrungen nur deskriptiv und nicht wertend sein können, da sie grundsätzlich weder veri- noch falsifizierbar sind und diese Absicht auch jenseits der kulturwissenschaftlichen Intention der Religionswissenschaft liegt.[7]

Die Studie gliedert sich formal in einen biographischen Teil, der die wichtigsten Punkte in Crowleys Leben skizziert und notwendig erscheint, um viele Persönlichkeitsmerkmale Crowleys beleuchten zu können, die auch im Hinblick auf seine Doktrin und spirituelle Methodik relevant erscheinen - zumal Crowley innerhalb der kosmologisch-theologischen Vorstellungen der Thelema-Religion eine zentrale Rolle einnimmt und die biographischen Ausführungen damit gleichermaßen die Eckpfeiler der Entstehungsgeschichte dieser Religionsgemeinschaft dokumentieren. Der daran anschließende Hauptteil der Darstellung eben jener Lehre und Methode, versucht das über eine große Zahl von Schriften verteilte Gedankengut Crowleys zu systematisieren, dort wo es angebracht erscheint, auf der Basis der heutigen thelemitischen Rezeption zu reflektieren und in der Betrachtung von prägnanten Elementen der spirituellen Lehre Crowleys eine Konsistenz und Tiefe der zugrundeliegenden Gedanken zu belegen, die in den üblichen Abhandlungen oft nicht zum Ausdruck kommt.

Es ist dabei eben das Bemühen Crowleys, eine gedanklich durchstrukturierte Neuformulierung alter okkulter Traditionslinien auf der Grundlage einer modernen Vertrautheit mit wissenschaftlichen Erkenntnissen zu erschaffen, die mit zu den entscheidenden Punkten gehört, seiner Lehre eine grundlegende Ernsthaftigkeit nicht absprechen zu können. In diesem Sinne muß man einer oftmals anzutreffenden groben Gleichsetzung dessen, was man heute gerne als *Satanismus* plakativ und werbewirksam zum Gegenstand einer gesellschaftlichen Diskussion erhebt, und der Lehre Aleister Crowleys eine scharfe Absage erteilen, will man sich um eine differenzierende Darstellung bemühen. Crowleys Doktrin ist so etwas wie eine späte Blüte, die sich auf dem undurchsichtigen Teich der okkulten Traditionen entwickelt hat und sie basiert auf einem komplexen synkretistischen und eklektizistischen System. Dies und die Tatsache, daß Aleister Crowley mehr oder weniger für sich selber schrieb, d.h. immer

---

[7] Um die Zugänglichkeit des Textes zu erhalten, wurde deswegen auf permanente Relativierungen dieser Aussagen durch distanzierende Formulierungen wie „angeblich", „seinen Worten nach" etc. verzichtet.

stillschweigend davon ausging, daß seine Leser denselben Wissenshorizont haben, was die von ihm behandelten spezifischen Disziplinen anbelangt, macht das Studium seiner Werke mitunter zu einem recht schwierigen Unterfangen. Kenntnisse der verschiedensten religiösen Traditionen, Mythologien und okkulten Lehren sind notwendig, will man das Konstrukt aus Anspielungen, Vergleichen, Querverweisen, neu geordneten Versatzstücken anderer Elemente etc. verstehen, dem man sich in Crowleys Büchern gegenübersieht.

Ganz im Sinne Crowleys, der Religion eher pragmatisch interpretierte und im Sinne seines *Scientific Illuminism* als *magickal tool* ansah, wird dabei zuerst auf die eigentlichen Grundlagen eingegangen, auf denen einerseits die Methodik basiert und die andererseits die religiöse Strömung Thelema definiert. Von dort ausgehend wird die eigentliche Methodik erst verstehbar und in ihrer jeweiligen Neudefinition traditioneller Manifestationen von Spiritualität, wie dem Yoga und der Magie, dargelegt.

Die Intention der Arbeit ist dabei nicht, die zweifelhafte Reputation, die Crowley bis heute genießt, zu dementieren, noch seine Lehre in irgendeiner Form zu bewerten.[8] Beides liegt einerseits außerhalb ihres rein phänomenologisch-reduktiven Ansatzes, da eine deskriptive Systematik als solche strukturieren und kontextuell beschreiben will, nicht inhaltlich bewerten soll, noch kann. Andererseits ist es gerade der Umstand, daß die Diskussion um Aleister Crowley sich gemeinhin in einem defizitären Rahmen bewegt, was die inhaltliche Kenntnis der zugrundeliegenden Elemente seiner Lehre und in Folge auch seiner Praxis anbelangt, der eine Systematik, wie sie hier angestrebt wird, notwendig und sinnvoll erscheinen läßt.
Sicherlich ist jedem, der sich diesem Thema widmet, eine gewisse persönliche Note zu unterstellen, da generell „die Forderung eines „unbefangenen", „objektiven" Herantretens an eine Religion pure Naivität (ist)."[9] Der Verfasser sieht dabei die persönliche Motivation, sich dem Thema an sich zu nähern, einzig und allein in dem Umstand begründet, daß die Art und Weise, wie Aleister Crowley in den meisten Abhandlungen dargestellt wird, einer korrekten Einschätzung seines Wirkens innerhalb der Tradition des westlichen Okkultismus als einer lebendigen spirituellen Subkultur entgegensteht. Dies bezieht sich sowohl auf die übliche Darstellung seitens der Sektenbeauftragten, deren Vorgehen oft erkennbar auf der kirchlichen Linie der Häresienpolemik fußt, wie auch auf die im Bekennerkreis praktizierender Thelemiten anzutreffende

---

[8] Leider ist es so, daß selbst innerhalb der Religionswissenschaft alleine der Umstand, daß man sich wissenschaftlich – objektiv mit Aleister Crowley auseinandersetzt, für manchen Fachvertreter Grund genug für den Verdacht zu sein scheint, daß man inhaltlich seiner Lehre nahesteht. Im Verständnis d. Verf. haben jedoch solche angeblichen „Tabuthemen" keinerlei Platz in einer, sich als konfessionslos verstehenden und kulturwissenschaftlich fundierten, Relgionswissenschaft. Die Studie wurde nicht geschrieben, um eine, wie auch immer geartete, Erwartungshaltung zu bedienen, sondern um einen weißen Fleck auf der Karte der zeitgenössischen religiösen Strömungen mit unvoreingenommener Information zu füllen.
[9] Stolz, 1988, p. 39

unreflektierte Apotheose Crowleys. Diese ist zuweilen so ausgeprägt, daß die Grenze zwischen dem Bekenntnis zu Thelema, als einer von ihm gegründeten spirituellen Bewegung, und „Crowleyanity", einem überzogenen Persönlichkeitskult, verwischt. Es ist eben diese Legendenbildung um Crowley, die den Blick auf das, was er eigentlich gelehrt hat, völlig zu versperren scheint und es ist die Überzeugung des Verfassers, daß eine inhaltliche Darstellung von Aleister Crowleys *Scientific Illuminism* im Rahmen einer religionswissenschaftlichen Studie geboten scheint, um ein Korrektiv zu den oben angesprochenen Annäherungen an das Phänomen Aleister Crowley zu bieten. Letztlich wäre natürlich zu wünschen, daß eine akkurate Systematik der Lehre Aleister Crowleys entsprechende Diskussionen belebt und sie darüber hinaus zurückführt zum eigentlichen Kern der Debatte, die sich in weiten Teilen eher um die quasi-moralische Frage dreht, wie man zu Crowleys Person steht, anstatt eine wirkliche inhaltliche Auseinandersetzung mit ihm zu sein, die eventuell perspektivische Neuzuordnungen der bisherigen Verstehensparameter nötig macht. Denn egal, wie man zur generellen Bewertung eines religiösen Phänomens, einer Stiftergestalt oder einer spirituellen Tradition steht, kommt man nicht umhin zuzugeben, daß auch eine – im Sinne einer persönlichen Meinung natürlich validen - Ablehnung des jeweils zugrundeliegenden spirituellen Zieles oder einer Verwerfung davon inspirierter Praktiken nur dann Sinn macht, wenn man tatsächlich das beurteilt, was gemeint ist, anstatt das, wovon man denkt, es *sei* gemeint.

Davon ausgehend sei kurz zur Quellenlage erwähnt, daß darauf geachtet wurde, einerseits genügend Primärquellen heranzuziehen, damit der Schwerpunkt der Darstellung auf Crowleys eigenen Ausführungen liegt, statt sich nur der verbreiteten Abhandlungen *über* seine Lehre zu bedienen. Letztere lassen gerade im Bereich der kirchlich-apologetischen Literatur zum Thema eine objektive Nachzeichnung der Lehre Crowleys vermissen. Bedingt durch den Umstand, daß diese Literatur der sog. Sektenbeauftragten mit einen Pfeiler des aktuellen Forschungsstandes bildet - was es auch unerläßlich machte, sie in den Sekundärquellen mit heranzuziehen -, läßt sich hier eine mißliche Schieflage der allgemeinen Fachdiskussion konstatieren. An erster Stelle wäre hier F.-W. Haack zu nennen, sowohl im Hinblick auf den Umfang seiner schriftlich fixierten Auseinandersetzung mit Crowley und dem von diesem initiierten okkulten Umfeld, aber auch bezogen auf seine interpretative Darstellung der thelemitischen Doktrin. Wie an anderer Stelle der vorliegenden Studie noch deutlich werden wird, projiziert Haack vieles von dem, was er bei Crowley finden möchte, in dessen Lehre und Praxis hinein. Dadurch, daß in der apologetischen Literatur zum Thema nun aber oftmals nur von Haack übernommen wird, verschiebt sich der Schwerpunkt der inhaltlichen Grundlage der Diskussion weg von Crowley als originärem Religionsgründer hin zu einer polemischen Interpretation durch Haack und die Autoren, die sich auf ihn stützen. Neben den Ausführungen Crowleys und ausgewählter apologetischer Literatur, stützt sich die Arbeit vor allem auf die verschiedenen erhältlichen Biographien über Crowley, die selber wiederum ein Bild der unterschiedlichen Crowley-Rezeption liefern und entsprechend dieses Hintergrundes in ihrem Gehalt als Quelle für die eigentliche Beschreibung der Crowley-Lehre abgewogen werden müssen.

Gerade in Biographien wird ja der persönlichen Einschätzung der behandelten Figur durch den Autor besonderes Gewicht verliehen, was sich entweder in bewußter Bewertung äußert, oder aber in unbewußter Modifikation der Darstellung an sich. Ersteres ist dabei weit weniger problematisch, weil offensichtlich als subjektive Meinungsäußerung erkennbar. Schwierig werden biographische Arbeiten, die wertend darstellen, etwa im Falle von John Symonds, der keinen Hehl daraus macht, daß er in Crowley so etwas wie den leibhaftigen Satan sieht oder aber bei Gerald Suster, der selbst in der okkulten Szene aktiv ist und Crowleys Person auch und gerade vor dem Hintergrund seiner Lehre beurteilt. Um auch hier eine möglichst ausgewogene Basis zu erhalten, sind alle maßgeblichen Biographien, die bis dato erschienen sind, für die vorliegende Arbeit herangezogen worden. Die ansonsten verwendete Sekundärliteratur beschäftigt sich mit Crowley in den thematischen Schnittmengen, also etwa Magische Orden, Freimaurerei, Satanismus, Magie etc. resp. gehört zur thelemitischen Auseinandersetzung mit Person und Lehre Aleister Crowleys. Ausdrücklich ausgeschlossen wurden hagiographische Schriften und Übersetzungen zweifelhafter Qualität. Es bleibt abschließend darauf hinzuweisen, daß die Verfügbarkeit gerade der Primärquellen schwierig ist, da viele der Werke vergriffen sind und selbst über Bibliotheken oftmals nur schwer oder gar nicht zu beschaffen sind. Das Internet wird dabei allerdings zunehmend eine wichtige Quelle , da fast alle Schriften Crowleys mittlerweile im Netz stehen. Gemäß den Fluktuationen der Zugänglichkeit solcher Websites, wie der generellen Schwierigkeit sie im Sinne einer verläßlichen Quelle einschätzen und damit in wissenschaftlichem Rahmen nutzen zu können, wurde bis auf wenige Ausnahmen davon kein Gebrauch gemacht. Es sei hier nur als Hinweis darauf verwiesen, daß der Leser Zitate über die Internetpräsenz dieser Schriften auch dann verifizieren kann, wenn die Originalschriften nicht zugänglich sein sollten.

Ebenso bescheiden ist die Gesamtlage, was den Forschungsstand angeht, was sich alleine schon dadurch dokumentiert, daß die hier zusammengetragene Literatur den Hauptteil derselben reflektiert. Neben einer sehr lebendigen Internet-Szene, die jedoch vor allem durch die aktive Thelema-Bewegung geschickt zur Diskussion und Werbung für die Crowley-Lehre benutzt wird und nur vereinzelt Crowley in kritischer Weise zum Thema hat[10] und der bereits angesprochenen Bedeutung der kirchlich-apologetischen Diskussionsführer, ist Aleister Crowley noch kaum wirklich - vor allem religionswissenschaftlich -

---

[10] Oder nur als Teil einer anderen thematischen Schwerpunktbildung, wie etwa die Websites von Peter-R. König zum O.T.O – Phänomen.

erforscht. Das Warburg Institute in London besitzt viele „Crowleyana", da der Nachlaß des ehemaligen Crowley-Freundes Gerald Yorke dort hinterlegt ist und der eigentliche Crowley-Nachlaß befindet sich nach wie vor in den Händen von John Symonds. Letztlich gehört all dies und das ansonsten zugängliche, aber sehr verstreute, Material (vieles davon auch in Privatsammlungen) neu gesichtet und gemäß den kulturwissenschaftlichen Methoden der Vgl. Religionswissenschaft unvoreingenommen dargeboten, um Wahrheit von Legende zu trennen, sowohl was die Person Crowleys angeht, wie auch dessen, was er gelehrt hat. Leider wird Crowley jedoch noch immer strikt im okkultistischen Milieu angesiedelt, das oftmals bei Religionswissenschaftlern wenig Interesse erfährt, anstatt in seiner Bedeutung als zeitgenössischer Religionsstifter wahrgenommen zu werden, so daß hier eindeutig ein Defizit objektiver Aufarbeitung besteht.[11]

Der Studie liegt dabei auch als motivierender Impuls die persönliche Einschätzung des Verfassers zugrunde, daß sich in Aleister Crowley eine Persönlichkeit findet, die innerhalb dessen, was man als „unterirdischen Strom"[12] unserer abendländischen Kultur bezeichnen kann, eine erstaunliche gedankliche Tiefe, begriffliche Präzision und vor allem eine spirituell basierte Konsequenz verkörpert, die sich in der Kombination mit mannigfaltigen Talenten selten im okkult-esoterischen Umfeld finden läßt, das ihm deswegen im Sinne einer gewissen geistigen Milieuzuordnung auch nicht wirklich gerecht wird. Insofern bezeugt zumindest die Einschätzung als *berühmtester*, oder *berüchtigtster* Okkultist des 20. Jahrhunderts, die Crowley widerfährt - je nachdem, wie man zu seiner Person und Lehre steht -, seinen Platz als Ausnahmeerscheinung einer, nach wie vor lebendigen, gnostisch-esoterischen Subkultur unserer Gesellschaft. Das, was sich im Gewand einer pflegeleichten „Esoterik" zwischen Wochenendtrips zur Erleuchtung und medienwirksam verkauften Instantlösungen menschlicher Probleme dem heutigen spirituellen Konsumenten anbietet, ist dabei nur noch ein schwaches Zerrbild dessen, was Persönlichkeiten wie Helena Petrowna Blavatsky im 19. Jahrhundert und Aleister Crowley im 20. Jahrhundert repräsentierten.

---

[11] Es ist als bedauerliches Versäumnis zu werten, daß die Religionswissenschaft ihrem selbstgewählten Auftrag, religiöse Phänomene und Bewegungen in ihrer Gesamtheit objektiv zu untersuchen, gerade in diesem Bereich nicht nachkommt. Dieser Umstand hat entscheidend dazu beigetragen, daß Religionswissenschaftler den Anschluß an die gesellschaftliche Diskussion zum Thema okkult-religiöse Bewegungen, Lehren und Praktiken usw. weitgehend verloren haben und von den Medien, die sich stattdessen an Theologen wenden, gar nicht als eigentliche Experten zum Thema wahrgenommen werden.
[12] Möller/Howe, 1986, p. 270

II. Kurzbiographie Aleister Crowleys

Crowley wurde am 12. Oktober 1875 unter dem Namen Edward Alexander Crowley in Leamington Spa, Warwickshire geboren, als einziger Sohn von Edward Crowley und Emily Bertha Crowley, geb. Bishop.
Das Leben der Familie war auf der einen Seite von Wohlstand geprägt, da Edward Crowley ein vermögender Geschäftsmann[13] war, der auf eine damals recht innovative Idee kam und unter dem Namen „Crowley's Alton Alehouse" eine Art fahrenden Bierausschank ins Leben rief, wo man neben Bier auch einen kleinen Imbiß zu sich nehmen konnte. Auf der anderen Seite war sein Leben aber auch von einer strengen fundamentalistischen Religiosität geprägt, da die Familie der christlichen Glaubensgemeinschaft der *Plymouth Brethren* angehörte.[14] Die Tatsache, daß die Familie ihren Wohlstand dem Handel mit Alkohol verdankte, paßte nun aber nicht so ganz in das Bild, das Edward Crowley von sich hatte und auch lautstark als Prediger des Wortes Gottes und der Abstinenz nach außen hin vermittelte. Dieser offensichtliche Zwiespalt wurde innerhalb der Familie nicht thematisiert, läßt aber Crowleys spätere Einschätzung der familiären Umstände und im weiteren des Christentums - so wie er es seit Kindheit kennengelernt hatte - als bigott nachvollziehbar werden. Das Leben in der Familie war ansonsten streng nach den Richtlinien der Plymouth Brethren geregelt, die Weihnachten als heidnisches Fest ablehnten und selbst das 'Vater Unser' als Beten nach heidnischer Sitte betrachteten und konsequenterweise verurteilten. Crowley selbst wuchs wie jedes andere Kind in dieser Gemeinschaft auf und war anfangs, auch aufgrund eines gewissen Respekts für seinen Vater, bemüht, den Erwartungen gerecht zu werden. Die Bibel gehörte zu seiner täglichen Lektüre und wie ein Biograph es für seine damalige Situation treffend formuliert: "he imagined himself to be a servant of God who was only too ready and willing to crusade against Satan and his hordes".[15]
Edward Crowley litt bereits seit einiger Zeit an Zungenkrebs, aber da er jede Behandlung aus religiösen Motiven heraus ablehnte, verstarb er 1887, was Crowley wie seine Mutter gleichermaßen verstörte. In der Folgezeit entwickelte Emily Bertha einen noch strengeren religiösen Habitus, was letztlich zu heftigen und anhaltenden Auseinandersetzungen mit ihrem Sohn führte, der noch Jahre

---

[13] Daß Edward Crowley „Bierbrauer" war, wie man zuweilen als ungenaue Beschreibung liest [cf. Möller/Howe, 1986, p.171], begründet sich mit seiner Geschäftsidee, weniger mit einer Ausbildung oder Ausübung eines solchen Berufes. Er war gelernter Ingenieur, arbeitete aber nie in dieser Sparte. [cf. Crowley, 1989c, p. 35]
[14] Diese, nach ihrem Gründer John Nelson Darby, auch "Darbysten" genannte Bewegung, zeichnet sich aus durch strenge anti-klerikale Einstellung, kontemplative Bibelbetrachtung, wortwörtlicher Interpretation derselben, gemeinschaftliches Brotbrechen und Erwartung des nahenden Weltendes und wurde 1826 in Plymouth, Southhampton gegründet. Die Gemeinschaft besteht heute noch. Die Crowleys gehörten einem inneren Zweig dieser Gemeinschaft an, den „Exclusive Brethren", die sich strenger von anderen Christen abschlossen, als die sog. „Open Brethren", welche auch Christen anderer Konfession an ihren Herrenmählern teilhaben ließen. [cf. Haack, 1991, p. 68]
[15] Suster, 1988, p. 18

später keinen Hehl aus seiner Abneigung machte, die das dogmatische Verhalten der Mutter bei ihm auslöste, wenn er schreibt: "He always disliked and despised his mother. There was a physical repulsion and an intellectual and social scorn. He treated her almost as a servant."[16]

Interessant ist die Aussage Crowleys, daß trotz allem Respekt und der Verehrung, die er seinem Vater entgegenbrachte, der Tod seines "Helden" und "Freundes", wie er ihn nannte,[17] dennoch eine gewisse Befreiung auslöste, da nach Crowleys eigenen Worten, er vorher keine unabhängige Identität gehabt habe. Er bringt dies in seiner *Autohagiographie*[18] genannten Autobiographie symbolisch zum Ausdruck durch ein konsequentes Schreiben in der dritten Person, bis zu eben jenem Zeitpunkt, wo er vom Tode seines Vaters berichtet. Erst danach stellt er fest, "that he begins to think of himself in the first person. From this point, however, he does so; and is able to continue this autohagiography in a more conventional style by speaking of himself as I".[19]

Nach dem Tod seines Vaters wurde Crowley kurz in die Obhut seines Onkels Tom Bond Bishop gegeben, der in London lebte und ebenfalls laut Crowley von geradezu fanatischer religiöser Gesinnung war, wobei die Umstände religiöser Indoktrination sich aber noch verschlimmern sollten, als Crowley noch im selben Jahr von seinem Onkel auf eine Internatsschule in Cambridge geschickt wurde, die *Plymouth Brethren's Preparatory School*. Drakonische körperliche Strafen, wie Züchtigung mit dem Rohrstock, abgelöst von 15 Minuten Gebet, worauf wieder Stockschläge folgten[20] usw., sowie psychologische Torturen, wie völlige Isolierung der Kinder, Sprechverbot etc., wurden angewandt, um die Einhaltung der restriktiven Internatsregeln zu gewährleisten, falls einmal dagegen verstoßen wurde. Diese Umstände,[21] über die Crowley selbst sagt, "This punishment, which I believe criminal authorities would consider severe on a prisoner (...)",[22] führten letztlich zu seinem gesundheitlichen Zusammenbruch und diese Zeit seines Lebens titulierte Crowley als *A Boyhood in Hell*.[23]

Nach einer kurzen Zeit auf einem neuen Internat in Malvern, wo sich sein gesundheitlicher Zustand jedoch nicht besserte, zumal die fundamentalistische Atmosphäre dieselbe war und einer kurzen Zeit auf einer Schule in Tonbridge, beschloß die Familie, Crowley im Alter von 16 Jahren von einem Privatlehrer

---

[16] Crowley, 1989c, p. 48
[17] ibid
[18] Die Tegtmeier zu den „genialsten (sic), wildesten und lesenswertesten Autobiographien der Weltliteratur" zählt. [Tegtmeier, 1989, p. 17]
[19] Crowley, 1989c, p. 52
[20] Wobei man tunlichst vermied, auf das Hinterteil zu schlagen, um keine „unerwünschten Lustgefühle" zu provozieren. [cf. Hutchinson, 1998, p. 31]
[21] Die allerdings, wie man zugeben muß, nicht auf die Plymouth Brethren Schule beschränkt waren, sondern zu jener Zeit wohl durchaus zum gängigen Schulstil gehörten. „(...) not all boys of that period got prayer breaks every fifteen strokes." [ibid]
[22] Suster, 1988, p. 1988
[23] ibid

unterrichten zu lassen. Sein Lehrer wurde Archibald Douglas, der in mehrerer Hinsicht einen großen Einfluß auf Crowley ausübte. Einerseits war auch er ein Beispiel für den sich langsam in dem jungen Crowley verfestigenden Eindruck, daß das Christentum eine Art anderer Name für Bigotterie sei[24], da Douglas als ehemaliger Missionar der *Bible Society* weiterhin das Bild eines strengen und glaubensfesten Protestanten vermittelte, in Wahrheit aber ein sehr freizügiges Leben führte. Dies blieb seinem Schüler nicht verborgen und anstatt sich in irgendeiner Art und Weise zu rechtfertigen, führte er den jungen Crowley in die Freuden eines libertären Lebens ein, wie dieser in seiner Autobiographie als Erwachsener in lobender Erinnerung erwähnt:

> Though Douglas called himself a Christian, he proved to be both a man and a gentleman. I presume that poverty had compelled the camouflage. From the moment that we were alone together he produced a complete revolution in my outlook upon life, by showing me for the first time a sane, clean, jolly world worth living in. Smoking and drinking were natural. He warned me of the dangers of excess from the athletic standpoint. He introduced me to racing, billiards, betting, cards and women. (...) The nightmare world of Christianity vanished at the dawn.[25]

Viel von der späteren Lebenseinstellung Aleister Crowleys läßt sich auf das Vorbild von Archibald Douglas zurückführen, der ihn auch mit seiner späteren Leidenschaft – Bergsteigen – vertraut machte.

1895 schrieb sich Crowley am *Trinity College* in Cambridge ein, nachdem er ein Jahr vorher ein medizinisches Vorstudium am *King's College* in London begonnen hatte, was seinen Vorlieben dann aber doch nicht entsprach. Die Fächer, die er belegte, hießen zu jener Zeit *Moralische Wissenschaften*, was der Fakultät für Philosophie, Psychologie und Wirtschaftswissenschaften entsprach. Später schrieb er sich für klassische Philologie ein, wo er Latein, Altgriechisch, Französisch und nebenbei auch Russisch lernte.[26] Er spielte eine Weile mit dem Gedanken, in den diplomatischen Dienst in St. Petersburg zu gehen, wohin er 1897 reiste, was aber letztlich ebenfalls nicht seinem Sinn entsprach. Seine schnelle Auffassungsgabe führte dazu, daß er nicht allzuviel Zeit für seine Studien opfern mußte und dennoch sehr gute Beurteilungen und Noten bekam.[27] Seine Tage waren mehr mit Literatur, Sport und vor allem Schach ausgefüllt, was

---

[24] Wobei er in späteren Jahren in der Retrospektive bei sich selber eine differenzierte Bewertung unterstellte: „I was trying to take the view that the Christianity of hypocrisy and cruelty was not true Christianity. I did not hate God or Christ, but merely the God and Christ of the people whom I hated." [Crowley 1989c, p. 73]
[25] Crowley, 1989c, p. 75
[26] Crowley war zeit seines Lebens von Sprache an sich fasziniert (in späteren Jahren beschäftigte er sich mit Hebräisch und Deutsch), und der Gebrauch eines etymologischen Wörterbuchs gehörte standardmäßig zur täglichen Routine, wie Briefwechsel mit Schülern belegen. [cf. Crowley, 1991a]. Die Biographen sind sich jedoch nicht einig, was die Frage angeht, ob Crowley bereits Russisch gelernt hatte, als er St. Petersburg besuchte, oder es dort erst lernen wollte.
[27] Der einzige Biograph, der dies mehr oder weniger bestreitet, ist Hutchinson. [cf. Hutchinson, 1998, p. 48 ss.]

zeit seines Lebens Crowleys große Leidenschaft blieb, und er brachte es bereits in jungen Jahren zu erstaunlicher Spielstärke. Er schrieb während seines Studiums für die *Eastbourne Gazette* eine regelmäßige Schachkolumne und nahm, als er von seiner Reise nach St. Petersburg zurückkehrte, den Weg über Berlin, um dort an einem Schachkongress teilzunehmen. Er übte jeden Tag mindestens 4 Stunden und wurde bereits im zweiten Jahr an der Universität zum Präsidenten des dort aktiven Schachclubs ernannt.[28]
In die Anfangszeit seines Studiums fällt auch die Entscheidung, seinen Namen zu ändern, da er Edward Alexander nicht für tauglich hielt, um memoriert zu werden. Er mochte darüber hinaus keine Namen, die phonetisch in irgendeiner Form nach *Ted* oder *Ned* klangen, auch konnte er sich nicht mit dem Namen seines Vaters – der nach wie vor in seiner Erinnerung eine beherrschende Figur blieb – identifizieren. Alexander klang ihm zu schwerfällig und nachdem ihm ein Freund gesagt hatte, Alaister[29] wäre die schottisch-gälische Form von Alexander, er aber den „ai" Ton nicht mochte, entschloß er sich für *Aleister*. Insofern zeigte sich schon früh der Wunsch Crowleys, sich aus einem familiären Umfeld heraus zu emanzipieren und sich selbst zu finden, aber es fällt dabei auch auf, daß er die Einschätzung, etwas besonderes zu sein, wohl eben aus jener das Auserwähltsein betonenden religiösen Familientradition bezog.

Die Semesterferien waren ausgefüllt von Reisen ohne Begleitung durch Skandinavien, Holland[30] und vor allem in die Alpen, wo er bereits in jungen Jahren alleine den Eiger bestieg und der vielleicht größten Leidenschaft seines Lebens frönte.

> Crowley war schon seit frühester Jugend ein begeisterter Bergsteiger. Er kletterte in Cumberland, in den Tiroler Alpen, bestieg Eiger und Jungfrau, bezwang Gipfel in Mexiko und im Himalaja und entwickelte ein eigenes Steigeisen. Zusammen mit seinem Mentor und Freund Oskar Eckenstein hielt er mehrere inoffizielle Weltrekorde. Mit seiner feindseligen Haltung gegenüber dem englischen Alpenverein, den er für völlig inkompetent erachtete, und seinen abfälligen Bemerkungen über den größten Teil der Bergsteigerwelt schuf er sich eine Vielzahl von Todfeinden. Doch noch heute ist er in manchen Kreisen, die von seinen okkulten Aktivitäten nichts wissen, als einer der wagemutigsten, intelligentesten und leistungsstärksten Bergsteiger seiner Generation berühmt. Ja man kann wohl mit gutem Recht behaupten, daß er einer der ersten war, die das Bergsteigen überhaupt als ernstzunehmendem Sport entdeckten, es entsprechend weiterentwickelten und technisch formalisierten.
> Kein Geringerer als der Südtiroler Superbergsteiger Reinhold Messner zollte Crowley späten Tribut, als er dessen Selbstbeobachtung und die Präzision

---

[28] Zu jener Zeit besiegte er viele erstklassige Spieler, unter anderem den späteren Champion von Schottland und man handelte ihn gemeinhin als Championskandidaten. [cf. Suster, 1988, p. 22] Auch wenn er diese Ambition später aufgab, blieb er ein Meister vor allem des Blind- und des Simultanschachspiels.
[29] Wobei die eigentlich korrekte Schreibweise nach Ansicht d. Vf. 'Alaisder' wäre
[30] Seine Impressionen über diese Reise legte er poetisch dar in *Songs of the Spirit*

seiner Beschreibung des Zustandes des menschlichen Organismus in großen Höhen ohne künstliche Sauerstoffzufuhr lobte.[31]

Reinhold Messner führt vor allem an, daß Crowley als einziger Expeditionsteilnehmer auf dem K2, dazu noch als medizinischer Laie, ein Lungenödem bei einem erkrankten Kameraden diagnostizierte, was sich als völlig korrekt herausstellte und zu jener Zeit, seinen Worten zufolge, noch schwieriger zu erkennen war als heute. Neben der bezeichnenden Tatsache, daß Crowley das Bergsteigen an sich, ebenso wie Messner heute, als Mittel zur Selbsterfahrung definierte, lobt er vor allem Crowleys akkurate Einsichten in die Höhenakklimatisierung.[32]

Daß sich Aleister Crowley bereits in diesen jungen Jahren einen solchen Lebensstil überhaupt leisten konnte, lag daran, daß er mit Vollendung seines 21. Lebensjahres das Erbe seines Vaters antreten konnte. Obwohl die Angaben über die tatsächliche Summe, die Crowley erbte, in den verschiedenen Quellen voneinander abweichen, steht zumindest fest, daß er für die damalige Zeit ein Vermögen erbte. Crowley selbst spricht von 100,000£[33], Symonds gibt 17,000£ an.[34] Letztlich sind dies Vermögensverhältnisse, die erst wirklich Bedeutung erlangen, wenn man sie in moderne Währung umrechnet. Dabei würden 100,000£ im Jahre 1896 etwa 5,5 Millionen £ im Jahre 1996 entsprechen[35], was deutlich werden läßt, daß Aleister Crowley bereits mit 21 Jahren ein reicher Mann war, der nicht darauf angewiesen war, einem Beruf nachzugehen, was weitaus eher erklärt, daß er nach drei Jahren Cambridge ohne Abschluß verließ, als dies Vermutungen über unzureichende Fähigkeiten tun würden.[36]

Das Jahr 1896 war aber noch in manch anderer Hinsicht ein sehr bewegtes, da Crowley gewisse politische Ambitionen entwickelte und im Zuge dessen den *Jakobitern*[37] beitrat. Diese politische Randgruppierung in Großbritannien war von starken national-romantischen Gefühlen getragen und war ein maßgebliches Element des *celtic revival* jener Tage, so daß es nicht verwundert, Crowley in diesem Jahr auch als Mitglied einer *Celtic Church*[38] zu finden. Zur gleichen Zeit

---

[31] Tegtmeier, 1989, p. 42 ; Messners Kommentar zu Crowley findet sich in Messner/Gogna, 1980, p. 156 ss.
[32] Messner/Gogna, 1980, p. 158
[33] Crowley, 1991a, p. 6
[34] Symonds, 1983, p. 308
[35] cf. Hutchinson,1998, p. 60
[36] „He proved to be as poor a student of the tongue of Tolstoy as he was of the intricacies of the course which supposedly led to success in the Moral Science tripos" [Hutchinson, 1998, p.49] Im Widerspruch dazu z.B. Haack:"Sprachen lernen fällt ihm überaus leicht", [Haack, 1991, p. 74]
[37] Ultra-reaktionäre Anhänger der schottischen Stuart-Dynastie, benannt nach dem 1690 bei La Boyne besiegten Jakob II.
[38] 1866 von Jules Ferette, einem französischen Dominikaner, gegründet, der sich von Rom losgesagt hatte und eine Weihe durch Mgr. Bedoos, Bischof der syrisch-jakobitischen Kirche in Emesa, bemühte, das Patriarchat von Avalon-Glastonbury wieder zu errichten, welches angeblich auf Josef von Arimathäa zurückging, der den Gral aus Palästina nach England gebracht habe. [cf. Bouchet, 2000, p. 23]; Tegtmeier war dies noch nicht bekannt: „Bisher scheint es allerdings keinem Crowley-Forscher

gab es in Spanien eine ebensolche reaktionäre Gruppe, wie die Jakobiter, die *Karlisten*[39], die in jenem Jahr erneute Anstrengungen unternahmen, wieder einen blutigen Aufstand anzuzetteln. Es kam zu einer Solidaritätsbekundung der Jakobiter mit den Karlisten und durch die finanzielle Unterstützung des *Grafen von Ashburnham* wurde ein Schiff[40] zum Transport von Waffen und Freiwilligen bereitgestellt, wobei der britische Zoll diese Aktion jedoch verhindern konnte. Es gab einiges Aufsehen in Großbritannien und mehrere Briten bekamen Schwierigkeiten wegen ihrer Involvierung in diese Aktion. Don Carlos bedankte sich bei den Sympathisanten und unter ihnen befand sich auch Aleister Crowley, der sich am MG hatte ausbilden lassen,[41] und nun durch Don Carlos den Ritterschlag erhielt.[42]

Am 31. Dezember 1896 befand sich Crowley in Stockholm und erfuhr dort eine Art mystisches Erlebnis, welches den Beginn seiner spirituellen Suche markiert.

> I was awakened to the knowledge that I possessed a magickal means of becoming conscious of and satisfying a part of my nature which had up to that moment concealed itself from me. It was an experience of horror and pain, combined with a certain ghostly terror,[43] yet at the same time it was the key to the purest and holiest spiritual ecstasy that exists.[44]

Nicht ganz ein Jahr nach diesem Erlebnis, im Oktober 1897, erkrankte Crowley und obwohl die Krankheit seinen Worten zufolge nicht sonderlich ernst war, führte sie zu einer existentiellen Krise, zu dem, was Crowley später als ersten wichtigen Schritt auf dem Weg der spirituellen Entwicklung ansah: der *Trance des Leidens*.

> The occasion was an attack of illness. It was nothing very serious and I had long been accustomed to expect to die before I came of age.[45] But for some reason or other I found myself forced to meditate upon the fact of mortality. It was impressed upon me that I hadn't a moment to lose. There was no fear of death or of a possible 'hereafter'; but I was appaled by the idea of the futility of all human endeavour. (...) I did not go into a definite trance in this meditation; but a spiritual consciousness was born in me corresponding to that which characterizes the Vision of the Universal Sorrow, as I learnt to call

---

gelungen zu sein, die Existenz dieser Bewegung als Organisation eindeutig zu verifizieren." [Tegtmeier, 1989, p. 80]

[39] Anhänger des Don Carlos von Bourbon, dem jüngeren Bruder Jakobs IV. von Schottland, welcher einen Thronkampf gegen seine Nichte, Isabelle II, anstrengte, infolgedessen es 1833, 1846 und 1872 zu mehrjährigen Bürgerkriegen kam.

[40] *The Firefly*

[41] Crowley, 1989c, p. 121

[42] cf. Bouchet, 2000, p. 22 ; Crowley selbst hingegen relativiert dies, indem er sagt „I obtained the honour of knighthood from one of Don Carlos' lieutenants." [Crowley, 1989c, p. 123]

[43] Rudolf Ottos Beschreibung des *mysterium tremendum* kommt einem in den Sinn.

[44] Crowley, 1989c, p. 123 s.

[45] „For a time (bezieht sich auf seine Schulzeit, d. Vf.), his health was so wretched that doctors feared he would die in his teens" [Suster, 1988, p. 19]

it later on. (...) I formulated my will somewhat as follows: 'I must find a material in which to work which is immune from the forces of change'.⁴⁶

Die Art und Weise, wie Crowley über dieses Erwachen seiner Selbst spricht, sein - im obigen Zitat ausgesparter - längerer Monolog über seine Ideen und Wünsche, etwas Großes zu leisten, was ihn überdauern möge, wird von seinen Kritikern gerne herangezogen, um deutlich zu machen, daß hinter Crowleys Spiritualität bloßes profanes Geltungsbedürfnis gesteckt habe und seine eigentliche „Mission" im Grunde die religiös verbrämte Selbstdarstellung gewesen sei.⁴⁷ Dies verkennt jedoch völlig, daß Crowley gar keinen Hehl aus der Tatsache machte, daß die notwendige Trance des Leidens bei ihm, wie bei den meisten Menschen, die sie erfahren, durchaus legitim ausgelöst wird, indem sich der Mensch in seinen egoistischen Wünschen als limitiert erfährt.

> Das Streben, ein Meister zu werden, wurzelt in dem (sic) Trance des Leidens. Es ist dies nicht ein einfacher und bestimmter Trance; er fängt gewöhnlich in beschränkter und selbstsüchtiger Weise an.⁴⁸

Wie an geeigneter Stelle noch deutlich werden wird, ist es gerade die Nachvollziehbarkeit dieser menschlich-allzumenschlichen Versuche, sich maximal zu verwirklichen und die dann einsetzende Ernüchterung, die einen realisieren läßt: „Man denkt nur: nichts ist möglich, was gut genug für mich wäre".⁴⁹

Nach diesen beiden Erlebnissen begann Crowley, sich mit mystisch-magischer und alchemistischer Literatur zu beschäftigen und seine Gedichte, die er bereits in jungen Jahren verfaßte, nun im Selbstverlag zu publizieren. 1898 erschienen auf diese Weise einige an *Charles Baudelaire*⁵⁰ angelehnte Werke, darunter sein erster Gedichtband *Aceldama*,⁵¹ dem noch sechs weitere folgen sollten, wie auch ein pornographisches Werk mit dem vielsagenden Titel *White Stains*,⁵² welches Crowley jedoch in Paris drucken ließ, da die Druckerei der Universität in Cambridge sich weigerte, den Auftrag anzunehmen.

Er lernte zu dieser Zeit auch einen Chemiker namens Julian L. Baker kennen, der ihn nach einigen Gesprächen, in denen Crowley offen über sein erwachtes spirituelles Bedürfnis sprach, an George Cecil Jones⁵³ verwies, welcher einer geheimen Bruderschaft angehörte, dem *Hermetic Order of the Golden Dawn*. Jones war offenbar von Crowleys Ernsthaftigkeit überzeugt und stellte ihn

---

⁴⁶ Crowley, 1989c, p. 124
⁴⁷ So nennt Haack ihn etwa „Okkultclown" [Haack, 1991, p. 67]
⁴⁸ Crowley, 1955c, p. 23
⁴⁹ ibid.
⁵⁰ Pierre Charles Baudelaire (1821 – 1867) gilt als Schöpfer der modernen französischen Lyrik.
⁵¹ *Aceldama: A Place to Bury Strangers In – A Philosophical Poem* by 'A Gentleman of the University of Cambridge' beschreibt poetisch die schmerzvolle Suche des Menschen nach Gott.
⁵² Privatdruck in einer Auflage von 100 Stück. Dieses Werk zählt heute zu den gesuchtesten und teuersten Crowleyana.
⁵³ Ordensname *Volo Noscere*

Samuel Liddell „McGregor" Mathers[54] vor, dem Oberhaupt dieser okkulten Vereinigung. Der *Golden Dawn*, wie er üblicherweise genannt wird, war so etwas wie das magisch-praktische Gegenstück zur eher mystisch-kontemplativ ausgerichteten *Theosophischen Gesellschaft* jener Tage und lehrte seine Anhänger[55] die westliche Hermetik, i.e. Alchemie, magische Evokation, Talismatik, Divination, Kabbala usw.. Eingeteilt war die Vereinigung in mehrere Grade, die wiederum eigene Zirkel innerhalb des Gesamtordens bildeten und seine Autorität gründete sich – neben Verweisen auf angebliche Dokumente, die ihn als Ableger eines älteren Ordens gleicher Struktur in Deutschland auswiesen – vor allem auf das Postulat, von den sog. *Secret Chiefs* geleitet zu werden. Diese „Geheimen Oberen" wurden als geistige Wesenheiten betrachtet, die den Golden Dawn als äußere Verkörperung einer auch auf den „inneren Ebenen" vorhandenen Bruderschaft der Weisen führten. Dies geschah nach Ansicht der Mitglieder durch visionären Kontakt mit dem Oberhaupt des Ordens, Samuel L. Mathers.[56]

Crowley entschloß sich, dem Orden beizutreten, da er der festen Überzeugung war, nun endlich den Anschluß an die „Innere Kirche" gefunden zu haben, über die er in seinen Büchern gelesen hatte und damit an den Toren zu den Geheimnissen der Welt zu stehen.[57]

Er wurde im November 1898 in den Grad des *Neophyten* aufgenommen und legte sich den Ordensnamen *Perdurabo*[58] zu. Dies ist der Beginn von Crowleys spiritueller Karriere und ein großer Teil seines eigenen Werkes basiert auf dem, was er im Golden Dawn lernen sollte. Im gleichen Jahr entschloß er sich, die Universität ohne Abschluß zu verlassen und vertiefte sich noch stärker in die esoterische Lektüre, an die ihn seine Ordensbrüder und -schwestern verwiesen, unter anderem das Buch über die *Heilige Magie des Abramelin* des Abraham von Worms, welches ihn mit dem Konzept vom persönlichen Heiligen Schutzengel jedes Menschen vertraut macht. Dabei bezieht sich diese Erkenntnis weniger auf die Überzeugung, daß jeder Mensch einen solchen Schutzengel hat, was ja Gemeingut etwa des katholischen Volksglaubens ist, sondern auf die Tatsache, daß diese Figur nun eingebunden wird in ein magisches System und dort eine zentrale Rolle einnimmt, nämlich individuelle spirituelle Führung übernimmt.

---

[54] Mathers hatte eine Affinität zu Schottland, welche ihn bewog, sich diesen Namen zuzulegen und zuweilen in schottischem Aufzug zu erscheinen, obwohl er kein Schotte war. Nebenbei eine Attitüde, die Crowley später ebenso – mit denselben nicht vorhandenen schottischen Wurzeln versehen – annahm.

[55] Unter denen viele bekannte Persönlichkeiten der damaligen Zeit waren so z.B. der Dichter W.B. Yeats, der Maler George Russell, die Schauspielerin Florence Farr, der Schriftsteller Arthur Machen, die irische Freiheitskämpferin Maud Gonne, sowie Constance Wilde, die Frau Oscar Wildes. [cf. Tegtmeier, 1989, p. 38]

[56] Ordensname *Deo Duce Comite Ferro*

[57] Etwa Arthur Waites *The Book of Black Magic and of Pacts*, in dem der Autor behauptet, diese „Hidden Church" zu kennen, die Crowley auch im Werk *The Cloud upon the Sanctuary*, von Karl von Eckartshausen, als geheime Gemeinschaft von Weisen, kennenlernte.

[58] [lat.:] „Ich werde durchhalten" (ergänze: bis zum Ende)

Crowleys Enthusiasmus, der getragen von seiner Überzeugung, nun tatsächlich nicht nur die echte geheime Kirche gefunden zu haben, sondern ihr auch selber anzugehören, grenzenlos war, sowie seine völlige finanzielle Unabhängigkeit, erlaubten es ihm, die Ordensgrade so schnell zu durchlaufen, wie dies bis dato im Orden noch nicht vorgekommen war – sehr zur Irritation und letztlich auch Verärgerung der langjährigen Mitglieder.

Im Dezember erhielt er den Grad des *Zelator,* im Januar des folgenden Jahres war er bereits wieder einen Grad weiter und zum *Theoricus* ernannt und lernte zu dieser Zeit seinen künftigen Freund und Mentor *Allan Bennett* kennen.[59] Bennett, wie Baker und Jones Chemiker, lebte unter sehr ärmlichen Verhältnissen mit einem weiteren Golden Dawn Mitglied zusammen und war ein von Asthma schwer gezeichneter Mann, dem er mit verschiedenen Drogen entgegenzuwirken trachtete.[60] Über ihn kam Crowley das erste Mal mit Morphium, Kokain, Chloroform und Opium in Kontakt und Bennett selbst war fasziniert von alten Geschichten, die über eine geheime Droge erzählten, die „will open the gates of the World behind the Veil of Matter."[61]

Dies erschien Crowley wieder als einer der vielen Hinweise, wo die Weisheit zu suchen und zu finden sei und er begann unter der Anleitung von Bennett, den er zu sich in seine komfortable Wohnung in der Chancery Lane in London eingeladen hatte, weil er es unerträglich fand, seinen Mentor in solch armen Verhältnissen leben zu sehen, mit ausgedehnten Drogenexperimenten. Er richtete sich einen Tempelraum ein und konnte nun seinen magischen Studien verstärkt nachgehen, was dazu führte, daß er bereits im Februar den nächsten Grad, den des *Practicus,* erhielt. Neben seinen Ordensstudien führte er ein sehr freizügiges Leben, nannte sich *Count Vladimir Svareff*, sprach mit russischem Akzent, um herauszufinden, wie sich seine Mitmenschen einem russischen Aristokraten gegenüber verhielten und erwarb sich innerhalb des Ordens durch seine bekannt gewordene Bisexualität einen üblen Ruf.[62]

Er erreichte im Mai den Grad des *Philosophus* und plante, die im Abramelin-Buch beschriebene magische Operation zur Begegnung mit dem eigenen Heiligen Schutzengel durchzuführen, da der Orden eine Wartezeit von 7 Monaten vorschrieb bevor er in den inneren Zirkel des Ordens aufgenommen werden konnte, dem Zwischengrad des *Lord of the Paths in the Portal in the Vault of the*

---

[59] (1872 – 1923) Ordensname *Iehi Aour* („Es werde Licht")
[60] Was zu jener Zeit nichts ungewöhnliches war, da es kein „Drogengesetz" oder dergl. gab, sondern alle diese Stoffe bezüglich des Suchtpotentials noch nicht richtig eingeschätzt werden konnten. Heroin etwa wurde von Ärzten als das beste Mittel gegen Asthma betrachtet und der „Dangerous Drugs Act" wurde erst 1921 erlassen.
[61] Symonds, 1989, p. 26
[62] Wie später noch zu behandeln sein wird, sind dies bereits zwei Dinge, die für Crowleys Methode wichtig werden sollten. Neben der am Anfang sicherlich vorhandenen Ambition, seinen Ordensoberen Mathers, dessen extravagante Erscheinung Crowley bewunderte, zu imitieren, verfeinerte er die Annahme verschiedener Persönlichkeiten zu einem psychologischen Hilfsmittel, das Ego zu relativieren. Bisexualität hingegen war für ihn Ausdruck eines spirituellen Ideals – der Hermaphrodit oder Androgyn – da eine strikte Trennung in männlich und weiblich der Ganzheitlichkeit des menschlichen 'Selbst' zuwiderläuft.

Adepts. Zu diesem Zweck erwarb er das Gut Boleskine am Ufer des Loch Ness in Schottland,[63] löste seine Wohnung in London auf,[64] gab sich den Namen 'Aleister McGregor Crowley' und legte sich den Titel *Laird of Boleskine and Abertaff* zu.[65] Nach Ablauf der obligatorischen Wartezeit verweigerte der Londoner Tempel Crowley allerdings die weitere Initiation, wobei W.B. Yeats ihm freimütig als Grund angab: „A mystical fraternity is not a moral reformatory".[66]

Mag dies auch die Meinung von Yeats gewesen sein, so kam doch ein anderer Grund sicherlich hinzu. Die Mitglieder des Ordens waren durch die herrische und arrogante Führung durch Samuel Mathers schon seit einiger Zeit aufgebracht und Crowleys Ersuchen um Aufnahme in den inneren Zirkel fiel genau in eine Zeit schwelenden Aufruhrs. Die meisten Mitglieder waren darüber hinaus wohl auch über Crowleys raschen Aufstieg in ihrer Gemeinschaft unangenehm berührt und sperrten sich jetzt gegen diesen Emporkömmling, wie er ihnen wohl erscheinen mußte. Crowley fuhr daraufhin nach Paris, wo sich Mathers aufhielt und berichtete ihm von der Ablehnung, ihn aufzunehmen, was dieser wiederum als direkt gegen ihn gerichtete Meuterei einstufte, was es *de facto* ja auch war. Mathers weihte Crowley daraufhin vor Ort direkt zum Grad des *Adeptus Minor*, was bedeutete, daß er den Zwischengrad übersprungen hatte, er also direkt in den inneren Zirkel aufgenommen worden war und schickte ihn mit allen Vollmachten zurück nach London, um dort den Aufruhr in seinem Namen zu unterbinden. In der Folgezeit kam es über diese Intervention zum Bruch innerhalb des Golden Dawn und die Mitglieder unter der Führung der höchsten Adepten setzten Mathers als Oberhaupt kurzerhand ab. Der *Hermetic Order of the Golden Dawn* hatte damit seinen Zenit überschritten und war in der Form, wie er bis dahin existierte, zerstört. Er zerfiel in verschiedene kleine Splittergruppen, die sich gegenseitig die Existenzberechtigung absprachen, was bis heute anhält.[67]

Crowley reiste kurz darauf nach Mexiko ab, wo er weiter Gedichte und Dramen schrieb,[68] durch Kontakt zu Don Jesus Medina, dem Großmeister der Freimaurerei in Mexiko, in seine Loge eintrat und innerhalb weniger Monate in

---

[63] Heute wieder ein Privathaus, nachdem es eine Weile als Hotel genutzt wurde.
[64] Allan Bennett verließ um diese Zeit Großbritanien aus gesundheitlichen Gründen und ging erst nach Ceylon und später nach Burma, wo er als *Bikkhu Annanda Metteya* der erste Europäer wurde, der als Mönch in den buddhistischen Sangha eintrat. Bennett hinterließ Crowley alle seine magischen Notizbücher, unter ihnen ein von ihm angefangenes kabbalistisches Wörterbuch, welches Crowley später überarbeitete und unter dem Namen *Liber 777* vervollständigt publizierte. [cf. Crowley, 1989c, p. 212]
[65] 'Laird' ist ein schottischer Gutsherr und als Begriff eine übliche Bezeichnung für einen solchen. Crowley entwarf sich ein Wappen, welches seinen Briefkopf zierte und interpretierte den Titel des 'Laird' zuweilen etwas freier als 'Lord'. [cf. Symonds, 1983, p. 84] . Falsch ist jedoch, daß er sich 'Lord Boleskiene' genannt hat, wie Wilson behauptet. [Wilson, 1987, p.70]
[66] Suster, 1988, p. 33
[67] Eine detaillierte Beschreibung der Umstände die zum Auseinanderbrechen des Golden Dawn führten findet sich z.B. in Symonds, 1983, p. 47 ss.
[68] *Tannhäuser - A Story of all time* als wichtigstes Werk in dieser Zeit, laut Crowley geschrieben in 67 Stunden ohne Unterbrechung. [cf. Symonds, 1989, p. 38]

den 33. Grad des Alten und Angenommenen Schottischen Ritus aufgenommen wurde und Berge mit seinem Freund Oskar Eckenstein bestieg.

Mathers hatte Crowley mit der Erhebung in seinen Grad auch die Erlaubnis erteilt, geeignete Personen in die Mysterien einzuweihen und so gründete er in Mexiko seinen ersten eigenen Orden, den *Order of the Lamp of the Invisible Light*, kurz L.I.L.. Er ernannte Don Jesus Medina zum ersten Hohepriester und die recht traditionell anmutende Grundlage dieser Ordensidee war, eine Gemeinschaft zu gründen, die sich als Hüter einer ewigen Flamme verstand.

> The general idea was to have an ever-burning lamp in a temple furnished with talismans appropriate to the elemental, planetary, and zodiacal forces of nature. Daily invocations were to be performed with the object of making the light itself a consecrated centre or focus of spiritual energy. This light would then radiate and automatically enlighten such minds as were ready to receive it.[69]

Neben dieser ersten eigenverantwortlichen Ordensgründung widmete sich Crowley in Mexiko, wo er sich ein Haus in Mexico City gemietet hatte, ernsthafter und stetiger magischer Arbeit. Er führte ein genaues Tagebuch mit täglichen Einträgen, wie es später für ihn sowohl zur Gewohnheit, wie auch zum integralen Bestandteil seiner Ausbildungsmethodik werden sollte, befaßte sich mit Studien zur Enochischen Magie,[70] übte astrales Reisen und entwickelte ein Ritual der Selbst-Initiation, welches auf einem tranceinduzierenden Tanz beruhte.

> I devoted practically my whole time to this and other magical work. I devised a Ritual of Self-Initiation (...), the essential feature of which is the working up of spiritual enthusiasm by means of a magical dance. This dance contained the secret gestures of my grade, combined with the corresponding words. (...) In this way I lost consciousness at a moment when I was wholly absorbed in aspiration.Thus, instead of falling into dull darkness, I emerged into a lucid state, in which I was purged of personality and all sensory or intellectual impressions. I became the vehicle of the divine forces invoked and so experienced Godhead.[71]

Dieses Initiationsritual beruhte dabei bereits auf dem Kernelement von Crowleys Methodik, der Induzierung von Trance, durch *ernergized enthusuiasm*,[72] welches der technische Ausdruck Crowleys für das in so mancher religiöser Tradition zu findende 'Entflammen im Gebet' ist, das zur Überschreitung des Egos führt.
Ebenso ausgeprägt war bereits Crowleys Einschätzung solcher spirituellen Erlebnisse als nur begrenzt hilfreich, wenn er schreibt: „My results were satisfactory so far as they went; but they did not aid my personal progress very

---

[69] Crowley, 1989c, p. 203
[70] Ausführlich erläutert in Kapitel 4.5.8 der vorliegenden Studie
[71] Crowley, 1989c, p. 203
[72] Crowley, 1991a, p.137

much, since I had not formulated an intellectual link between the divine and human consciousness."[73]

Er nahm dieses Erlebnis jedoch selbstbewußt als Zeichen, daß er nunmehr berechtigt sei, den nächsten Grad im Orden anzunehmen, den er im eigentlichen Sinn als geistige Bruderschaft verstand und als mehr oder weniger völlig losgelöst vom 'irdischen' Golden Dawn betrachtete. Dieser war allenfalls das äußere Tor zu den Mysterien der Great White Brotherhood, so daß die menschlichen Querelen, die den Niedergang des Golden Dawn zur Folge hatten, nicht zu einem Hinterfragen desselben führten, sondern Crowley nur bestärkten, daß die Secret Chiefs sich nun direkt seiner annahmen.[74] Er beanspruchte deshalb den nächsten Grad, den des Adeptus Major, und durch diese Selbstinitiation emanzipierte er sich letztlich vom Golden Dawn.

Oskar Eckenstein, der für Crowleys magische Studien wenig Verständnis hatte, wies ihn wiederholt darauf hin, daß diese Praktiken keinen Wert hätten und Crowley gut daran täte, lieber seine Konzentrationsfähigkeit zu stärken, da diese für das Bergsteigen lebenswichtig sei. Obwohl Crowley von der Kritik seines väterlichen Freundes anfangs geradezu schockiert war, unterzog er sich bald darauf einem dezidierten Übungsprogramm, das Eckenstein ihm zuwies, als er bei Testversuchen von bestimmten Visualisierungsübungen merkte, daß er sich tatsächlich nicht so konzentrieren konnte, wie er dachte.[75] Crowleys Tagebücher füllten sich in jener Zeit mit den Einträgen zu diesen Übungen, die er jeden Tag durchführte. Am Ende dieser Etappe schrieb er:

> Under his (i.e. Eckenstein, d. Vf.) careful tuition, I obtained great success. (...) There is no doubt that these months of steady scientific work, unspoiled by my romantic fancies, laid the basis of a sound magickal and mystic technique.[76]

Zwischenzeitlich bestieg er mit Eckenstein Berge, „breaking a number of world records and establishing new ones, in particular that for pace at great heights"[77]

---

[73] Crowley, 1989c, p.203 s.
[74] Damit erklärt sich auch, daß Crowley keine Probleme darin sah, später in seiner eigenen Ordenszeitschrift *The Equinox* Golden Dawn „Geheimnisse" zu veröffentlichen, da er den Eid der Geheimhaltung weniger auf die quasi „exoterische" Gruppe an sich, als vielmehr auf die geistige Bruderschaft bezog, die als Realität hinter dieser stand. Er differenzierte schnell zwischen dieser hehren Idee und der tatsächlichen Umsetzung durch „muddled middle-class mediocrities" [Crowley, 1989c, p. 176] und sah seine Aufnahme als Sakrament an, dabei realisierend, daß es für die anderen Mitglieder eine "flat formality" [ibid] war – eben weil diese nur die irdische Gruppe sahen, nicht – wie er – den geistigen Orden.
[75] An dieser Stelle drängt sich natürlich die Bemerkung auf, daß - da Crowley trotz dieser offensichtlichen Konzentrationsschwäche keine Probleme hatte, die magischen Aufgaben, die Teil der einzelnen Grade des Golden Dawn waren, zu absolvieren - diese nicht sonderlich anspruchsvoll gewesen sein können. In Crowleys eigener Magie, als psychologischer Disziplin, wurden kontemplative Übungen und intensive Visualisierungen später zentral, was die geeigneten Bewerber für die Ordensgrade stark selektierte und weit über das hinausging, was im Golden Dawn Praxis war.
[76] Suster, 1988, p. 36
[77] ibid

und reiste durch Texas, Kalifornien und Hawaii, bevor er sich auf die Reise nach Japan und später Ceylon machte, um seinen ehemaligen Mentor, Alan Bennett, zu besuchen. Japan hatte auf der einen Seite eine gewisse Abneigung bei ihm ausgelöst, weil er nach eigenen Worten mit den Menschen dort Probleme hatte: „I did not understand the people at all and therefore did not like them very much. Their aristocracy was somehow at odds with mine. I resented their racial arrogance",[78] es auf der anderen Seite in ihm jedoch eine weitere Verstärkung seiner spirituellen Sehnsucht verursachte. Er war beeindruckt von der Präsenz Buddhas in Kamakura und spielte mit dem Gedanken, sich für eine Zeit dort in einem Kloster niederzulassen, nahm dann aber davon Abstand, weil ihm eine innere Ahnung sagte, dies sei nicht sein Ziel.[79] Hier entwickelte er zum ersten mal so etwas wie ein Verständnis seiner selbst - als zur ewigen Suche Verdammten -, wobei er sich sein Leben lang immer wieder als Alastor - the Wanderer in the Waste, oder Alastor – the Spirit of Solitude bezeichnete.[80]

> (...); already I was aware, in the abyss of my heart, secret and silent, that I was Alastor, the wanderer in the wilderness, the Spirit of Solitude.[81]

> I had already been branded on my forehead that I was the Spirit of Solitude, the Wanderer of the Waste, Alastor.[82]

> I am afraid that my adventures have lost me the citizenship of the world. Alastor is my name, the Spirit of Solitude, the Wanderer in the Waste. I am only at home in the Elysian Fields, conversing with the mighty men of old.[83]

Nach der Ankunft in Ceylon traf er sich mit Allen Bennett und die Freunde bezogen wieder eine gemeinsame Wohnung in Kandy. Bennett lehrte Crowley den Raja Yoga,[84] wobei sich die bei Eckenstein geschulte Konzentrationsfähigkeit positiv bemerkbar machte und Crowley auch in diesem Bereich schnell Fortschritte machen ließ, so daß er nach eigenen Angaben den Zustand des Dhyana erreichte, der sich darstellte als „eine erschütternde geistige Erfahrung (...), in der sich Subjekt und Objekt der Meditation mit alles übersteigender Kraft und bei gleißendem Licht und überirdischer Musik vereinigten"[85] und dem Erreichen des Samadhi vorausgeht.[86]

---

[78] Crowley, 1989c, p. 227
[79] cf. op. cit., p. 228
[80] Nach Johannes Wier (1515 – 1588), einem bekannten Dämonologen des Mittelalters, welcher die Hierarchie der Hölle in seinem Werk *Liber apologeticus de Pseudo-Monarchia Daemonum* beschrieb, ist Alastor der Scharfrichter des Hades und ein grausamer Dämon der Zerstörung. [cf. Drury, 1988, p. 25 et p. 641] ; Crowley hielt dies für eine Dämonisierung der Einsamkeit an sich: „Törichte Rabbiner haben dieses Symbol [Alastor; d. Vf.] ihrer Liste der Dämonen einverleibt. Dem wohlgenährten Pharisäer, wie dem modernen Bourgeois, erscheint nichts furchtbarer als die Einsamkeit, in der das Gemüt gezwungen wird, der Wirklichkeit ins Auge zu sehen (...)" [Crowley, 1958, p. 83]
[81] Crowley, 1989c, p. 228
[82] Crowley, 1989c, p. 334
[83] op. cit., p. 415
[84] Dieser sog. königliche Yoga beruht auf den Yoga-Sutras des Pantanjali. Dazu später ausführlicher.
[85] Symonds, 1983, p. 62
[86] Crowley, 1989c, p. 248

Dieses Erlebnis jedoch hatte einen unerwarteten Effekt, wie Crowley sagt. Allan Bennet, der zu dieser Zeit ebenfalls spirituelle Fortschritte gemacht und Samadhi erlebt hatte,[87] sah sich in seinem spirituellen Weg bestätigt und beschloß, buddhistischer Mönch zu werden.[88] Crowley hingegen war erschöpft und er fühlte sich, als ob er nun nach all den Jahren der ständigen Übungen und Studien einen toten Punkt erreicht hatte.

> The result of this attainment was what I should least have expected. I was not encouraged to proceed; it seemed as if I had used up the accumulated energy of years. I found it impossible to force myself to continue. It was nearly two years before I resumed any regular practice. (...) As for myself I had become impatient with the whole business. Dhyana had washed my brain completely out.[89]

Man fühlt sich an dieser Stelle unweigerlich an die Erfahrung etwa eines Shinran Shonin[90] erinnert der, nach jahrelanger Mönchsausbildung und aufwendigen rituellen und meditativen Übungen, ebenfalls an einen Punkt kam, an dem sich totale persönliche Erschöpfung mit der schmerzvollen Erkenntnis vereinte, durch all diese Anstrengungen letztlich nichts erreicht zu haben, was das spirituelle Ziel betrifft. Seine Konsequenz war allerdings ein generelles Umdenken innerhalb der buddhistischen Anschauungen, in denen er aufgewachsen war und dies führte zu einer radikalen Ausformulierung der, bereits bei Honen Shonin[91] angelegten, sola fide[92] Idee eines Tariki[93] Konzeptes, welches als Basis für eine eigene buddhistischen Schule eine Innovation darstellte und eine totale Absage an die Wirksamkeit besagter Techniken und Übungen der „Ich-Kraft" beinhaltete. Crowley hingegen würde nach einer gewissen Auszeit, was die magischen Übungen anging, jedoch wieder zurückfinden zur Weltsicht eines westlichen Magiers, der sich seine eigene Vervollkommnung autarch erarbeitet.

Er wanderte dann in der Folge durch Ceylon, allerdings mehr als Tourist, denn als spiritueller Sucher, „in an entirely worldly frame of mind. My interests were in aesthetic, historical and ethnological matters, and in incidents of travel amid new scenes"[94] und machte kurze Zeit darauf, als er nach Indien reiste, von seinen erworbenen Yoga-Fähigkeiten Gebrauch, indem er sich als Yogi verkleidete und sich, nur mit einem Lendentuch bekleidet, sowie einer Bettelschale in Händen vor den Felsentempeln Maduras bei Kalkutta aufhielt, welcher für Europäer zu jener

---

[87] cf. Suster, 1988, p. 37
[88] Er trat kurze Zeit später in das Kloster *Lamma Sayadaw Kyoung* in Akyab, Burma ein und wurde dort ein allseits geachteter *Bikkhu*. [cf. Symonds, 1983, p. 65]
[89] Crowley, 1989c, p. 249
[90] 1173 – 1263, Begründer der *Jodo Shinshu* (Wahren Schule des Reinen Landes)
[91] 1133 – 1212, Begründer der *Jodo Shu* (Schule des Reinen Landes), der ersten unabhängigen Reine Land Schule (auch Amidismus genannt) innerhalb des Buddhismus und Lehrer Shinran Shonins
[92] Also einer Einstellung, daß Erlösung, Befreiung etc. nicht durch Werke, sondern alleine aus dem Glauben (= Vertrauen) möglich ist. Wir finden dieselbe Idee bei Luther.
[93] [jap.:] *Tariki* = andere Kraft, im Gegensatz zu [jap.:] *Jiriki* = Ich-Kraft
[94] Crowley, 1989c, p. 249

Zeit offiziell nicht zugänglich war. Obwohl die Menschen wußten, daß er Engländer war, waren sie doch von seinen Yogapraktiken sehr beeindruckt, was dazu führte, daß sie ihn duldeten und er mit einigen Einheimischen in näheren Kontakt kam. Einer von ihnen, der gut Englisch sprach, wies ihn kurze Zeit später in die Schriften Sabapati Swamis ein, die Crowley als exzellente und klar verständliche spirituelle Anweisungen lobte, die auf einer völlig pragmatischen Herangehensweise basieren, eine Einstellung, die er später in seiner eigenen Methodik ebenfalls zur Grundlage machen wird.[95]

Dieser neue Bekannte stellte ihn in der Folge auch den geistlichen Autoritäten des großen Tempels in Madura vor und legte ein gutes Wort für ihn ein, so daß es ihm erlaubt wurde, einige der streng geheimen Schreine zu besuchen und er dort eine Ziege für die Göttin Bhavani opferte.[96] Überhaupt tendierte Crowley innerlich zu jener Zeit eher zum Hinduismus als zum Buddhismus, da er die dem Buddhismus zugrundeliegende Weltfluchtmentalität, die er in ihm manifestiert sah, nicht teilen konnte und ihm der Hinduismus eher eine gewisse Lebensfreude zu lehren schien.[97] Auch in diesen frühen Jahren schon entsprach es seiner Herangehensweise, die spirituellen Übungen, welche er bei Bennett und anderen lernte, als rein pragmatische Mittel zum Erreichen von spezifischen Geisteszuständen zu betrachten resp. zu nutzen, ohne die eigentlichen moralischen und theologischen Lehren, die hinter diesen Praktiken standen, mit zu übernehmen, oder sie auch nur als relevant zu betrachten. In einem Vortrag in London, den er 1911 über Yoga hielt, führte er diesen Ansatz weiter aus und bezeichnete all das, was sich in den spirituellen Methoden der Welt an theologischem und moralischem Überbau finden läßt, als „abartigsten und ethischen abergläubischen Unsinn",[98] der aufgrund des, jeder Frömmigkeit zugrundeliegenden, Minderwertigkeitskomplexes des Menschen Eingang in diese ansonsten klaren Methoden zur Erlangung spezifischer geistiger Zustände gefunden habe.[99] Nur so läßt sich erklären, daß Crowley zwischen seinen täglichen Yogaübungen und nach dem Erreichen des Dhyana auf Büffel- und Krokodiljagd ging, oder sich sexuellen Freuden in den Bordellen der Stadt hingab, ohne daß ihm dies in irgendeiner Weise als unpassend, dem weiteren spirituellen Fortschritt hinderlich, oder gar als 'Sünde' erschienen wäre. Zu dieser Zeit verfaßte er auch eine bemerkenswerte Einführung in den Buddhismus unter

---

[95] cf. Crowley, 1989c, p. 255 s.
[96] cf. Symonds, 1989, p. 44. Bhavani ist eine der Gefährtinnen (Shakti) Shivas und eine Göttin der Fruchtbarkeit und des Lebens. Ihr Name bedeutet „ins Dasein treten, Sein" und leitet sich ab von BHAVA (sk.) resp. BHU (sk.) = sein, existieren, leben. Wie so vieles andere, wird auch diese Episode aus Crowleys Leben gerne im Sinne seiner Perversion gedeutet, weil blutige Tieropfer für unsere Zeit in dieser Form nicht mehr wirklich verständlich oder akzeptabel scheinen. Neben der Tatsache, daß Crowley in dieser Hinsicht eine andere – vom okkulten Kontext her erklärbare – Meinung dazu hatte, dürfte sich aber die Opferung der Ziege eher auf die Erwartungen der damaligen geistigen Autoritäten zurückführen lassen, die ihm die Erlaubnis gaben, den geheimen Tempel zu betreten, als auf irgendwelche magische Intentionen Crowleys. Der Göttin kein angemessenes Opfer zu bringen, wäre wohl von den hinduistischen Priestern in der damaligen Situation als Sakrileg aufgefasst worden.
[97] cf. Crowley, 1989c, p. 256
[98] Crowley, 1989b, p. 18
[99] cf. op. cit., p. 17

dem Namen Science and Buddhism, in der ebenfalls die später von ihm gelehrte Doktrin der Kombination von wissenschaftlicher Methodik mit spiritueller Zielsetzung durchschien und er auf der Grundlage der zu seiner Zeit gültigen wissenschaftlichen Erkenntnisse einen analytischen Vergleich der modernen Wissenschaft mit der traditionellen Weisheit des Buddhismus vornahm.

> It (Science and Buddhism, d. Vf.) is based on studies he made in Ceylon to become familiar with Vedanta and Buddhism. The essay, as some Buddhist missionaries have told me, is a very fine introduction to and survey of the fundamental tenets of Buddhism, and as far as I am concerned one of the best of his earlier writings.[100]

Der Buddhismus erschien ihm von seiner praktischen Methodik her durchaus geeignet, den Europäern eine Alternative zum - ihm nicht sonderlich hilfreich erscheinenden - Christentum zu sein und als er Bennett in seinem Kloster besuchte, diskutierte er mit ihm die Möglichkeiten, den Buddhismus nach Europa zu bringen.[101]

In dieser Zeit plante er auch mit Eckenstein und einigen anderen Europäern eine Expedition auf den K2 (Chogo Ri), den mit 8611 m zweithöchsten Berg der Welt. Crowley und Eckenstein waren die Hauptgeldgeber der Expedition, die aus 230 Männern, 18 Schafen, 15 Ziegen und über 20 Hühnern, sowie der notwendigen Ausrüstung bestand.[102] Den Gipfel erreichte diese Expedition zwar nicht, aber sie erreichten eine Höhe von 6700 m und stellten damit den Rekord auf. Sie verbrachten dabei 68 Tage auf einem Gletscher, da das Wetter keinen Auf- und keinen Abstieg mehr zuließ, bevor sie umkehrten, was ebenfalls ein Rekord für sich war.[103]

Nach dieser Expedition reiste er nach Paris, um Mathers aufzusuchen. Dort bewegte er sich vor allem im dortigen Künstler- und Bohememilieu. Crowleys Freund Gerald Kelly[104] lebte dort als Maler und beide besuchten oft den Künstlerzirkel, der sich im *Le Chat Blanc*, einem Restaurant in der Rue de Odessa, regelmäßig traf und wo Crowley die Bekanntschaft von Marcel Schwob, Auguste Rodin, Arnold Bennett, W.E. Henley und Somerset Maugham machte, der einen Roman über ihn schrieb, der 1908 publiziert wurde.[105]

---

[100] Regardie, 1989, p. 249
[101] Suster, 1988, p. 38 ; „Er (Bennet; d. Verf.) gründete 1903 in Rangoon die *International Buddhist Society*, rief 1907 in England die *Buddhist Society in England* ins Leben und war auch in Deutschland durch zahlreiche Artikel in den dortigen buddhistischen Zeitungen vertreten." [Baumann, 1993, p. 54]
[102] Und auch weniger notwendiger, denn es kam zum Streit, da Crowley seine Reisebibliothek mit auf den Berg mitnehmen ließ. „Crowley konnte, wie Baudelaire, tagelang ohne Brot sein, nicht aber ohne Poesie." [Symonds, 1983, p. 71]
[103] Diese Expedition war die erste, die zur Bezwingung des K2 gemacht wurde und nicht die irrtümlicherweise oft angegebene im Jahre 1908 unter Leitung des Duke of Abruzzi. Der Gipfel wurde erst 1954 von einer italienischen Expedition unter Prof. Desio erreicht. [cf. Symonds, 1989, p. 51 s.]
[104] Der spätere Sir Gerald Kelly, Vorsitzender der Royal Academy
[105] *The Magician*, London, 1908; deutsche Ausgabe *Der Magier*, Zürich: Diogenes, 1975 (als Lizenzausgabe bei Moewig)

Der eigentliche Sinn, sich mit Mathers zu treffen, von dem Crowley sich eine Art Anerkennung erhoffte, oder sogar die Übergabe der Ordensleitung, wurde allerdings nicht erreicht. Das Treffen mit Mathers verlief für Crowley nicht besonders zufriedenstellend, da Mathers östlichen Weisheitslehren nicht viel abgewinnen konnte und von Crowleys Erlebnissen und durchgeführten Studien nicht sehr beeindruckt war.

> „Der Bruch war unausbleiblich. Mathers wollte Untergebene, und Crowley hielt es nicht allzulange zu Füßen irgendeines Meisters aus. Sein Wesen war zu unstet und mit einer tiefverwurzelten Opposition gegen jede Autorität erfüllt. Außerdem war er der Überzeugung, daß ihm und nur ihm die Würde zukam, dem *Hermetic Order of the Golden Dawn* vorzustehen."[106]

Crowley verließ 1903 Paris wieder und zog sich auf sein Gut in Schottland zurück, wo er nur noch in unregelmäßigen Abständen magischen Studien und Übungen nachging, ansonsten jedoch das Landleben mit Fischen, Golf und Wanderungen durch die Highlands genoß. Er begann „studying Western Philosophy, hoping to find truth in pure reason, and Cerebral Neurology, to which he was now tempted to reduce the phänomena of Magic."[107] In diese Zeit fällt damit der Beginn von Crowleys Interpretation von Magie als angewandter Psychologie zur Erforschung des menschlichen Geistes, die später noch im Rahmen der vorliegenden Studie diskutiert werden wird. In diesem Sinne nahm er die vor seiner Abreise nach Asien unterbrochene Abramelin-Operation wieder auf, unterbrach diese jedoch erneut, da er die Schwester seines Freundes Gerald Kelly, Rose, heiratete. Die Hochzeitsreise führte beide über Paris, Marseille, Neapel nach Kairo, wo sie eine Nacht in der Königskammer der Cheopspyramide verbrachten und Crowley ein Ritual vollzog, welches das „astrale Licht" hervorgerufen haben soll.[108]

Von Kairo ging es weiter nach Ceylon, wo das Paar auf Großwildjagd ging und Crowley von seiner Frau erfuhr, daß sie schwanger sei. Deshalb fuhren sie zurück nach Kairo und Crowley verfiel in seine Gewohnheit, eine neue Identität anzunehmen. Er stieg in einem Hotel unter dem Namen Prince Chioa Khan of Persia ab und machte sich aus seinem Auftreten als solcher einen besonderen Spaß:

> Er trug einen goldenen Turban mit goldenem Diadem, ein seidenes Gewand und einen goldgewirkten Staubmantel. Mit seiner Gemahlin (ehemals Mrs. Aleister Crowley) ließ er sich durch die Straßen Kairos kutschieren, 'einen edelsteinbesetzten Talwar (indisches Schwert, d. Vf.) an meiner Seite und vor der Kutsche zwei Herolde, die den Weg freimachten'. Für den Fall, daß

---

[106] Symonds, 1983, p. 77
[107] Suster, 1988, p. 40
[108] ibid; Das Ritual war die „Preliminary Invocation" aus der *Goetia*, auch bekannt als „Invocation of the Bornless One" und wurde später von Crowley als Grundlage für das *Liber Samekh* genommen, eine Art standardisiertes Ritual zur Kontaktierung des *Holy Guardian Angel*.

irgendwelche Zweifel angemeldet worden wären, hielt Crowley ein gedrucktes Dokument bereit, demzufolge ihm ein östlicher Potentat diesen Rang verliehen hatte.[109]

Er nahm weiterhin Unterricht in Arabisch bei einem Scheich, der ihn ebenso in verschiedene Fakirkünste einweihte, wie „to run a stiletto through one's cheek without drawing blood, lick red-hot swords, eat live scorpions etc."[110]. Er lernte mehrere Kapitel aus dem Koran auswendig und spielte mit dem Gedanken, die für Nichtmoslems verbotene Reise nach Mekka anzutreten, die Sir Richard Burton[111] unternommen hatte.

Hier in Kairo sollte Crowley nun den Höhepunkt all seiner spirituellen Bemühungen erleben, da wie er selber sagt: „My entire previous life was but a preparation for this event, and my entire subsequent life has been not merely determined by it, but wrapped up in it."[112]
Nachdem das Ritual, welches er in der Kammer der Cheopspyramide vollzogen hatte, von Erfolg gekrönt war, beschloß er, mit diesem Ritual seiner Frau Rose 'die Sylphen zu zeigen', d.h. er wollte eine Evokation der Luftelementale[113] zu sichtbarer Manifestation durchführen. Das Ritual selbst fand im März 1904 in der Hotelsuite statt, welche sie vorher bezogen hatten, hatte aber im ersten Moment nicht den gewünschten Erfolg, da Rose keinerlei Sylphen sah.[114] Sie verfiel im Laufe der Operation jedoch in einen Trancezustand, obwohl sie selbst – wie Crowley immer wieder betont -, an Magie, Religion oder Philosophie keinerlei Interesse gezeigt habe und auch niemals irgendwelche Trancen erlebt habe.[115] In diesem Zustand hörte sie eine Stimme und wiederholte mechanisch immer wieder die Worte „They are waiting for you", was für Crowley keinen Sinn ergab und ihn, wie er sagt, regelrecht verärgerte, so daß er die Operation beendete. Am nächsten Tag wiederholte er das Ritual und erneut kam es nicht zur Manifestation der Sylphen, sondern Rose verfiel wieder in Trance, wobei sie immer wieder die Worte „It is all about the Child" und ein mysteriöses „all Osiris" wiederholte. Crowley konnte sich das alles nicht erklären, zumal Rose keinerlei Wissen über

---

[109] Symonds, 1983, p. 86
[110] Crowley, 1989c, p. 388
[111] Sir Richard Francis Burton (1821-1890); britischer Konsul, Forscher, Übersetzer, und Orientalist, der 1866 zum Ritter geschlagen wurde. Bekannte Übersetzungen: *Kamasutra* und *Arabian Nights*
[112] Crowley, 1989c, p. 393
[113] *Elemental* ist die Bezeichnung für die Elementargeister, die in magischen Operationen evoziert werden. Dabei werden sie verstanden als Verkörperungen der vier Elemente, welche auf spezifische visuelle Weise wahrnehmbar sind. Es gehören die *Salamander* zum Feuer, die *Undinen* zum Wasser, die *Sylphen* zur Luft und die *Gnome* zur Erde. Manchmal wird jedoch eine Unterscheidung gemacht zwischen *Elementaren* und *Elementalen*, wobei erstere wiederum die quasi-bewußten Wesen sind, letztere jedoch im Sinne von unbewußten Element-Kräften gedacht werden.
[114] Crowleys Angaben, wann genau er diese Operation durchführte, sind äußerst vage. Er sagt, sie hätten die Suite am 16. März bezogen und „eines Tages" hätte er Rose die Sylphen zeigen wollen. Diese Angabe („one day") mutet etwas merkwürdig an, weil er am 17. März das Ritual wiederholte, so daß eigentlich nur der 16. März in Frage kommen würde. [Crowley, 1989c, p. 393]
[115] ibid

ägyptische Mythologie und dergleichen besaß,[116] und beschloß aus einer spontanen Eingabe heraus, die Anrufung des Thoth,[117] des Gottes der Weisheit, durchzuführen, um von diesem evtl. zu erfahren, was es mit diesen Worten auf sich habe.[118] An dieser Stelle wird bereits deutlich, daß Crowley sich völlig natürlich innerhalb eines magisch-spirituellen Kontextes bewegte, so daß die Anrufung einer Gottheit, um Aufschluß über ein Problem zu bekommen, für ihn eine naheliegende Sache war. Wie absolut richtig bemerkt worden ist, „it is impossible to understand Crowley unless we grasp that, like Madame Blavatsky[119] and Mathers and Yeats and Florence Farr, he took magic as seriously as Lord Rutherford took atomic physics."[120]

Diese Anrufung brachte allerdings auch keine Einsicht in die eigentliche Natur des Geschehens und am nächsten Tag, dem 18. März, enthüllte „Ouarda,[121] the Seer", wie Crowley seine Frau ab jetzt stilecht zu nennen pflegte, daß der Wartende der Gott 'Horus' sei, den Crowley beleidigt hätte und den er nun direkt anrufen solle. Zu diesem Zweck übermittelte ihm Rose in ihrem anhaltenden Trancezustand eine skizzenhafte Anleitung für ein Ritual, nach dem er sich bei der bevorstehenden Evokation richten sollte. Obwohl Crowley immer noch nicht geneigt war, der Sache größere Bedeutung beizumessen, war er zumindest beeindruckt von der Tatsache, daß Rose behauptete, er habe 'Horus beleidigt'. Dazu ist anzumerken, daß diese Verblüffung primär aufgrund von Crowleys kabbalistisch geschultem Denken zustande kam, welches darauf trainiert war, in ganz spezifischen Korrespondenzen zu arbeiten. Er befand sich in einem Konflikt mit Samuel Mathers, der laut Crowley vom rechten Wege abgekommen war „due to his exessive devotion to Mars",[122] und Crowley sagte von sich, daß er diese Kraft nicht guthieß, weil sie für ihn ein Ausdruck plumper Gewalt war. Der römische Gott 'Mars' jedoch korrespondiert in der okkultistischen Kabbala mit dem ägyptischen Gott 'Horus', d.h. er stellt eine Seite der Kraft dar, die sich durch diese Gottheiten beschreiben läßt. Da Rose aber weder von römischer, noch von ägyptischer Mythologie laut Crowley irgendeine Ahnung hatte und schon gar nicht in kabbalistischen Korrespondenzen bewandert war, erschien ihre Bemerkung, 'er habe Horus beleidigt', durchaus bemerkenswert. Crowley befragte sie weiter und bat sie, ihm zu sagen, warum sie meine, daß es sich um Horus handeln würde und Rose beschrieb ihn zutreffend. Einige Tage später, kurz vor dem 23. März, ging Crowley mit Rose ins Boulak Museum[123] und bat

---

[116] Sie wird von Suster sogar als „a vivacious and extremely attractive, if sometimes empty-headed, woman" beschrieben. [cf. Suster, 1988, p. 40]
[117] Auch *Tahuti* genannt. In der *interpretatio graeca* mit dem Götterboten *Hermes* gleichgesetzt.
[118] Diese Anrufung wurde später als *Liber Israfel* in The Equinox, vol. I, no. VII veröffentlicht. [cf. Crowley, 1989c, p. 393] Zum Ritual selbst v. Gregorius, 1980, p. 76 s.
[119] Die Russin Helena Petrowna Blavatsky (1831 – 1891) war die Gründerin der *Theosophical Society* und wohl die berühmteste Okkultistin des 19. Jahrhunderts.
[120] Wilson, 1987, p. 74
[121] Das arabische Wort für 'Rose'
[122] Crowley, 1989c, p. 394
[123] Dieses Museum existiert heute nicht mehr und die Exponate befinden sich im ägyptischen Nationalmuseum Kairo.

sie, ihm dort Horus zu zeigen. Es war als weiterer Test für die Angaben von Rose gedacht und Crowley nahm zur Kenntnis, daß Rose erst an vielen eindeutigen Horus-Darstellungen vorbeiging,[124] bevor sie ihm eine Stele zeigte, die Rah-Hoor-Khuit[125] darstellte, eine der Formen von Horus. Neben der Tatsache, daß Crowley es erstaunlich fand, daß Rose ohne diesbezügliche Bildung Horus in einer seiner weniger bekannten Nebenformen erkannt hatte, trug dieses Exponat – eine Stele - die den Priester *Ankh-af-na-chonsu*[126] zeigt, welcher in der 25. Dynastie[127] in Theben als Priester des *Month*[128] lebte - die Katalognummer „666". Diese symbolisch bedeutsame Zahl, welche in der *Apokalypse* als Zahl des „Tieres" erscheint,[129] welches als Verbündeter des „Antichrist" beschrieben wird,

hatte für Crowley bereits seit längerer Zeit eine besondere Bedeutung, da er sich mit dem „Großen Tier" identifizierte.[130]

Am 19. März vollzog Crowley das ihm von Rose übermittelte Ritual zur Mittagszeit, aber es geschah nichts, so daß er das Ritual gegen Mitternacht wiederholte.

> The Invocation was a startling success. I was told that 'The Equinox of the Gods had come'; that is, that a new epoch had begun. I was to formulate a link between the solar-spiritual force and mankind.[131]

Abbildung 1: Stele der Offenbarung [Crowley, 1991b]

---

[124] Wobei sich die Angabe dieses Details erstmalig in The *Equinox of the Gods* findet [Crowley, 1991b, p. 115], welches 1937 publiziert wurde. In den *Confessions*, welche 1930 herausgegeben wurden, findet sich dieses Detail noch nicht. [cf. Crowley, 1989c, p. 394]
[125] In der Ägyptologie eher als *Re-Harachte* bekannt, die spätere Zusammenführung von *Re*, dem Sonnengott, und *Harachte*, dem Gott des morgendlichen Lichtes, der Morgensonne. Als *Re-Harachte* gewann diese Gottheit als Hauptgottheit von Heliopolis Einfluß und wurde in den Tempeln von Edfu mit dem dort verehrten Horus gleichgesetzt und als *Horus vom Horizont* angesprochen.
[126] Eigentlich *Der, dessen Leben in Chons ist*, von Grant allerdings wiedergegeben mit „life or child of the moon" [Grant, 1973, p. 203] ; *Chons* ist ein Mondgott, der in den Tempeln Thebens verehrt wurde und eng mit Horus verbunden ist. *Chons, das Kind* ist sogar eine Form des Sonnengottes selber. Sein Name bedeutet wörtlich „Durchwandler (des Himmels)."
[127] Die Dynastie der nubischen (äthiopischen) Fremdherrscher in Ägypten. Kunstgeschichtlich bedeutsam wegen des Aufkommens extrem realistischer Darstellungen im Bereich Statuen und Skulpturen.
[128] Ein zuerst nur lokal in Harmonthis verehrter Gott, dessen Kult in der 11. Dynastie nach Theben gebracht wurde, wo er sich jedoch nicht gegen die wachsende Bedeutung des *Amun* behaupten konnte und letztlich mit *Re*, der ursprünglich als sein Vater galt, identifiziert wurde.
[129] Off. 13, 18 ss.
[130] cf. Regardie, 1989, p.46
[131] Crowley, 1989c, p. 394

Den Erfolg dieses Rituals und die während dessen durch Rose in Trance gehörte Botschaft nahm Crowley als Bestätigung, daß die *Secret Chiefs*, die Wesenheiten, welche von der inneren Ebene her die Weltgeschicke leiten, ihn erwählt hatten, um ihr Werk zu tun. In den nächsten Tagen ließ sich Crowley die Stele originalgetreu kopieren und die auf ihr zu findenden Inschriften ins Französische übersetzen.[132]

Im weiteren Verlauf der Evokationen wurde Crowley aufgefordert, sich am 8., 9. und 10. April des Jahres 1904 in seinem Zimmer mit Schreibutensilien bereitzuhalten. Um Punkt 12.00 Uhr vernahm er eine Stimme, die ihm das erste Kapitel des *Liber AL vel Legis*[133] diktierte. Um 13.00 Uhr verstummte die Stimme und dieses Ereignis wiederholte sich an den folgenden beiden Tagen. Um 13.00 Uhr des 10. April hielt Crowley das *Buch des Gesetzes* in seinen Händen, welches den Grundstein für die von ihm begründete thelemitische Religion legte.

Nach der Rückkehr nach Boleskine schrieb Crowley einen Brief an Mathers und erklärte ihm, daß die *Secret Chiefs* ihn an seiner statt zu ihrem Sprachrohr gemacht hätten, verfiel danach aber in einen erneuten Zustand der magischen Untätigkeit, was sicherlich verwundert.[134] Er schrieb statt dessen weiter Gedichte, veröffentliche ab 1905 seine *Collected Works* in drei Bänden unter dem Label der von ihm gegründeten *Society for the Propagation of Religious Truth*[135] und unternahm in diesem Jahr auch eine Expedition zur Besteigung des *Kangchenjunga* im Himalaja, wobei einige der Teilnehmer zu Tode kamen. 1906 reiste er mit seiner Frau und seiner Tochter Lilith durch Südchina und erreichte dort, während der wieder aufgenommenen Abramelin-Operation,[136] das *Nirvikalpa-Samadhi*,[137] was ihm als Abschluß seiner Abramelin-Operation galt. In Rangun steckte sich Lilith mit Typhus an und verstarb daran. Auf dieser Reise stellte Crowley die Korrespondenzen der Kabbala zusammen, die er später als *Liber 777* herausgab. Als er sich mit George Cecil Jones traf, erkannte dieser ihn als *Magister Templi* an, dem ersten Grad oberhalb des *Abyssos*,[138] Crowley aber

---

[132] Die bei Miers gemachte Aussage, daß Crowley die Original-Stele (von ihm falsch in die 26. Dynastie datiert) in seinen Besitz gebracht habe und diese sich nun im Besitz des O.T.O Zürich befindet, ist nicht zutreffend. Auch verlegt Miers das "Horus-Ritual" zeitlich hinter den Erwerb der Stele, was ebenfalls nicht zutrifft. [cf. Miers, ⁵1982, p. 387]
[133] *Buch AL des Gesetzes*, wobei AL eine Form von EL (Gott, hebr.) ist.
[134] Aber auch dies zeigt, wie stark Crowley im magischen Denken verwurzelt war. Anstatt eine solche durchaus ungewöhnliche Erfahrung als solche auch zu realisieren, ist es für ihn nur eine unter vielen anderen Erfahrungen einer anderen Realität.
[135] Crowley war jedoch das einzige „Mitglied" besagter Gesellschaft und es ging nur um einen Titel für den Selbstverlag seiner Bücher: „I decided to call myself the Society for the Propagation of Religious Truth, and issued The Argonauts, The Sword of Song, The Book of the Goetia of Solomon the King, Why Jesus wept, Oracles, Orpheus, Gargoyles and The Collected Works." [Crowley, 1989c, p. 406]
[136] Das Buch des Abraham von Worms schreibt dafür einen Tempel vor, weswegen Crowley Boleskine gekauft hatte. Da er sich aber ständig auf Reisen befand, war er dazu übergegangen, den Tempel zu visualisieren und das Ritual mental durchzuführen, wo immer er sich gerade aufhielt.
[137] (skt., Unveränderliches Samadhi) Manchmal auch *Nirbikalpa Samadhi* geschrieben. Im *Vedanta* beschreibt dies einen Zustand, wo das Ich seine Bewußtheit realisiert und sich als eins erfährt, mit *Atman*, dem Teil des Menschen, der eins ist mit *Brahman*, dem höchsten Prinzip des Universums. Nicht zu verwechseln mit *Brahma* als dem personifizierten höchsten Gott.
[138] Der Abgrund, der die Dualität von der Ganzheit trennt. [v. Kapitel 4.5.6 der vorliegenden Arbeit]

akzeptierte diesen ihm zugeschriebenen Grad noch nicht. Obwohl er, seinen eigenen Worten zufolge, das *Liber AL* verlegt hatte, gründete er 1907 seinen eigenen Orden, den *Argenteum Astrum* (A.A.). In den Jahren 1907 -1911 empfing er von den *Secret Chiefs* weitere *Holy Books*, die den Kanon der heiligen Schriften in der Thelema-Religion vervollständigen. Er fand das *Liber AL* Manuskript 1909 wieder, begann erneut mit ausgedehnten Drogenexperimenten[139] und beanspruchte in diesem Jahr ebenfalls den Grad des *Adeptus Exemptus*. Seine Frau Rose verfiel zunehmend dem Alkoholismus und dies führte letztlich zur Scheidung von Crowley, der danach mit seinem Schüler Viktor Neuburg durch Nordafrika reiste und Rose in eine Anstalt einweisen ließ. In Afrika führten Crowley und Neuburg zusammen ausgedehnte Experimente in enochischer Magie[140] durch und das Ergebnis war das Werk *The Vision and the Voice*, eine detaillierte Beschreibung der in der Wüste geschauten Visionen. Im Dezember dieses Jahres sah Crowley sich selber nun auch berechtigt, den Grad des *Magister Templi* anzunehmen. Einige Jahre später kam er mit Theodor Reuß, dem OHO[141] des O.T.O[142] zusammen, der ihm 1912 die Leitung des englischen O.T.O. übertrug. Nach einer Reise in die USA weihte er sich 1915 zum *Magus*, dem zweithöchsten Grad in der *Großen Weißen Bruderschaft*. Crowleys Mutter verstarb 1917 und hinterließ ihm 3000 £, sein ehemaliger Ordensoberer Samuel Mathers starb ein Jahr später, 1918. Im gleichen Jahr lernte er auch seine spätere Lebensgefährtin Leah Hirsig[143] kennen. Im Jahr 1920 siedelte Crowley schließlich nach Cefalu, Sizilien über und gründete dort die *Abbey of Thelema*, welche als Schulungszentrum gedacht war. Seine Tochter von Leah Hirsig starb im gleichen Jahr, was Crowley tief erschütterte. Im Mai 1921 erklärte sich Crowley zum *Ipsissimus*, dem 'Selbst in höchster Vollendung', dem höchsten Grad im Orden, was ihn zu einem der eigentlichen *Secret Chiefs* erhob und das Endziel der spirituellen Erlangung darstellt. 1921 unterzog sich Crowley in Fontainebleau bei Paris einem Heroinentzug und 1923 starb einer seiner Schüler, Raoul Loveday, in Cefalu, was heftige Zeitungskampagnen im internationalen Rahmen nach sich zog. Im gleichen Jahr wurde er durch das faschistische Regime aus Italien ausgewiesen, was die Arbeit in der *Abbey* mehr oder weniger beendete.[144]

Die Zeit in Cefalu gehört zu den Episoden, die Crowleys sinistre Legende mit begründet haben. Einerseits fällt sie in einen Abschnitt seines Lebens, wo er in

---

[139] Als ein Ergebnis dieser Experimente schrieb er die Abhandlung The psychology of Hashish, die viele Gedanken vorwegnahm, welche nach ihm Aldous Huxley und Timothy Leary formulieren sollten und welches auch heute noch in Kreisen, die die Legalisierung von Cannabis befürworten, zur empfohlenen Lektüre gehört.
[140] Dazu ausführlich in Kapitel 4.5.8
[141] Outer Head of the Order
[142] Ordo Templi Orientis
[143] 1883 – 1951
[144] Crowley war international bekannt als Mitglied verschiedener Orden und Logen und die faschistische Regierung reagierte auf echte und angebliche Verschwörungszirkel ebenso empfindlich wie die nationalsozialistische, was seine Ausweisung besser erklärt, als etwaige Reaktionen Mussolinis auf die Skandalmeldungen über Crowley in den englischen Boulevardblättchen.

Bezug auf seinen Drogenkonsum offenbar nicht mehr differenzierte, was magisches Experiment und was bloße körperliche Abhängigkeit war und wo nicht mehr unbedingt galt: „Im Gegensatz zu den Hippies der sechziger Jahre, die Crowley zu einem ihrer Vorväter ernannten, legte der Meister Therion[145] allergrößten Wert auf harte Selbstdisziplin und akribische Selbstbeobachtung beim Gebrauch von Drogen."[146] Sein sich stark verschlechterndes Asthma, permanente Kurzatmigkeit, Krankheiten und wohl auch Langeweile führten in jener sizilianischen Zeit zu einem weithin unkontrollierten Drogenkonsum.

> [Crowley; d. Verf.] (...) richtete sich behaglich in seiner Abtei ein, malte, schrieb, rauchte Opium, schnupfte Schnee (Kokain), aß Gras (Haschisch) und konsumierte großzügige Mengen von Laudanum, Veronal und Anhalonium (...). Weiterhin nahm er Heroin, eine 1898 in Deutschland als Morphiumersatz entwickelte Droge, die doppelt so stark ist wie Morphium.[147]

> Jederzeit griffbereit standen Opium, Kokain, Äther, Morphium, Heroin und Haschisch in seinem Zimmer, von Wein und Schnäpsen abgesehen. (...) Wenn er nicht gerade gegen seine Müdigkeit oder gegen sein Asthma kämpfte, zeichnete oder malte Crowley oder diktierte Bühnenstücke, Kurzgeschichten, Essays und entwarf neue magische Rituale.[148]

Auf der anderen Seite erlaubte die Gemeinschaft in Cefalu erstmals ein größeres Experiment, was die gelebte magische Praxis anging. Entsprechend gaben sich die Anwesenden zum Teil orgiastischen sexual-magischen Riten hin, daneben gab es einen - zumindest in der Theorie strikten - rituellen Tagesablauf mit verschiedenen Zeremonien und Besucher kamen und gingen, manche von den Vorgängen in der „Abtei" nicht sehr angetan. Dazu zählten etwa auch Blutopfer, die Crowley zuweilen praktizierte – wenngleich nicht in der Regelmäßigkeit oder auch nur Anzahl, wie die aufkommenden Gerüchte glauben machen wollten – und Riten, die bis heute gerne als Beleg herangezogen werden, in Crowley einen Satanisten zu sehen, wie etwa die folgende:

> Dem Tier[149] wurde seine purpur-schwarze Robe angelegt. In der Hand hielt er einen Dolch. Nach dem Bannungsritual des Pentagramm wurde ein junger Hahn in den magischen Zirkel gebracht. (...) (der) von C.J.A. Maitland[150] katholisch auf den Namen *Peter Paul* getauft (wird). Maitland ist der Sohn eines abtrünnigen römischen Priesters und infolgedessen der ideale <<schwarze>> Hierophant.[151] (...) Peter und Paul sind die Gründer der

---

[145] i.e. Crowley
[146] Tegtmeier, 1989, p. 197
[147] Symonds, 1983, p. 290 f.
[148] op. cit., p. 293
[149] i.e. Aleister Crowley
[150] Einer der Schüler Crowleys, der zu jener Zeit in der Abtei Thelema weilte.
[151] Dies spielt an auf die Vorstellung, daß die Schwarze Messe nur „gültig" gefeiert werden kann, wenn die Hostie, welche dabei entweiht werden soll, auch wirksam in den Leib Christi umgewandelt worden ist. Da aber die Transsubstantiation, gemäß der katholischen Lehre von der Umwandlung des Brotes in

katholischen Kirche, und ihr Blut brauchen wir, um unsere eigene Kirche zu gründen.[152]

Zu diesen und ähnlichen Riten ist anzumerken, daß Crowley sie nicht in einem satanistischen Sinne verstanden hat, sondern vor dem Hintergrund seiner eigenen magischen Geschichts- und Weltdeutung. Die Katholische Kirche galt ihm als Manifestation des osirischen Kraftstroms,[153] welcher durch die Offenbarung von Thelema abgelöst worden war. Ein Blutritus, wie der oben geschilderte, hatte tatsächlich die Idee zur Grundlage, die Lebenskraft dieses vorangegangenen Kraftstroms quasi anzuzapfen und der neuen Quelle spiritueller Evolution zugänglich zu machen. Die eigentliche Problematik besteht darin, daß Crowleys genuin magisches Denken von den meisten Menschen der westlichen Kultur nicht nachvollzogen werden kann.[154] Letztlich führt das aber dazu, daß Crowley vielen als amoralisch, oder pervers gilt, weil nur die Aktionen an sich gesehen und gewertet werden, nicht der Kontext, in dem sie stattfanden. Ein Blutopfer etwa, das bei einer naturreligiösen Kultur noch als frühe Stufe einer religiösen Annäherung an das Heilige toleriert wird, kann vom „zivilisierten" Menschen unserer Kultur nur noch als Ausdruck des Bösen aufgefaßt werden, wenn jemand aus demselben aufgeklärten Kulturkreis sich dieser Riten bedient. Ritualisierte Sexualität gilt denselben Menschen ebenfalls als „zweckentfremdet" und damit als diabolisiert, andere Kulturkreise sehen darin eher eine Sublimierung und besondere Heiligung des Sexus. Symonds bemerkt sehr richtig:

> Crowley wurde nicht ohne Grund für obszön und blasphemisch gehalten. Was jedoch seine eigene Religion von *Thelema* anging, so befolgte er ihre Regeln mit einer Hingabe, die durchaus neben der seines Vaters und seiner Mutter bestehen konnte.[155]

Allerdings sind Handlungen nur innerhalb eines spezifischen Kontextes obszön oder nicht obszön und Crowley lebte in einer okkult-magischen Vorstellung, die diesen Handlungen eine gänzlich andere - positive - Bedeutung unterlegte. Auch war in Crowleys Augen Blasphemie an sich eine Art künstlerische Ausdrucksform gottgewollter menschlicher Freiheit, ja in einem gnostischen Verständnis sogar die höchste Ausdrucksform eben dieser Freiheit.

---

den Leib des Herrn, nur in der Sukzessionslinie der gültig geweihten Priester möglich ist (was sie wiederum als magische Handlung erkennbar werden läßt), kann eine Schwarze Messe strenggenommen auch nur von einem abgefallenen kath. Priester durchgeführt werden. Nebenbei bemerkt wären deswegen von diesem „traditionellen" satanistischen Standpunkt aus gesehen, all die Schwarzen Messen, die tatsächlich in gewissen Kreisen durchgeführt werden, leerer Mummenschanz.
[152] Symonds, 1983, p. 319
[153] Zur Theorie des Magickal Current siehe Kapitel 3.3 der vorliegenden Studie
[154] Was natürlich vor allem kulturelle Gründe hat. Angehörige einer Kultur, die selber noch in einem grundsätzlichen magischen Weltbild leben, hätten sicherlich weniger Schwierigkeiten, Crowleys Ideen vom Grundsatz her nachzuvollziehen.
[155] Symonds, 1983, p. 289

> Die Kunst ist die Methode der Götter, ihre Mysterien zu enthüllen, es ist der faszinierendste und zeitloseste aller Genüsse. Wir alle, jeder unabhängige und einzigartige Einzelne, sind Teil Gottes; und nicht bloß Unterschriftsstempel seines Erhabenen Namens. Wir sind die Poesie Gottes, entstanden aus seiner Inspiration. (...) Und wir wären seiner und Seiner Natur nicht würdig, wären auch wir nicht der Inspiration und Ekstase fähig, wären wir nicht frei, uns emporzuschwingen und durch die Lande zu streifen...(...) Und die <Blasphemie>, die beleidigte Haltung des Geschaffenen gegenüber seinem Schöpfer, ist der Beweis dafür, daß der Geschaffene ein lebendes und unabhängiges Wesen ist und somit den wahren Zweck seines Schöpfers erfüllt. Blasphemie also ist die gottgefälligste aller Taten.[156]

Dabei spielt es weniger eine Rolle, ob man diese Gedanken nun nachvollziehen kann oder auch nur möchte, sondern vielmehr, daß Crowley in einer bewußten und selbstreflektiven Weise diese Dinge vor einem spezifischen philosophisch-spirituellen Hintergrund interpretiert. Und gerade dieser ist es, der Crowleys Denken auch davor bewahrt, als bloßer okkultistischer Obskurantismus gedeutet, oder gar von einem klischeehaften Satanismus vereinnahmt, werden zu können.[157] Ganz abgesehen davon, daß etwa obige Ausführungen zum Thema Blasphemie für Crowley eine bloße theoretische Reflektion darstellt, da er nicht in den engen Limitierungen eines reaktionskultischen Kontextes agiert, wie etwa ein „echter" Satanist.[158]

Gedacht war die Abtei Thelema im eigentlichen Sinn als thelemitisches Schulungszentrum, wo Interessierte sich der magischen Ausbildung unter Crowleys direkter Anleitung widmen konnten und trotz der sehr bescheidenen Verhältnisse eines italienischen Bauernhauses, war dies für Crowley nichts weniger als ein *Collegium ad Spiritum Sanctum* und er hatte weitreichende Pläne für die Zukunft:

> Crowleys hochfahrende Pläne sahen einen Rundtempel mit acht Säulen vor, die eine Glaskuppel tragen sollten. Der Tempel sollte Außenhöfe, sowie Nebengebäude für alle möglichen magischen und gesellschaftlichen Zwecke aufweisen.[159]

Da jedoch dafür kein Geld aufzutreiben war, blieb es bei der Idee und bei dem vorhandenen kleinen Bauernhaus auf dem Hügel über Cefalu.

---

[156] Symonds, 1983, p. 314
[157] Ein Satanist mag durchaus mit Crowley konform gehen, daß eine blasphemische Handlung *per se* Ausdruck menschlicher Freiheit ist, aber er wird sie weder als „gottgefällig" verstehen können, noch die psychologisch valide Deutung als „beleidigte Haltung des Geschaffenen gegenüber seinem Schöpfer" unterschreiben.
[158] Der eigentliche Satanismus, also jener, der auf der Grundlage theologischer Aussagen basiert (im Gegensatz etwa zu einem gnostisch umgewerteten Satanismus; zu speziellen Differenzierungen innerhalb des Satanismus v. Schmidt, 1992) ist in seinem Ursprung ein sog. *Reaktionskult*, da er sich in Abgrenzung zu einer bestehenden Gemeinschaft – hier das Christentum resp. die Kath. Kirche – definiert und ohne diesen Bezug im Grunde auch sein geistiges Wirkungsfeld verliert.
[159] Symonds, 1983, p. 288

Er reiste weiter nach Nordafrika und wurde 1925 internationales Oberhaupt des O.T.O. Zu dieser Zeit schaffte er es auch, sich aus eigener Anstrengung weitestgehend vom Heroin zu lösen.[160] Bei einer Reise nach Deutschland besuchte er in diesem Jahr die sog. „Weidakonferenz", eine Zusammenkunft internationaler Okkultisten, wobei er sich dort zum „Weltenlehrer" ausrief, was zur Spaltung der okkulten Bewegung vornehmlich in Deutschland führte, da sich einige der Anwesenden weigerten, diese Proklamation anzuerkennen. Die Zusammenkunft bei diesem Treffen mit dem deutschen Okkultisten *Eugen Grosche*[161] und dessen Anerkennung Crowleys als Weltenlehrer führte letztlich 1928 zur Gründung der *Fraternitas Saturni*, dem für viele Jahre aktivsten deutschen Okkultorden.[162]

Nach mehreren Reisen durch Deutschland, Nordafrika und Frankreich, wo er 1929 ebenfalls ausgewiesen wurde, kehrte er zurück nach England. Dort erhielt seine neue Lebensgefährtin, Maria Theresa de Mirarmar, jedoch keine Einreiseerlaubnis, so daß Crowley zurück nach Deutschland ging und sie dort im selben Jahr heiratete. Er reiste nach Portugal und kehrte kurze Zeit später wieder nach Berlin zurück, um dort in der *Galeria Porza* eine Ausstellung seiner Bilder zu veranstalten.[163] 1931 wird seine Frau Maria wegen ihres allgemein labilen Geisteszustandes in eine Nervenheilanstalt eingewiesen und Crowley reiste nach England zurück, wo er mehrere Prozesse anstrengte, um die Zeitungen wegen Rufmord zu verklagen,[164] die jedoch nicht den erhofften finanziellen Effekt hatten, und somit nicht verhindern konnten, daß Crowley 1935 bankrott war.
In den kommenden zwei Jahren reiste er mehrmals wieder nach Deutschland, wo seine dortigen Anhänger sich bemühten, ihn finanziell zu unterstützen.[165]

Seine chronisch schlechte Gesundheit wurde ab 1940 durch extrem auftretendes Asthma weiter belastet, so daß er sich gezwungen sah, wieder zum Heroin zu greifen, um die Attacken von „Gevatter Sturm", wie er es ironisch nannte, zu

---

[160] Dies läßt sich einerseits durch einen extrem starken Willen erklären, ist andererseits aber auch darauf zurückzuführen, daß das Klima sein Asthma milderte und deswegen der Hauptgrund seiner Sucht wegfiel. [v. Anmerkung 166]
[161] alias Gregor. A. Gregorius
[162] Die F.S. anerkannte zwar das *Gesetz von Thelema*, interpretierte es aber aufgrund ihrer eigenen „saturnischen" Lehren und blieb auch organisatorisch unabhängig von Crowleys Orden. Von der Lehre her gesehen, verbleibt die F.S. am Rande der thelemitischen Bewegung und ist als solche nicht primär thelemitisch, was sich bis heute nicht geändert hat.
[163] Eine Auflistung der 73 Bilder, die Crowley ausgestellt hat, sowie ein Kommentar zur Ausstellung findet sich in der Kunstbibliothek der Stiftung Staatliche Museen Preußischer Kulturbesitz Berlin. Die oft geäußerte Aussage, dort befände sich auch der komplette Katalog besagter Crowley-Ausstellung, ist laut Prof. Dr. Evers nicht zutreffend. „Der (...) Ausstellungskatalog der Galerie Porza findet sich nicht in unserem Bestand." [Prof. Dr. Evers in einem Brief vom 18.04.91 an d. Vf.]
[164] Crowley war jahrelang Gegenstand diverser Hetzkampagnen der Boulevardpresse [cf. Tegtmeier, 1989, p. 163 ss.]
[165] Wegen dieser Reisen nach Deutschland und auch wegen seiner immer noch ungeklärten Rolle, die er im ersten Weltkrieg als pro-deutsch agierender Propagandist spielte, gibt es einige Indizien, die von manchen Biographen als Beleg gedeutet werden, daß Crowley während des ersten Weltkrieg ein Doppelagent gewesen sei. Vor allem Suster geht dieser These nach. [v. Suster, 1988, p. 55 ss.; cf. Tegtmeier, 1989, p. 81 ss., der diese Diskussion zusammenfasst, sowie Bouchet, 2000, p. 40 ss.]

überstehen.[166] 1944 publizierte er das *Book of Thoth,* zusammen mit einem neuen Tarotset, welches auf seine Anleitung hin, von *Lady Frieda Harris* gemalt wurde.[167] 1945 entstanden die persönlichen Briefe, welche später als *Magick without tears* in Buchform veröffentlicht wurden und über das z.B. Suster zurecht sagt: „The clarity of his thought and the rigour of his logic give the lie to all who have perceived him as a raving junkie."[168] In der Tat gehört dieses Spätwerk zu den prägnantesten und wichtigsten Ausführungen Crowleys und die Schärfe der Gedankenführung steht in krassem Gegensatz zu seiner schlechten körperlichen Verfassung in den letzten Jahren.[169]
Interessant und geradezu typisch ist sicherlich, daß selbst die Umstände seines Todes unterschiedlich geschildert werden, je nachdem, wie man zu Crowley steht. So kann man eine Tendenz ausmachen, daß Crowley nicht sehr wohlgesonnene Darstellungen betonen, er sei in geistiger Umnachtung gestorben, was wiederum von ihm positiver gegenüberstehenden Autoren – wie etwa Suster – bestritten wird. Eine objektive Herangehensweise wird jedoch nicht umhin kommen, aufgrund der vorliegenden Quellen zuzugestehen, daß Crowley, obgleich sicherlich Überzeugungen und Praktiken fröhnend, die den meisten Menschen obskur erscheinen mögen, bis zuletzt im Vollbesitz seiner geistigen Kräfte war.

Aleister Crowley starb schließlich am 1. Dezember 1947 an Herzversagen. Am 5. Dezember fand *The Last Ritual* statt, bei dem sich nur wenige Freunde, sowie einige Zeitungsreporter einfanden und Crowley zu Rezitationen aus seinen Gedichten und Auszügen aus der *Gnostic Mass*[170] eingeäschert wurde.[171] Seine

---

[166] Seit 1925 war er, wie bereits erwähnt, nach seinem Selbstentzug größtenteils clean geblieben, fing nun aber an, sich Heroin zu spritzen, um dadurch eine Entspannung der Bronchien zu erreichen, was mit der früheren Methode, es nasal zu sich zu nehmen, wohl nicht mehr wirkte. Die Abhängigkeit bei gespritztem Heroin ist natürlich um ein vielfaches größer, so daß dies und die weitere Verschlechterung seiner Gesundheit dazu führte, daß er bis zu seinem Tode heroinabhängig blieb. „Das Heroin war seine einzige Überlebenschance, wenn er einen Anfall bekam, und er besaß tatsächlich die Disziplin, wenigstens einen letzten Schuß für den Fall der Fälle aufzusparen, was kein normaler, unkontrollierter Junkie tun würde." [Grady McMurtry nach Tegtmeier, 1989, p. 194]
[167] Der Crowley-Tarot zählt bis heute zu den beliebtesten Tarot-Karten-Decks und fällt, vor allem vor dem Hintergrund der zur damaligen Zeit bekannten Decks, durch eine sehr moderne, ja geradezu futuristische Gestaltung auf.
[168] Suster, 1988, p. 75
[169] Durch langjähriges starkes Rauchen und die Folgeschäden des schweren Asthma litt er an einem Lungenemphysem, was das Atmen zusätzlich erschwerte.
[170] Dem zentralen religiösen Gruppenritual der thelemitischen Religion.
[171] Zu Crowleys Tod gibt es verschiedene Darstellungen, bei denen die von Symonds dargelegte Version bei den meisten Forschern als Legende gilt, welche konsequent das Bild weiterzeichnet, das Symonds in seinen Büchern über Crowley darstellt. So soll Crowley in den Armen von Lady Frieda Harris unter Tränen gestorben sein und seine letzten Worte seien gewesen „I am perplexed". Dies selben Worte werden aber in einer anderen Version dieser Darstellung einer Krankenschwester zugeschrieben, die angeblich zuletzt bei ihm war und diese hat wiederum anderslautende Abschiedsworte [„Sometimes I hate myself"] zu Protokoll gegeben, wie man zuweilen lesen kann [v. Hutchinson, 1999, p. 211]. Es gibt auch eine Zeichnung von Frieda Harris, die hin und wieder in Ausstellungen zu sehen ist und welche den Titel *A.C. Dying* trägt. Auf ihr sieht man Crowley auf seinem Totenbett, wie er das Zeichen des Schweigens macht, was durchaus in das thelemitische Ambiente passen würde und für viele Thelemiten ein Beleg dafür ist, daß Crowley wie ein wahrer Erleuchteter

Asche wurde in einer Urne seinem Nachfolger als Oberhaupt des O.T.O, Karl Germer, übergeben, der sie mit in die USA nahm, wo sie jedoch später auf ungeklärte Weise verschwand.[172]

Dies erinnert an ein Gedicht, das Crowley viele Jahre vor seinem Tod verfaßt hat und welches sowohl sein Leben wie seinen Tod treffend beschreibt:

> Bury me in a nameless grave!
> I came from God the world to save.
> I brought them wisdom from above:
> Worship, liberty and love.
> They slew me for I did disparage
> Therefore Religion, Law and Marriage.
> So be my grave without a name
> That earth may swallow up my shame![173]

---

starb. Das Problem dabei ist nur, daß die Zeichnung eine auf mehrere Jahre früher datierte Signatur von Frieda Harris enthält. [Kavanagh/Moore: http://www.blather.net/articles/amoore/alanmoore.txt]
Zu den verschiedenen Todesdarstellungen v. Tegtmeier, 1989, p. 220 s.
[172] Es gibt zwei Schilderungen, welche das Verschwinden der Urne erklären sollen. Demnach soll die Urne aus Germers Haus gestohlen worden sein, oder aber Germer habe sie vergraben und - als er umziehen mußte - nicht mehr finden können. [cf. Suster, 1988, 76] Tegtmeier schreibt, „Karl Germer (...) überführt Crowleys Asche bzw. Herz in die Vereinigten Staaten" [Tegtmeier, 1989, p. 52], wobei eine Entfernung des Herzens vor der Einäscherung als eher unüblich anzusehen wäre. Da diese Darstellung zuweilen in thelemitischen Kreisen zu seltsamen Spekulationen Anlaß gibt, ob einer okkulten Bedeutung dieses Vorgangs, ist es um so interessanter, daß Tegtmeier sich gar nicht mehr erklären kann, warum er dies geschrieben habe. [Tegtmeier in einem Telefonat mit d. Vf. im Mai 1990]
[173] Gedicht enthalten in *Konx Om Pax*, zitiert nach Suster, 1988, p. 76 s.

III. Thelema: die Doktrin

Um die von Crowley propagierten Methoden der spirituellen Erlangung korrekt innerhalb eines größeren Kontextes einschätzen zu können, ist es unabdingbar, daß zuvor die weltanschaulichen Grundlagen, die eigentlichen spirituellen Konzepte, sowie die religiösen Strukturen, in denen diese Methoden eingebettet sind, zu betrachten.

Crowley war Zeit seines Lebens bemüht, die historische Entwicklung, welche Wissenschaft und Religion, als besondere Herangehensweise an die Geheimnisse der uns umgebenden Welt, immer weiter auseinander geführt hat, insofern wieder zu korrigieren, daß er eine ganzheitliche Sichtweise menschlicher Bemühungen anstrebte, die darauf ausgerichtet sind, grundsätzlich Wissen zu erlangen. Vor diesem Hintergrund war er als spirituell ausgerichteter Mensch durchaus in der Lage, vieles von dem, was traditionell in die verschiedenen Religionen Eingang gefunden hat, zu relativieren oder gar gänzlich als Unsinn zu verwerfen, da es offenkundig mit den Aussagen der Wissenschaft im Widerspruch steht. Auf der anderen Seite beharrte er als wissenschaftlich denkender Mensch jedoch auf der Überzeugung, daß Wissenschaft als solche innerhalb der von ihr selbst gesteckten Grenzen nur einen Teil der Wirklichkeit erfassen kann und daß die Religion, als Gesamtheit der menschlichen Erfahrungen mit einer Wirklichkeit, die jene, innerhalb derer diese Erfahrungen gemacht werden, übersteigt, ein Wissen vermitteln kann, das der Wissenschaft (noch?) nicht zugänglich ist. Es war Crowleys erklärtes Ziel, spirituelle Erfahrungen, die sich im Schatzhaus der Religionen und Geheimlehren seit alters her finden lassen, dem Erfahrungshorizont moderner, wissenschaftlich geschulter oder zumindest - gebildeter Menschen zugänglich zu machen. Weiterhin bedurfte es seiner Ansicht nach einer klaren Neudefinition dessen, was als Magie, Mystik und Religion im weitesten Sinne bekannt ist. Er empfand das, was in seiner Zeit unter diesen Begriffen verstanden wurde, als eine Verballhornung von dem, was diese esoterischen Lehren eigentlich darstellten und in seinen Augen auch heute wieder sein sollten: „eine vollständige und vollkommene Wissenschaft vom Leben."[174]

Auf der Grundlage dieser Konzeption war für Crowley Magie (*Magick*),[175] welche einerseits einen Teil der Methodik bezeichnet, der einen anderen Ansatz hat als etwa die Mystik (Yoga), aber andererseits auch als Name für das Gesamtkonzept von Crowleys Methodik verwendet wird, die Wissenschaft, welche ein Wissen erreichbar werden läßt, das in den Geheimlehren usw. als *Gnosis*[176] bezeichnet wird. Durch die Methodik Crowleys soll also ein Wissen

---
[174] Crowley, s.a. (a), p. 15
[175] Zur besonderen Schreibweise später ausführlicher.
[176] „Knowledge of the real as opposed to the unreal. Not the conceptual knowledge of phenomena (appearances), but the apperceptive apprehension of noumenon." [Grant, 1973, p. 208]

vermittelt werden, welches die Schnittmenge bildet von a) der reinen Analyse der hyletischen Daten,[177] welche hauptsächlich durch die Naturwissenschaft durchgeführt wird und b) den menschlichen Erfahrungen mit dem Numinosen, welche durch die Religionen tradiert werden. Gnosis wird also verstanden als auf Erfahrung basierendem Erkennen der *einen* Wirklichkeit, wobei diese aus der Wirklichkeit der Phänomene *und* aus der Wirklichkeit des Numinosen besteht.
Durch diese angestrebte Neudefinition befand sich Crowley mit seiner Lehre immer in dieser selbstgewollten Schnittmenge aus Wissenschaft und Religion, was ebenfalls zu einem großen Teil die korrekte Verwendung der Termini erschwerte und immer noch erschwert. Crowley selbst schwankte zuweilen bezüglich einer klaren Aussage, als was man seine Doktrin und Methodik bezeichnen solle und das von ihm gewählte *Scientific Illuminism* beschreibt durchaus korrekt den von ihm gewählten Ansatz eines modernen Einweihungsweges auf wissenschaftlicher Grundlage. Das von ihm gewählte Motto, welches nicht nur jede Ausgabe des *Equinox*[178] zierte, sondern generell den Ansatz seiner Lehre korrekt beschreibt, *„The method of science – the aim of religion"*[179] drückt eben jene angestrebte Verbindung aus.

Problematisch wird es nun aber deshalb, weil Crowley *de facto* eine Religion gegründet hat und sowohl seine Lehre, als auch die darauf beruhende thelemitische Bewegung, alle Aspekte und Kennzeichen, die man bei einer Religion erwartet, aufweist. Dies bedingt einen – zumindest scheinbaren - Widerspruch zu seinem eigentlichen Anliegen und Crowley war sich dessen bewußt, so daß er die Bezeichnung der von ihm gegründeten Bewegung als Religion eher als Hilfestellung für jene betrachtete, die ohne diese bekannten Begrifflichkeiten Schwierigkeiten hatten, sich seiner Lehre überhaupt zu nähern.

Religion als Bezeichnung für seine Lehre wurde von Crowley nur akzeptiert unter Zugrundelegung einer spezifischen Definition:

> To sum up, our system is a religion just so far as a religion means an enthusiastic putting-together of a series of doctrines, no one of which must in any way clash with Science or Magick.[180]

Trotzdem war dies eher ein Kompromiss zur Wahrung von gewohnten Begrifflichkeiten, damit der Zugang zu seiner Doktrin nicht erschwert würde, da Crowley grundsätzlich solchen Versuchen, ein passendes Etikett zu finden, keine sonderlich große Wichtigkeit beimaß.

---

[177] Edmund Husserl lehrte, daß unsere Welt konstituiert sei und sich grundsätzlich von den hyletischen Daten, also den rein faktischen Tatsachen des stofflich bedingten Lebens, die die Welt beschreiben, unterscheidet. Abgeleitet von *Hyle*, dem Urstoff der ionischen Naturphilosophen.
[178] Die Hauptpublikation seines Ordens A.A. mit dem Untertitel *The Review of Scientific Illuminism*.
[179] Crowley, 1991a, p. 218
[180] op. cit., p. 219

> Call it a new religion (...) but I confess that I fail to see what you will have gained by so doing, and I feel bound to add that you might easily cause a great deal of misunderstanding, and work a rather stupid kind of mischief.[181]

Dieser Umstand bedingt, daß man Thelema durchaus auf unterschiedlichen Ebenen betrachten muß und deshalb soll in diesem Kapitel vor allem der religiöse Aspekt – *„the aim of religion"* - der von Aleister Crowley begründeten Bewegung dargestellt werden. Dies ist – unabhängig davon, ob man das im folgenden vorgestellte Konzept als Religion bezeichnet oder nicht – die Grundlage seines *Scientific Illuminism,* also der Kontext der Doktrin, in dem die eigentliche Methodik erst verständlich wird.

3.1 Holy Books – das Fundament

Im Laufe der bereits beschriebenen Geschehnisse am 8. – 10. April 1904 in Kairo wurde Aleister Crowley seinen eigenen Worten zufolge das *Buch des Gesetzes – Liber AL vel Legis* – offenbart, welches nicht nur einen neuen *magickal current*[182] initiierte, sondern auch die Grundlage für die thelemitische Religion darstellt. Diesen Moment der *Great Revelation,* bei der *Aiwass*[183] ein Gesandter des Gottes *Hoor-Paar-Kraat*[184] der Menschheit ein neues Gesetz übergibt, schildert Crowley selbst wie folgt:

> The voice of Aiwass came apparently from over my left shoulder, from the furthest corner of the room. It seemed to echo itself in my physical heart in a very strange manner, hard to describe. I have noticed a similar phenomenon when I have been waiting for message fraught with great hope or dread. The voice was passionately poured, as if Aiwass were alert about the time-limit. I wrote 65 pages of this present essay[185] (at about my usual rate of composition) in about 10 $^1/_2$ hours as against the 3 hours of the 65 pages of the Book of the Law. I was pushed hard to keep the pace; the MS. shows it clearly enough.
>
> The voice was deep timbre, musical and expressive, its tones solemn, voluptuos, tender, fierce or aught else as suited the moods of the message. Not bass – perhaps a rich tenor or baritone.
> The English was free of either native or foreign accent, perfectly pure of local or caste mannerisms, thus startling and even uncanny at first hearing.[186]

---

[181] Crowley, 1991a, p. 219
[182] *Magischer Kraftstrom.* Ausführlich in Kapitel 3.3 der vorliegenden Studie
[183] Zuweilen auch *'Aiwaz'* geschrieben, was kabbalistische Gründe hat, da die Verwendung anderer Buchstaben andere Zahlwerte mit sich bringt. (v. Anmerkung 240]
[184] Auch *Harpokrates genannt*; Horus in seinem Aspekt als „göttliches Kind".
[185] i.e. The Equinox of the Gods; d. Vf.
[186] Crowley, 1991b, p. 117

Während des Diktates hatte Crowley eine spontane Visualisierung[187] und er beschreibt Aiwass:

> I had a strong impression that the speaker was actually in the corner where he seemed to be, in a body of „fine matter", transparent as a veil of gauze, or a cloud of incense-smoke. He seemed to be a tall, dark man in his thirties, well-knit, active and strong, with the face of a savage king, and eyes veiled lest their gaze should destroy what they saw. The dress was not Arab; it suggested Assyria or Persia, but very vaguely. I took little note of it, for to me at that time Aiwass was an „angel" such as I had often seen in visions a being purely astral.[188]

Das auf diese Weise empfangene *Liber AL* ist das erste und wichtigste Buch der sog. *Holy Books of Thelema* und bildet zusammen mit weiteren 13 Schriften, welche Crowley nach eigenen Angaben in einem entrückten Zustand geschrieben hat, den Kanon und die weltanschauliche Grundlage der Thelema-Bewegung.

Das *Buch des Gesetzes* besitzt einen besonderen Charakter, da neben der Tatsache, daß mit seiner Offenbarung ein neues Gesetz in Kraft getreten ist, es als einziges der *Holy Books* als direkt in die Feder diktiert gilt und zwar durchaus gegen den Willen Crowleys, wie ein Vers aus dem Liber AL nahelegt: „I see thee hate the hand & the pen; but I am stronger. Because of me in Thee which thou knewest not."[189]

Dieser Vers dokumentiert einen inneren Kampf während der Offenbarung, wie Crowley im Nachhinein in seinen Kommentaren zum Liber AL bezeugt:

> I remember clearly enough the impulse to refuse to go on, and the fierce resentment at the refusal of my muscles to obey me. (...) yet I was being

---

[187] „This impression seems to have been a sort of visualization in the imagination. It is not uncommon for me to receive intimations in this manner" [Crowley, 1991b, p. 118] ; manchmal findet man die Behauptung, Crowley habe tatsächlich über seine Schulter geschaut und Aiwass mit physischen Augen gesehen, was aber nicht die Schilderung Crowleys ist. [cf. Symonds, 1983, p. 92]
[188] Crowley, 1991b, p. 118; diese Beschreibung von Aiwass nahm F.-W. Haack zum Anlaß, zu glauben, daß Crowley an diesen drei Tagen tatsächlich von einem arabisch gekleideten Menschen das Buch diktiert bekommen habe und der angeblich „meistens" von Drogen benebelte Crowley daraus diese „Engelsstory" gemacht habe. Auf Nachfrage, warum dies denn so sein müsse, kam die – für einen Pfarrer erstaunliche – Aussage, daß die Schilderung kompletter Unsinn sei, die ja wohl keiner glauben könne. (F.-W. Haack bei einem persönlichen Gespräch mit d. Vf. am 10.05.1990); In seinem ein Jahr später publizierten Buch vertrat Haack nun sogar die Meinung, Crowley sei in ein Komplott geraten „an dem zumindest seine Frau und eine andere Person aus der englischen Oberschicht, ausgerüstet mit gewissen technischen Kenntnissen, beteiligt waren." (Haack, 1991, p. 79). Neben dieser durch nichts belegbaren These gibt Haack weitere, wenig erhellende Interpretationen, so soll etwa das *Liber Al vel Legis* nichts weiter sein als ein Spiel Crowleys mit bestimmten Schlagworten. *Liber* könnte demnach eine Anspielung auf den *liberalen* Inhalt des *Book of the Law* sein und das *AL* im Titel eine Abkürzung von *Aleister*. „Liber AL vel Legis, was dann u.a. auch als „liberal anstelle von Gesetz" verstanden werden könnte." [op. cit., p. 80] Das das Liber Al als Paradebeispiel eines kabbalistisch verschlüsselten Textes erscheint, realisiert Haack dabei gar nicht, was belegt, daß er von den zugrundeliegenden geistigen Parametern, die Crowleys Lehre inhaltlich definieren, nicht viel verstanden hat.
[189] Crowley, 1990a, p. 114

> treated like a hypnotized imbecile, only worse, for I was perfectly aware what I was doing.[190]

Crowley war also dieser Beschreibung zufolge nicht in der Lage, sich gegen den Einfluß des Wesens zu behaupten, das seine Hand führte und er wurde mehr oder weniger in die Rolle des bloßen Beobachters gedrängt. Zu jener Zeit war Crowley durch buddhistische Gedanken geprägt und neigte auch zu einer philosophischen Skepsis, so daß die Botschaft, die sich letztlich im *Buch des Gesetzes* manifestierte, nicht seiner eigenen Einstellung entsprach, was wiederum den inneren Widerwillen gegen die, durch ihn empfangene, Botschaft erklärt.

Das *Liber AL* besitzt nach thelemitischem Verständnis neben der offensichtlichen Botschaft der Worte, eine zweite Ebene des Verständnisses, die sich auch auf die spezifische Orthographie und bestimmte Zahlenkombinationen bezieht, die das Dokument enthält. Die oft sehr seltsam erscheinende Orthographie dieser Schrift gilt als absichtlich durch Aiwass formuliert, um das Augenmerk auf eine versteckte Botschaft zu lenken, so daß das *Liber AL* bis zum heutigen Tag nach kabbalistischen Methoden analysiert wird. Im *Liber AL* steht diesbezüglich die eindeutige Anweisung:

> Change not as much as the style of a letter; for behold! Thou, o prophet, shalt not behold all these mysteries hidden therein.[191]
> (...) The stops as thou wilt; the letters? Change them not in style or value.[192]

Die besondere Natur des *Liber AL* macht deutlich, daß nur das Originalschriftstück, sowie Faksimiles der handschriftlichen Originale, als korrekte und gültige Wiedergabe des so definierten *Book of the Law* gelten können. Deshalb besitzen die meisten Ausgaben des *Liber AL* ein solches Faksimile der von Crowley geschriebenen Originalkapitel als Anhang, ebenso wie eine bilinguale Darbietung des Textes, um den englischen Wortlaut nicht durch Interpretation zu verändern.[193]

Der gesamte thelemitische Schriftkanon ist darüber hinaus in ein bestimmtes Klassifizierungssystem eingebunden, welches diese Schriften in spezifische Kategorien einteilt, die den jeweiligen spirituellen Gehalt und die Natur der einzelnen Werke dokumentieren. Im Einzelnen stellt sich diese Einteilung wie folgt dar:

---

[190] Crowley, 1990a, p. 170
[191] op. cit., p. 111
[192] op. cit., p. 118
[193] Deswegen hat in der thelemitischen Religion die englische Sprache so etwas wie einen quasi-sakralen Status erhalten, weil „Thelema was proclaimed in English and it will take time until the message reaches the rest of the world." [Martin P. Starr, Brief vom 14. 11. 1993 an d. Vf.]

> Class <A> consists of books of which may be changed not so much as the style of a letter: that is, they represent the utterance of an Adept entirely beyond the criticism of even the Visible Head of the Organisation.[194]
> Class <AB>, which (is) reserved for „Class <A>" material contained in a Class <B> text.
> Class <B> consists of books or essays which are the result of ordinary scholarship, enlightened and earnest.
> Class <C> consists of matter which is to be regarded rather as suggestive than anything else.
> Class <D> consists of the Official Rituals and Instructions.
> Class <E> which (is) applied to manifestos, broadsides, epistles and other public statements.
> Some publications are composite and partain to more than one class.[195]

Die ersten vier Klassen wurden von Crowley zusammengestellt, Class <E> wurde erst später hinzugefügt, um auch Schriftstücke zu erfassen, die nicht den Charakter größerer Werke und Schriften hatten, so daß nun alle Schriftstücke, die in thelemitischem Kontext relevant sind, zu einer der oben erwähnten Klassen gehören.[196] Dies hat den Sinn, für jeden klar erkennbar die jeweilige Autoritätsstufe der einzelnen Schriften deutlich werden zu lassen. Obwohl nur das *Liber AL* die eigentliche Class <A> begründet, wurden alle später in Trance verfaßten Werke von Crowley in diese Klasse eingereiht, da er fühlte, daß sie aus derselben Quelle stammten wie das *Liber AL* und somit dieselbe Autorität besitzen.

Im folgenden sollen die *Holy Books* kurz vorgestellt werden, um einen notwendigen Einblick in ihren Inhalt zu gewähren.

Liber B Vel Magi
[Liber I]
The Book of the Magus

Dieses Buch, welches zuerst unter Class <B> subsumiert und erst später von Crowley den Class <A> Texten zugerechnet wurde, beschreibt die Bedingungen, die für die Erlangung des Ordensgrades *Magus* notwendig sind. Es wurde von Crowley in Trance geschrieben, noch bevor er diesen Grad selbst innehatte. Es sollte als zukünftiger Wegweiser für ihn dienen, so daß er den Zeitpunkt erkennen könne, wann er berechtigt sei, diesen Grad anzunehmen, der als „highest grade which it is ever possible to manifest in any way whatever upon this plane"[197] gilt. <I> ist die Zahl des Magiers im Tarot.[198]

---

[194] Crowleys Orden A.A.
[195] Crowley, 1990a, p. XXIII et p. 262
[196] cf. DuQuette, 1993, p. 20
[197] Crowley, 1990a, p. xxvii

Liber Liberi Vel Lapidis Lazuli, Adumbratio Kabbalae Aegyptorum [Liber VII]
The Book of Lapis Lazuli

Dieses Buch besteht aus 5700 Wörtern und wurde in nur 2,5 Stunden niedergeschrieben,[199] was in etwa vermittelt, was Crowley meinte, als er über die *Holy Books* sagte, sie seien „written with the utmost rapidity without pausing for thought for a single moment."[200] In poetischer Sprache wird in diesem Werk die Initiation in den Grad des *Magister Templi* beschrieben, es sind die Geburtsworte eines *Magister Templi*, welcher der erste Grad ist, der über dem *Abyssos* existiert, d.h., die Welt der Dualität hinter sich gelassen hat. <VII> ist die Zahl der 7 astrologischen Planeten [Mars, Saturn, Jupiter, Sonne, Merkur, Mond und Venus], welche den 7 Kapiteln des Buches zugeordnet werden.

Liber Porta Lucis [Liber X]
The Gate of Light

In diesem Werk wird Crowley quasi als Botschafter einer neuen göttlichen Offenbarung berufen, was eine Bestätigung seiner Autorität als *Prophet und Logos des Äons* darstellt.[201] Ein transzendentes Wesen beschreibt sowohl den Menschen Crowley als Träger einer höheren Weihe, wie auch kurz die Essenz der von ihm zu verbreitenden Botschaft. <X> ist die Zahl der kabbalistischen Sephirah *Malkuth*[202], die auch *Tor des Lichtes* genannt wird. *Malkuth* gilt als äußerste Ebene der sich ständig durch göttliche Emanationen entfaltenden Welt und entspricht damit der materiellen Welt, welche in diesem Sinne das Tor ist, durch welches das göttliche Licht der neuen Offenbarung scheint.

---

[198] Der nach thelemitischen Konzepten erstellte Tarot gilt in thelemitischen Kreisen konsequenterweise als einzig gültiger Tarot, da dieser Sicht zufolge alle Tarot-Sets, die vor der Offenbarung von Thelema erstellt wurden, auf einer überholten Erkenntnisstufe basieren.
[199] Es ist also etwas umfangreicher als das Liber AL, was nach Crowley 3 Stunden insgesamt zur Niederschrift benötigte.[cf. Crowley, 1990a, p. xix]
[200] Crowley, 1990a, p. xix
[201] Dazu ausführlich in Kapitel 3.5 der vorliegenden Studie
[202] „Das Reich" (hebr.)

Liber Trigrammaton
[Liber XXVII]

Diese Schrift ist die Skizze einer neuen *Kabbala*,[203] also die Grundlage für ein neu zu bestimmendes Modell der kosmischen Evolution. Es besteht aus verschiedenen Trigrammen, ähnlich den Hexagrammen des chinesischen *I Ging*,[204] welche als Code für die Geheimnisse der Schöpfung gelten, aber „the full knowledge of the interpretation of this book is concealed from all."[205] Die der Schrift zugeordnete Zahl 27 ist die symbolische Beschreibung dieses Themas: die der Sephirah *Binah*[206] zugeordnete Zahl der Schöpfung (3) wird mit sich selbst dreimal multipliziert, was das 'Verständnis in die Mysterien der Schöpfung' kabbalistisch formuliert. Crowley sagte, daß diese Schrift dem *Buch Dzyan* entspricht und damit behauptete er gleichsam, daß er aus derselben spirituellen Quelle schöpft, wie *H.P. Blavatsky*, die Gründerin der *Theosophie*. Das *Buch Dzyan* ist außer in den Auszügen, die in der *Geheimlehre* von H.P. Blavatsky als angebliche Übersetzung dieser Schrift veröffentlicht wurden, unbekannt und stellt eine Art okkultistischer Genesis dar.

> Ich gehe daher zum Gegenstande der in diesem Bande[207] veröffentlichten Strophen über, und gebe ein skizzenhaftes Skelett derselben (...)
> Die Geschichte der kosmischen Evolution, wie sie in den Strophen aufgezeichnet ist, ist sozusagen die abstrakte algebraische Formel dieser Entwicklung.[208]

Liber Cordis Cincti Serpente
[Liber LXV]
The Book of the Heart Girt with a Serpent

Diese Schrift behandelt in poetischer Sprache das zentrale Mysterium, welches in Crowleys Orden gelehrt wird: die Beziehung des Menschen zu seinem *Holy Guardian Angel*. Eingeteilt in fünf Kapitel, die sich auf die 5 Elemente und ihre

---

[203] Abgesehen von der Tatsache, daß es ein Ziel der Thelema-Bewegung ist, eine neue Kabbala auf den Erkenntnissen des Neuen Äons zu entwickeln, ist an dieser Stelle darauf hinzuweisen, daß sich alle kabbalistischen Angaben in dieser Arbeit auf die okkultistische Adaption der genuin jüdischen Kabbala beziehen. Die Interpretationen bei beiden Systemen mögen durchaus abweichend sein [ein kurzer Abriß zu diesem Thema findet sich in Kapitel 4.1.1 der vorliegenden Studie]. Die okkultistische Kabbala sieht sich selbst als Erbe der Weisheit Israels, was nicht nur spezifisch für Thelema gilt. „Der moderne Kabbalist hat das Erbe des früheren Kabbalisten angetreten, aber er muß die Lehre im Lichte des neuen Glaubenssystems neu interpretieren und die Methoden neu formulieren, wenn dieses Erbe irgendeinen praktischen Nutzen für ihn haben soll" [Fortune, 1987, p. 12]
[204] Das sog. *Buch der Wandlungen*, welches bereits in der Chou-Dynastie (1150-249 v. Chr.) in der heute bekannten Kernfassung formuliert worden sein soll, wird als als divinatorisches Mittel sowohl im Konfuzianismus, wie im Taoismus geschätzt.
[205] Crowley, 1990a, p. xxix
[206] „Verständnis" (hebr.)
[207] Geheimlehre, vol. I, Kosmogenesis
[208] Blavatsky, s.a., p. 48

Bedeutung zur Relation des Menschen zu seinem Engel, beziehen [Wasser, Feuer, Luft, Erde und Geist], wird ein intimes Gespräch Crowleys mit seinem eigenen *Holy Guardian Angel* wiedergegeben, welches in einer tiefen Trance stattgefunden hat. Dieses Buch gibt dabei all jenen, die sich auf dem thelemitischen Weg befinden, eine Beschreibung des Ziels, wenn auch der wirkliche Sinn „is concealed from all, save only the Shining Triangle."[209] Diese *Shining Triangle* ist eine Umschreibung für die höchsten drei Sephiroth *Kether*,[210] *Binah* und *Chokmah*,[211] also die Welt oberhalb des *Abyssos*, der die Dualität von der Non-Dualität trennt.

Die Zahl 65 korrespondiert kabbalistisch mit dem Wort *Adonai*,[212] welches im Alten Testament als Substitut für den Namen Gottes verwendet wird und sich im thelemitischen Kontext auf den *Holy Guardian Angel* bezieht, da dieser quasi die persönliche Offenbarung Gottes an das Individuum ist.

Liber Stellae Rubeae
[Liber LXVI][213]
The Book of the Ruby Star

Thema dieser Schrift ist ein geheimes Ritual, welches den Ausführenden befähigen soll, eine besondere Kraft zur Entfaltung zu bringen, die das Bewußtsein zur Erleuchtung befähigt. Es gehört zu den Ritualen, die im Sinne von Crowleys Konzept des *energized enthusiasm* eingesetzt werden, um – in diesem speziellen Fall – das Bewußtsein durch sexuelle Praktiken in einen Zustand der Selbsttranszendierung zu versetzen. Die Zahl 66 ist die Summe aller Zahlen von 1 – 11, wobei 11 die Zahl der Magie ist, die mit einem Vers aus dem Liber AL vel Legis korrespondiert: „My number is 11, as all their numbers who are of us (...)"[214]

Als klärende Anmerkung wäre zu erwähnen, daß das Liber LXVI häufig als Beleg dafür herangezogen wird, daß Crowley zu tatsächlichen Blut- und/oder Menschenopfern aufgerufen habe, weil solches ja anscheinend wörtlich in den Ritualanweisungen verlangt wird. Fakt ist, daß die eigentlich anvisierten sexuellen Praktiken – heterosexueller wie homosexueller Natur – zu Crowleys Zeit in England noch unter Strafe standen und die von ihm benutzten Formulierungen ein Beispiel der „Schattensprache" sind, die im Okkultismus, wie auch im Tantrismus, üblich ist, um Uneingeweihte abzuschrecken. Wenn es

---

[209] Crowley, 1990a, p. xxx
[210] „Krone" (hebr.)
[211] „Weisheit" (hebr.)
[212] „Herr" (hebr.)
[213] Nicht zu verwechseln mit *The Star Ruby* [Liber XXV], welches zwar denselben Titel trägt, aber eine Publikation in Class <D> ist. Liber XXV ist eine thelemitische Form des Pentagramm-Rituals und liegt in vier verschiedenen Versionen vor, da Crowley dieses Ritual zwischen 1913 und 1920 mehrfach umänderte.
[214] Crowley, 1990a, p. 112

also im Ritualtext heißt: „Auch soll der Altar vor dem Meister mit Weihrauch, der keinen Rauch besitzt, dampfen"[215] dann ist damit tatsächlich der Gebrauch von Blut zu rituellen Zwecken gemeint, weil dies innerhalb des okkultistischen Kontextes eine gängige Umschreibung für Blut ist. Einige Verse vorher wurde aber bereits deutlich gemacht, um was für eine Art Blut es sich dabei handelt resp. wann dieses Ritual durchzuführen sei: „Wenn der Rubinstern sein Blut über dich vergossen hat, wenn Du zur Zeit des Mondes mit dem Iod und dem Pe angerufen hast, dann magst du an diesem geheimsten Sakrament teilnehmen."[216] Das Blut, welches der Ritualtext wirklich verlangt, ist Menstruationsblut (das Mond-, oder Monatsblut), was zu bestimmten Zeiten ganz natürlich zustande kommt und damit den rechten Zeitpunkt des Ritus markiert.. „Iod" und „Pe" beschreiben das männliche resp. weibliche Geschlechtsteil und die „Anrufung" ist der magisch geprägte Geschlechtsakt, welcher das Menstruationsblut gleichsam „auflädt".

Anweisungen wie „Auch soll er ein junges Kind auf dem Altar töten (...)"[217] sind durchaus geeignet, jedes weitere Lesen des Textes zu unterbinden – was in der Tat der Sinn der so gewählten Formulierungen ist –, beschreiben aber einen eher harmlosen Gebrauch von Sperma. Oft findet man diese und ähnliche Umschreibungen, wie z.B. „der Magier töte das Kind seiner Lenden" usw., wobei die Übersetzung dieser Schattensprache bedeutet: der Magier verwendet sein Sperma und benutzt dieses in einer magischen Operation, so daß er quasi ein symbolisches Menschenopfer bringt, da die Spermien, die er verwendet, nicht mehr zur Zeugung benutzt werden können.[218]

Crowleys Texte sind durchsetzt von diesen okkulten Umschreibungen und ein Nichtvertrautsein damit führt zwingend zu krassen Fehldeutungen, mit ein Umstand, der der thelemitischen Bewegung und ihrem Gründer eine schlechte Reputation eingebracht hat.

Liber TZADDI Vel Hamus Hermeticus
[Liber XC]
The Book of the Hermetic Fish-Hook

Diese Schrift ist ein Aufruf an die Menschen, das *Große Werk*[219] zu verwirklichen und beschreibt in poetischer Sprache sowohl die Bedingungen der Initiation, die dazu nötig sind, wie auch die Resultate derselben. Es spricht *Horus*, der Herr des Äons, der den Menschen das Gesetz der Freiheit bringt, welches er den Menschen durch Aleister Crowley verkünden läßt. Die Schrift, die

---

[215] Gregorius, 1980, p. 310
[216] op. cit., p. 309
[217] Gregorius, 1980, p. 311
[218] Sperma wird in entsprechenden Texten auch das *weiße Blut* genannt.
[219] Crowleys Bezeichnung für das Ziel aller spirituellen Übungen, die Erleuchtung, den Grad des Ipsissimus, zu erreichen.

die Botschaft, welche Crowley überbringt, im Sinne eines neuen Evangeliums, einer neuen *Frohen Botschaft* beschreibt, macht viele Anspielungen auf das Neue Testament, distanziert sich aber gleichzeitig von christlichen Vorstellungen und wertet damit den Charakter der Frohen Botschaft um resp. definiert ihn aus thelemitischer Sicht neu. Ein Beispiel für diese Anspielungen ist auch die dem Buch zugeordnete Zahl 90, welche der kabbalistische Zahlenwert des hebräischen Wortes *Tzaddi* ist, was *Fischhaken* bedeutet und damit ein Verweis auf den biblischen Jesusausspruch ist: „Kommt folget mir nach und ich will Euch zu Menschenfischern machen"[220]

Liber Cheth Vel Vallum Abiegni
[Liber CLVI]
The Wall of Abiegnus

Diese Schrift beschreibt eine Methode, durch die der Übende sein Ego in das Universale Sein auflösen kann. In poetischer Ritualsprache wird der Aspirant aufgefordert, sich mit *Babalon,*[221] der *Großen Hure der Sterne* zu vereinigen: „Du sollst dein Blut, das dein Leben ist, fortleiten in die goldene Schale ihrer Unzucht."[222] Das in der Apokalypse beschriebene Babylon, anthropomorphisiert als „das Babelsweib," das „gekleidet war (...) in Purpur und Scharlach, übergoldet mit goldener Zier und mit köstlichem Gestein und mit Perlen geschmückt"[223] und die „trunken (ist) vom Blute der Heiligen und vom Blute der Zeugen Jesu"[224] ist in der thelemitischen Religion eine Art archetypisches Gegenmodell zur christlichen Gottesmutter Maria. Die weibliche Seite des Göttlichen wird hier als Hure beschrieben, die in beständiger Unzucht sich selbst erfüllt und damit im Gegensatz steht zum christlichen Bild der Frau, dem Idealbild der asexuell gezeichneten, von der Welt unberührten Gottesmutter. Der Aspirant soll sich diesem, in permanenter Interaktion mit der Schöpfung befindlichem Aspekt des Göttlichen völlig hingeben und somit die Begrenzungen seines menschlichen Ego schließlich überwinden. *Liber Astarte vel Berylli* [Liber CLXXV], *Liber NU* [Liber XI] und *Liber HAD* [Liber DLV] gehören zu den vorbereitenden Büchern, die durch mystische Betrachtungen und Praktiken, ähnlich denen des *Bhakti-Yoga,*[225] den Aspiranten auf die Übungen des Liber CLVI vorbereiten sollen.

---

[220] Mk, 1, 17
[221] Diese Schreibweise von Babylon wird im *Liber Al vel Legis* benutzt.
[222] Gregorius, 1980, p. 320
[223] Off, 17,4
[224] Off, 17, 6
[225] Eine Form des Yoga, die nicht durch Wissen, oder mystische Körperhaltungen etc. die spirituelle Entwicklung fördern will, sondern durch die bedingungslose liebende Hingabe an das Göttliche. Die Hare Krishna–Bewegung (ISKCON, i.e. International Society for Krishna Consciousness) wäre ein Beispiel für eine bhakti-yogische Gruppierung.

Die dem Buch zugeschriebene Zahl 156 ist der kabbalistische Zahlenwert des Wortes Babalon, sowie die mythische Zahl der Schreine in der *Stadt der Pyramiden*, wobei dies eine Umschreibung der Sephirah *Binah* ist, in der diejenigen neu erwachen, die den *Abyssos* überquert und damit das Ego transzendiert haben. Der im Titel erwähnte *Abiegnus* ist der heilige Berg der Rosenkreuzer und beschreibt das Idealbild eines mystischen Ortes des Gebets und der Kontemplation.

Liber AL Vel Legis
[Liber CCXX]
The Book of the Law

Das bereits erwähnte *Book of the Law* war das erste der *Holy Books of Thelema*, welches Aleister Crowley von einem Gesandten des Gottes *Hoor-paar-kraat* offenbart wurde und welches im Gegensatz zu den anderen heiligen Schriften des Kanons für sich in Anspruch nimmt, Crowley direkt in die Feder diktiert worden zu sein. Es begründet die thelemitische Religion und übergibt den Menschen ein neues Gesetz. Laut Crowley ist es in der Lage, alle religiösen und philosophischen Probleme zu lösen, weil es kosmologische Konzepte, die Raum und Zeit transzendieren, mit der gewöhnlichen, historischen Sichtweise der Menschen vereinigt. Dabei ist es jedoch kein Endpunkt einer göttlichen Offenbarung und vermittelt keine absolute Wahrheit, sondern eine Wahrheit, die in Beziehung zu den dynamischen Geschehnissen in der Welt steht und damit relativ ist. „It is a strong point in favour of the Book that it makes no pretence to settle the practical problems of humanity once and for all. It contents itself with indicating a stage of evolution".[226] Die dem Buch entsprechende Zahl 220 verweist auf die Anzahl der Verse, die es enthält, sowie auf eine Verbindung der beiden wichtigsten Korrespondenzsysteme, auf denen die westlichen Geheimlehre beruht, da der kabbalistische Lebensbaum 10 Sephiroth besitzt, welche über 22 Pfade miteinander verbunden sind. Letztere korrespondieren dabei auch mit den 22 Großen Arkana[227] des Tarot.

Liber XXXI

Unter dieser Bezeichnung wird das handschriftliche Original des Liber AL geführt, sowie dessen faksimilierte Reproduktion. Es wird neben der reinen Textversion des Liber CCXX gesondert aufgeführt, wegen der Anweisung im *Book of the Law*:

---

[226] Crowley, 1990a, p. xxxii
[227] D.h. den 22 Hauptkarten, die auch *Trümpfe*, oder 22 *Atu of Tahuti* (Thoth) genannt werden.

> This book shall be translated into all tongues: but always with the original in the writing of the Beast; for in the chance shape of the letters and their position to one another: in these are mysteries that no Beast shall divine.[228]

Die dem Buch zugewiesene Zahl 31 gilt als der Schlüssel zum *Liber AL* und ist einerseits der kabbalistische Zahlenwert des Wortes *AL* (Gott) und verbindet durch *Binah* (Verständnis, die 3. Sephirah) die Botschaft selber mit den beiden zentralen Aspekten in der thelemitischen Lehre: *Agape* (Liebe) und *Thelema* (Wille), welche beide den Zahlenwert 93 haben.

3 x 31 = 93, d.h. durch initiiertes Verständnis der durch die Offenbarung von Thelema zugänglich gewordenen Lehre, entwickelt der Aspirant *Agape* (Liebe in einem umfassenden, apersonalen Sinn, gegenüber dem Eros, der personal ausgerichtet ist und als Träger des zu entwickelnden Agape-Gedankens fungiert), und läßt sich von *Thelema* (Wille im Sinne des Wahren Willens, gegenüber dem egoverhafteten Wollen, Wünschen etc.) leiten.

Das Verständnis, das durch Binah symbolisiert wird, ist ein eingeweihtes Verständnis in die Mysterien, im Gegensatz zum profanen Wissen, welches durch die Sephirah *Daäth* symbolisiert wird, die im Abyssos angesiedelt ist, dessen Natur reines Chaos ist und damit die Unbeständigkeit und letztlich Substanzlosigkeit rationalen Wissens symbolisiert. Binah ist oberhalb des Abgrundes (Abyssos) angesiedelt, der die Welt der Phänomene vom non-dualen Sein trennt und beschreibt damit ein Wissen, welches auf der Wirklichkeit basiert und nicht auf deren scheinbarer Reflexion in der Welt der Phänomene. Dergestalt enthalten die Zahlen 3 und 31 kabbalistisch betrachtet die Essenz der thelemitischen Lehre.

Liber Arcanorum ton ATU tou TAHUTI
QUAS VIDIT ASAR IN AMENNTI
[Liber CCXXXI]

Eine kurze Schrift, welche die Tarot-Trümpfe (die *Atu* des *Thoth*) als Beschreibung des Initiationsweges darstellen. *Sigillen*[229] werden in Beziehung gesetzt zu hebräischen Buchstaben und bestimmten Zahlenwerten und die Korrespondenzen der *Qliphoth*[230] erläutert.

> Qliphoth is the name given to a region inhabited by soulless entities, the shells or mouldering vehicles of perverted and aborted desires that prolong their twilight existence by preying on the vital fluids of the living. It is the region of the vampires, ghouls, demons and evil spirits, as well as being the habitation of the phantom forms generated by sexual desires and morbid cravings constantly produced by dwellers on earth.[231]

---

[228] Crowley, 1990a, p. 126
[229] i.e. magische Zeichen und Zeichnungen
[230] Plural von *qlipha* (hebr.) = „Schale"
[231] Grant, 1973, p. 222

Diese *Qliphoth* stellen quasi die Rückseite der *Sephiroth* dar und repräsentieren die jeweiligen Gegenkonzepte zu den von den einzelnen Sephiroth symbolisierten Energien. Gleichzeitig stellt man sich diese Qliphoth als eingebunden in ein schematisches Konzept vor, welches dem der Sephiroth gegenüber auf dem Kopf steht, so daß sie ein generelles Gegenmodell zum „*Baum des Lebens*" bilden, der durch diese 10 Sephiroth gestaltet wird. Der so gebildete „*Baum des Todes*" gilt als eigentliche Quelle dämonischer Kräfte, welche nur die höchsten Adepten gefahrlos nutzen können.

Die der Schrift zugeordnete Zahl „231" ist die Summe aller Zahlen der 22 Tarot-Trümpfe.

> Der Tarot ist ein Blatt von 78 Karten. Es gibt vier Farben, wie in den, aus ihm abgeleiteten, modernen Spielkarten. Statt drei Hofkarten gibt es jedoch vier. Zusätzlich gibt es 22 Karten, die „Trümpfe" genannt werden, jeder ein symbolisches Bild mit einem eigenen Namen darstellend.[232]

Die Zahl 231 kommt zustande, da der erst Tarot-Trumpf, genannt *Der Narr,* den Zahlenwert „0" hat. Im Narren verkörpert sich sowohl der *tumbe Tor*, wie auch der *heilige Verrückte*. Ersterer stellt den Archetypus des nicht kalkulierenden Menschen dar, der unschuldig staunend und offen durch die Welt geht und damit für die grundsätzliche Fähigkeit des Menschen steht, sich zu entwickeln. Letzterer symbolisiert den Menschen, der eben diese Offenheit genutzt hat, der über seine menschlichen Grenzen gegangen ist und sich selber in völliger Gott-Trunkenheit vom Ego gelöst hat.[233]

Liber A'ASH Vel Capricorni Pneumatici
[Liber CCCLXX]
The Book of Creation or of the Goat of the Spirit

Laut Crowley analysiert dieses Buch die (sexual-)magische Kraft, welche dem Menschen innewohnt und erklärt, wie sie zu erwecken ist.
In Form einer an die Menschen gerichteten Rede spricht der Herr des Äons selbst und weist den Eingeweihten an:

> Let him sit and conjure; let him draw himself together in that forcefulness; let him rise next swollen and straining; let him dash back the hood from his head and fix his basilisk eye upon the sigil of the demon.[234]

Die Art und Weise wie hier von der Methode der Beschwörung gesprochen wird, verweist auf die Natur der in diesem Buche behandelten magischen Kraft: die

---

[232] Crowley, 1983, p. 16
[233] Dieses Bild des „Narren" war es auch, das Regardie vorschwebte, als er schrieb: „Crowley was really God-intoxicated." [Regardie, 1989, p. 368]
[234] Crowley, 1976, p. 432

Sexualität. Es geht um einen Ritus, der auf onanistischen Praktiken basiert, wobei der Orgasmus den Moment darstellt, wo der Aspirant „die Kappe von seinem Kopf schleudert und sein Basiliskenauge fest auf das Siegel des Dämons richtet", wie der Text sagt. Das erwähnte Basiliskenauge steht für das *Ajna Chakra*, das dritte Auge, welches Sitz des spirituellen Schauens ist und das im unerleuchteten Zustand verdeckt ist. Der Gott, der in dieser Schrift zu den Menschen spricht, sagt von sich selbst:

> How shalt thou adore me who am the Eye and the Tooth, the Goat of the Spirit, the Lord of Creation. I am the Eye in the Triangle, the Silver Star that ye adore."[235]

Das erwähnte „Auge" ist der Tarotkarte „The Devil" zugeordnet, auf der eine Ziege dargestellt ist, die den Gott Pan repräsentiert, welcher im thelemitischen Verständnis *Pan Pangenitor*, den Allerzeuger, darstellt und als identisch mit *Set*, dem ägyptischen Gott der Fremde und der Ödnis, gedacht wird.[236] Das „Auge im Dreieck" ist einerseits ein Symbol für Gott, andererseits auch ein Symbol für das erleuchtete Bewußtsein, so daß in diesem Fall sich *Pan*, *Set*, der *Teufel*[237] etc.. nicht nur als Botschafter darstellt, der den Menschen den Weg zur Erleuchtung weist, sondern sich geradezu mit der Kraft identifiziert, die jene erst erreichbar werden läßt.[238] Der Silberne Stern ist ein Verweis auf *Sothis*, den Stern, der mit *Set* in Beziehung steht und gleichzeitig auch der Name des von Crowley gegründeten Ordens, welcher damit zur irdischen Verkörperung der eigentlichen gnostischen Quelle erklärt wird.

Die Zahl 370, die dem Buch zugeordnet ist, steht kabbalistisch für die „Schöpfung" und enthält die Beschreibung des Prozesses der Initiation: die 3 steht für den materiellen Aspekt, wie auch für das initiierte Verständnis (Binah) und die 7 verweist auf die Ordnung der astrologischen Planeten und der diesen zugewiesenen Sphären, den spirituellen Aspekt des Lebens. Ziel ist es, beide Seiten in der 0 zu transzendieren. 0 ist dabei ein Verweis auf *Ain*[239] „the void beyond Kether and out of which Kether appears as a concentration of Massive Consciousness which formulates itself as single point."[240]
Jenseits von Kether, der höchsten Sephirah liegen die drei Schleier Gottes, *Ain*, *Ain Soph* und *Ain Soph Aur*, dargestellt als 0, 00 und 000.[241]

---

[235] Crowley, 1976, p. 433
[236] cf. Crowley, 1983, p. 112 s.
[237] Der in Crowleys Lehre eine korrumpierte Form des Gottes Set oder Pan ist und nicht in der christlichen Interpretation verstanden wird. Er findet überhaupt nur Erwähnung, weil er zu einer Gruppe ähnlicher Symbolgestalten gehört.
[238] Hierbei schwingt die gnostische Vorstellung mit, daß der Teufel, die Schlange etc. der Bote der Weisheit ist, der dem Menschen den Schlüssel reicht, sich selbst zu befreien. Hadit sagt im *Liber AL* von sich: „I am the Snake that giveth Knowledge & Delight and bright Glory, and stir the hearts of men with drunkeness. (...)" [Crowley, 1985b, 38]
[239] Nichts (hebr.)
[240] Grant, 1973, p. 202
[241] cf. Diagramm 2 der vorliegenden Studie, p. 157

Liber TAU Vel Kabbalae Trium Literarum
[Liber CD]

Dieses „Buch" ist nur eine Seite mit skizzenhaften Darstellungen von Korrespondenzen bezüglich des hebräischen Alphabets mit den Tarotkarten und den einzelnen Graden von Crowleys Orden A.A.. Die dem „Buch" zugewiesene Zahl bezieht sich auf das große griechische *Tau*, welches auf der Seite erscheint.

Liber DCCCXIII Vel Ararita
[Liber DLXX]

Diese Schrift beschreibt „in magical language a very secret process of Initiation",[242] wobei dieser darauf beruht, jede Idee mit ihrem Gegenteil zu identifizieren, um sich so bewußt zu machen, daß Wahrheit als solche relativ ist.
813 ist der kabbalistische Wert des Wortes *ARARITA*, welches in der Kabbala einer der Namen Gottes ist. Es ist ein *Notarikon*[243] aus den Wörtern *Achadreshitoh; achad Resh Jechidathoh; Temurathoh achod* [Eins ist sein Anfang; Eins ist Seine Einzigartigkeit; Seine Veränderung ist Eins][244] und bezieht sich damit auf die Ebene jenseits des Abyssos, wo es keine Dualität und damit auch keine Relativität mehr gibt.
Crowley selbst gibt zur Zahl 570 keine weiteren Erläuterungen und kabbalistisch betrachtet besitzt sie, gemäß Crowleys Liber 777, auch keine signifikante Bedeutung.

3.2 Secret Chiefs – die Autorität

Die im vorigen Kapitel beschriebenen *Holy Books* sind nicht von einem der zentralen Konzepte der thelemitischen Doktrin und darüber hinaus des westlichen Okkultismus allgemein, zu trennen. Die Offenbarung von Thelema, die *Great Revelation*, wie sie Crowley auch nannte, stellt - innerhalb des Crowleys Denken zugrundeliegenden traditionellen Mysterienkonzeptes -, so etwas wie den Kulminationspunkt einer jahrtausendelangen Bemühung der Adepten und Eingeweihten dar: der eindeutige Kontakt zu den Wesenheiten, die von der inneren Ebene her die Evolution der menschlichen Spezies beobachten und fördern, und welche als *Secret Chiefs* bekannt sind.

---

[242] Crowley, 1990a, p. xxxiv
[243] Kurzschrift (hebr.); dies ist der Terminus für eine spezifische kabbalistische Methode, den verborgenen Sinn von Wörtern zu ermitteln, indem man aus den Anfangsbuchstaben ausgewählter Wörter, oder eines bestimmten Satzes, sog. *Neologismen* (Neuwörter) bildet, die diesen Sinn offenlegen sollen.[cf. Regardie, 1991, p. 162]
[244] Regardie, 1991, p. 170

Diese tauchen historisch das erste Mal unter diesem Namen innerhalb einer Strömung der Freimaurerei auf, dem System der *Strikten Observanz*. Gegründet wurde dieses freimaurerische Hochgradsystem im 18. Jahrhundert von *Gotthelf Reichsfreiherr von Hund und Altengrottkau*,[245] welcher im Jahre 1741 in die Freimaurerei aufgenommen wurde. Von Hund erklärte, er sei ein Jahr später in Paris am Hofe des Prätendenten Karl Eduard Stuart, von einem *Ritter von der roten Feder* zum Mitglied des, seinen Worten zufolge, in Schottland weiter existierenden Templerordens geweiht worden. Er legte ein Patent vor, welches ihn als Heeresmeister der VII. Ordensprovinz, i.e. Deutschland, auswies und ihm die Rechte verlieh, dort im Namen des Templerordens aktiv zu werden. 1743 leitete von Hund seine erste eigene Loge unter dem Banner des von ihm eingeführten Templer–Hochgradsystems und hatte vornehmlich beim reichen Bürgerstand großen Erfolg, da innerhalb des Systems wohlklingende Titel verliehen wurden, welche einen gewissen Adelsnimbus verbreiteten. Von Hund setzte alles daran, sein System in Deutschland zum beherrschenden Freimaurersystem zu erheben und verschrieb sein gesamtes Leben und sein Vermögen diesem Anliegen, was anfänglich auch von Erfolg gekrönt war, da sich viele reguläre Freimaurerlogen der Strikten Observanz anschlossen, der von Hund unter dem Namen *Carolus eques ab ense* vorstand und die eine auffallend gut strukturierte und deswegen effiziente Organisation besaß. Der einflußmäßige Höhepunkt des Hochgradsystems der Strikten Observanz war mit der Einsetzung des Herzogs Ferdinand von Braunschweig als *Magnus superior ordinis*, i.e. Hochmeister, erreicht, welche im Jahre 1775 stattfand. Zu jener Zeit waren nicht mehr nur Bürgerliche auf der Suche nach semiadeligen Titeln Mitglied der S.O. Logen, sondern es gehörten auch nicht weniger als 26 deutsche Fürsten zu ihren Reihen. 1782 fand in Wilhelmsbad bei Hanau ein großer S.O. Konvent statt, auf dem einige Reformen angestrebt wurden, die jedoch langfristig zum Zerfall des Hochgradsystems führten.[246]

Die eigentliche Innovation an dem System war nun, daß Freiherr von Hund behauptete, daß hinter dem Orden eingeweihte Adepten stünden, die er als *Unbekannte Obere* ansprach. Im Zuge einer weiteren romantischen Verklärung des Templerordens und einer Neigung gewisser Teile der Freimaurerei, besonders in den Hochgradsystemen, zu esoterischen Konzeptionen und spirituellen Interpretationen der freimaurerischen Ideen, kam es zu einer spezifischen Auffassung dieser Unbekannten Oberen. Der französische Hochgradfreimaurer Oswald Wirth[247] etwa beschreibt die Initiation innerhalb der Freimaurerei mit den Worten:

> Das Drama des Meistergrads läuft in Dunkelheit ab, bis zu dem Augenblick, da Hiram sich in der Person des Kandidaten wiederbelebt erhebt. In diesem

---
[245] 1722 - 1766
[246] Die Große Landesloge von Deutschland tradiert noch heute einige der Ideen der S.O.. [cf. Miers, ⁵1982, p. 389 s.]
[247] 1860 - 1943

> Moment öffnet sich ein Vorhang und gibt den Blick auf das ausgehende Licht des Ostens frei, als ob es von den voll eingeweihten Meistern, die sich im Orient der Loge befinden, ausginge. (...)
> Sie lehren uns die Stimme der *Unbekannten Oberen* vernehmen, die hinter dem Vorhang der sinnlichen Erscheinungen verborgen sind und von dort aus den Fortgang der Arbeiten beobachten, die auf die volle Auswertung der Kräfte des Guten abzielen.[248]

Hier hat sich bereits eine signifikante Wandlung vollzogen, bei der die Unbekannten Oberen nicht mehr als im Verborgenen agierende Menschen verstanden werden, sondern als Geistwesen, deren Wirken eine ethische Intention zugrundeliegt und es wird eindeutig formuliert „die Unbekannten Oberen sind keineswegs Führer aus Fleisch und Knochen, wie es im 18. Jahrhundert Baron von Hund sich vorgestellt hat (...).",[249] dem damit natürlich in der Retrospektive auch eine geringere Erkenntnisstufe zugewiesen wird.

Die in dieser Art verstandenen Unbekannten Oberen wurden später in der 1875 gegründeten *Theosophischen Gesellschaft* unter der Bezeichnung als sog. *Mahatmas*[250] bekannt, welche ebenfalls zuerst als Weise gedacht wurden, die im Himalaja leben und aufgrund ihrer hohen spirituellen Fähigkeiten in der Lage sind, die Geschicke der Menschen zu lenken, später jedoch als diskarnierte Entitäten beschrieben wurden. Die Gründerin der Theosophie[251] Helena Petrowna Blavatsky, die 1875 die erste *Theosphische Gesellschaft* (TG) in New York gründete,[252] behauptete, auf ihren Reisen rund um die Welt auch bei tibetischen Weisen in die Mysterien eingeweiht worden zu sein. Später entwickelte sie die Vorstellung der Unbekannten Oberen als Geistwesen, die mit ihr über die sog. *Mahatma-Briefe* in Kontakt standen, d.h. Briefen, welche auf geheimnisvolle Weise im Umfeld von Frau Blavatsky gefunden wurden und als materialisiert galten.[253]

---

[248] Mellor, 1985, p. 365; Mellor selber verwehrt sich gegen diesbezügliche Interpretationen und stellt einer von ihm abgelehnten „religiösen" Deutung der freimaurerischen Mysterien eine „philosophische" Interpretation gegenüber. [op. cit., p. 367]
[249] Mellor, 1985, p. 366
[250] (skrt.) Große Seele
[251] Theosophie („Gottesweisheit") hat eine gewisse Doppelbedeutung, je nachdem auf welche Epoche sich der Begriff bezieht. Einerseits werden die mystisch-gnostischen Strömungen des Altertums, wie Neuplatonismus, Gnostizismus, die Kabbala etc., sowie die Lehren von Emanuel Swedenborg, Jakob Böhme etc. als theosophisch bezeichnet, andererseits wird der Begriff im engeren Sinn auf die Lehren der „Theosophischen Gesellschaften" neuerer Zeit angewandt. Da sich oft Mystik und Theosophie nicht klar voneinander trennen lassen, was die spirituellen Inhalte betrifft, wird als definierender Unterschied oftmals die Systembildungstendenz der Theosophie herangezogen, d.h., die Theosophie bildet immer weltanschauliche Systeme und oft auch Gemeinschaften, was sie von der eher individuell ausgerichteten Mystik unterscheidet.
[252] Zusammen mit H.S. Olcott und W.Q. Judge. Diese Gruppe existierte bereits kurze Zeit unter dem Namen *Miracle Club* und hatte zu jener Zeit einen stark spiritistischen Charakter.
[253] „HPB", wie Frau Blavatsky kurz genannt wurde, war ein charismatisches Medium, welches auch zur Zeit des Miracle Club in dieser Gruppe die zentrale Rolle einnahm. Die in der späteren TG zu findenden Praktiken und Umstände der Kontaktaufnahme mit den Unbekannten Oberen, oder Meistern, entsprachen denen, die man im Spiritismus findet. Ähnlich wie Crowley pflegte HPB einen gewissen dramatischen Nimbus, und hatte es sehr schwer machte, darüber zu entscheiden, was nun echte paranormale Effekte oder aber schlaue Täuschung war. Richard Hodgson (1855-1905) führte seit 1884 im Zentrum der TG in Adyar, Indien Forschungen im Auftrag der *Society for Psychical Research* durch,

Die *Secret Chiefs*, die Crowley im *Hermetic Order of the Golden Dawn* kennenlernte, waren also zu jener Zeit bereits eine durchaus bekannte und etablierte Vorstellung innerhalb der okkultistischen Bewegungen und es herrschte so etwas wie ein Konkurrenzkampf darüber, wer denn nun wirklich den Kontakt zu jenen geheimnisvollen Wesenheiten herzustellen vermochte. Samuel Mathers Stellung als Ordensleiter basierte, wie bereits erwähnt, auf der expliziten Behauptung, er habe diesen Kontakt hergestellt und Crowley akzeptierte anfangs diese Behauptung, sah Mathers gar als „my only link with the Secret Chiefs to whom I was pledged."[254] Erst als Mathers sich unbeeindruckt von Crowleys Erfahrungen zeigte, die er in Asien gesammelt hatte, gab es einen tiefen persönlichen Riß in der Beziehung dieser beiden Okkultisten und Crowley erklärte Mathers kurzerhand zum gefallenen Adepten: „I had, however, little doubt that he had fallen through rashly invoking the forces of *The Book of the Sacred Magic of Abra-Melin the Mage.*"[255] In der Retrospektive gibt Crowley immer wieder in seinen *Confessions* Hinweise darauf, daß er schon früher Zweifel bekommen habe, inwieweit die spirituelle Integrität von Mathers zu bestimmten Zeiten tatsächlich gewahrt war: „Since, leaving England, I had thought over the question of the authority of Mathers with ever increasing discomfort."[256] Man bekommt den Eindruck, daß Crowley sich ab einem bestimmten Zeitpunkt entscheiden mußte, ob er nun den Anspruch von Mathers weiterhin akzeptieren wollte, was ihn eindeutig in die zweite Reihe gestellt hätte, oder aber selbst die Rolle des Mittlers zu den *Secret Chiefs* zu übernehmen gedachte. Die letztliche Entscheidung, eben dies zu tun, machte es, so scheint es, unumgänglich, daß sich Crowley innerlich von Mathers und dem ihm zugeschriebenen spirituellen Führungsanspruch löste. Dadurch, daß Crowley Mathers zum gefallenen Adepten erklärte, war es für ihn überhaupt erst möglich, die früheren Loyalitätsbekundungen seinem Ordensoberen gegenüber als sinnvoll deklarieren zu können, ohne daß der Bruch mit ihm nun als Verrat angesehen werden mußte, da die Loyalität nicht der Person Mathers galt, sondern nur seiner Funktion als Mittler zu den *Secret Chiefs*. Wurde diese Funktion von Mathers nicht mehr erfüllt, gab es für Crowley auch keinen Grund mehr, Mathers als spirituell weisungsbefugt zu betrachten. Dies machte den Weg dafür frei, daß sich Crowley nun mit der Rolle identifizierte, in die er sich gestellt sah: „Various considerations showed me that the Secret Chiefs of the Third Order (...) had sent a messenger to confer upon me the position which Mathers had forfeited."[257]

In Crowleys Überzeugung, was heute ebenfalls die grundlegende Annahme der thelemitischen Bewegung generell beschreibt, gibt es einen fundamentalen Unterschied zwischen den Behauptungen all jener, die sich vor ihm in die Rolle

---

und erklärte die Phänomene zur Empörung der Theosophen ausnahmslos als Betrug. [cf. Bonin, 1984, p. 231]
[254] Crowley, 1989c, p. 195
[255] op. cit., p. 335
[256] op. cit., p. 220
[257] op. cit., p. 394

des Botschafters besagter *Secret Chiefs* gestellt sahen und ihm selbst. Die ihm zuteil gewordene Offenbarung, welche zur Niederschrift des *Book of the Law* und der anderen *Holy Books* führte, setzt Crowley nicht nur als Botschafter, als Prophet dieser Offenbarung ein, sondern *beweist* in Crowleys Augen auch erstmalig die Existenz der Wesen, die immer wieder als *Secret Chiefs* bezeichnet worden sind. Das *Liber AL* „postulates, therefore, the existence of one or more praeter-human intelligences, able and willing to communicate, through the medium of certain chosen men, to mankind a truth or truths which could not otherwise be known."[258] Aleister Crowley sieht sich also in einer Traditionslinie stehend, mit all jenen, welche ebenso wie er den Kontakt der Menschen mit den *Secret Chiefs* ermöglichen wollten und er sieht in diesem Sinne etwa H.P. Blavatsky als jemanden, der den Weg für sein persönliches Erscheinen als Prophet bereitete:

> It was in this conjuncture that the Yellow Adepts sent forth into the Western world a messenger, Helena Petrowna Blavatsky, with the distinct mission to destroy, on the one hand, the crude schools of Christianity, and, on the other, to eradicate the materialism from Physical science.[259] (...)
>
> Madame Blavatsky was a mere forerunner.[260]

> Das Werk unserer Schwester Helena Petrowna Blavatsky wurde begonnen eben zur Zeit der irdischen Geburt unseres Bruders, des Meisters, dessen Wort Thelema ist (...)
> Denn es war dringend notwendig, Seinen Weg zu bereiten, damit Er sein Gesetz in jedem Lande verkünde, das auf dem Antlitz der Erde ist.[261]

Christliche Konzeptionen wie Johannes der Täufer als Vorläufer des Messias scheinen hier durchaus in inhaltlicher Parallele anzuklingen. Neben der bloßen Tatsache, daß in Crowleys Augen das *Book of the Law* erstmals einen Beweis für die tatsächliche Existenz von diskarnierten Wesenheiten liefert, für die die Religionen bisher nur einen auf unbewiesenen Dogmen basierenden Glauben einfordern konnten, ist das eigentliche Novum, daß die Botschaft dieser Wesenheiten erstmals auch eine Methodik beschreibt, durch deren Praxis laut Crowley ihre Validität bestätigt werden kann.

> Thirdly, it claims to offer a method by which men may arrive independently at the direct consciousness of the truth of the contents of the Book; enter into communication directly on their own initiative and responsibility with the type of intelligence which inform it, and solve all their personal religious problems.[262]

---

[258] Crowley, 1989c, p. 396
[259] Crowley, 1991a, p. 85
[260] op. cit., p. 87
[261] Crowley, 1955a, p. 39
[262] Crowley, 1989c, p. 396

Dadurch, daß sich die Offenbarung, die Crowley behauptet erfahren zu haben, als eine Botschaft der *Secret Chiefs* darstellt, die von Crowley oft auch schlicht „die Götter" genannt werden, welche der Menschheit an einer Art toten Punkt ihrer Entwicklung einen neuen Impuls vermitteln wollen, hat sie eine doppelte Bedeutung im Kontext der okkultistischen Gedankengänge, in denen Crowley zu seiner Zeit dachte. Er hatte durch die Übergabe des *Liber AL* ein Zeichen bekommen, das er im Gegensatz zu Mathers nun derjenige sei, der den Kontakt zum innersten Orden hergestellt und damit die Möglichkeit geschaffen habe, den Orden, der zur Inaktivität verdammt war, weil Mathers keine neuen Impulse von den Inneren Ebenen her übermitteln konnte, wieder zu aktivieren. Aus diesem Umstand leitete Crowley für sich konsequenterweise das Recht ab, seinen eigenen Orden zu gründen und ihn nach dem inneren Orden selbst zu benennen: *Astrum Argenteum*, der Orden des Silbernen Sterns, wobei er die gesamte Struktur und so gut wie alle Elemente des ursprünglichen *Golden* Dawn anfangs übernahm. Der Unterschied zu seinen Vorläufern war aber nun, daß sich die Menschheit an einem Wendepunkt ihrer Geschichte befand und Crowley über die Bedeutung als Ordensoberer einer kleinen esoterisch-elitären Gruppe hinaus, eine heilsgeschichtliche Bedeutung gewann, die Mathers, oder auch Blavatsky, nie in Anspruch genommen hatten. Über diese Fokussierung auf die Person Crowleys erhielten die *Secret Chiefs*, die bisher nur eine vage Idee waren, eine aktive Verheißungsdimension, die für die Menschen erfahrbar werden sollte. Darüberhinaus wurden sie der individual-interpretatorischen Verantwortung entzogen, die bis dato den Kontext dafür bildete, daß sich die unterschiedlichsten Personen - von von Hund bis zu Mathers - als Sprachrohr der Geheimen Oberen legitimieren konnten. Mit Crowley sollten die *Secret Chiefs* im Laufe der Zeit quasi nicht nur ein persönliches Gesicht bekommen, sondern nun auch eine unmißverständliche Autorität als Wirkkräfte des Kosmos, wie im folgenden noch deutlich werden wird.

3.3 Äonologie & Magickal Formulae – die Weltsicht

Thelema als religiöse und weltanschauliche Bewegung proklamiert, daß mit der Crowley zuteil gewordenen Offenbarung im Jahre 1904 ein neues Zeitalter in der Geschichte der Menschheit angebrochen sei. Das Crowley übermittelte *Law of Thelema* ist formal eine Offenbarung von drei Gottheiten, die ein Wesen, welches sich Aiwass nannte, als Sprachrohr ihrer Botschaft benutzten. Diese Gottheiten nennen sich selbst *Nuit*, *Hadit* und *Rah-Hoor-Khuit* und beschreiben in 220 ägyptisierenden Versen die Leitlinien für das Neue Äon, das neue Zeitalter in der spirituellen Evolution der Menschheit. Hinter diesem Konzept eines neuen Zeitalters steht eine spezifische thelemitische Äonologie, die besagt, daß es in der Menschheitsgeschichte verschiedene Epochen gibt, die jeweils auf der Grundlage eines Impulses von der Inneren Ebene her, auf der Basis einer von den Secret Chiefs gegebenen Offenbarung an die Menschen basieren. Ein solcher Impuls wird als *magickal current,* oder *magickal formula* d.h. als magischer Kraftstrom, respektive magische Formel bezeichnet. Diese Begriffe bezeichnen ein ganz besonderes spirituelles und ontologisches Konzept, welches in jedem einzelnen dieser Zeitalter das gültige Modell zum Verständnis der kosmisch-spirituellen Evolution darstellt. Im Laufe der Zeit geht jedoch entweder die ursprüngliche Formel unter in religiösen Dogmen oder anderweitigen weltanschaulichen Interpretationen, so daß die Botschaft, welche hinter einer solchen Formel steht, mit der Zeit verdunkelt wird. Dadurch wird der *magickal current* unbrauchbar und die Secret Chiefs geben einen neuen Impuls, der den Menschen wieder als Leitlinie ihrer Entwicklung dienen kann. Oder aber eine solche Formel erschöpft sich, d.h., daß das Verständnis der Menschheit in die kosmisch-spirituellen Prozesse sich vertieft hat und das alte Konzept somit nicht mehr genügt, um etwaige neue Erkenntnisse zu ermöglichen, oder aber die gewonnenen Einsichten durch die überlieferte Symbolik lassen sich nicht mehr adäquat darstellen, so daß auch dies ein Grund ist, einen neuen Impuls von der Inneren Ebene her zu initiieren.

Wichtig ist dabei zu beachten, daß nicht immer eine alte magische Formel automatisch obsolet wird, wenn ein neuer *magickal current* aktiv wird. Da jeder Formel die Wahrheit zugrunde liegt, welche jenseits des Abyssos ihren Ursprung hat, ist keine dieser Leitlinien wirklich falsch, sondern allenfalls als Interpretation unpassend für die jeweilige Zeit. Es ist möglich, eine alte *magickal formula* nach den Erkenntnissen eines neuen *magickal currents* zu interpretieren und damit aktiv zu halten, aber die neue Formel wird letztlich effizienter arbeiten.

Ein Beispiel:

> To use an apparently *un*magickal example, an ancient carpenter or craftsman seeking to determine the area of a small circle might venerate the great Magician who revealed to him that the area could be determined by measuring the radius of the circle, then multiplying that figure by the sacred number 3. For the rough calculations required by our primitive ancestors, this crude formula served quite adequately. But for larger, more complex projects (such as temples, pyramids, etc.) requiring precise computations, the world had to wait for the „Magick" of π. Once this new bit of information became general knowledge the world was never the same.[263]

Gemäß thelemitischer Lehre gibt es dabei vier Äone, welche sich auf die menschliche Evolution beziehen:

---

[263] DuQuette, 1993, p. 6; man beachte die begrifflich sehr weitgefasste Verwendung des Begriffes Magie, die typisch ist für die thelemitische Sichtweise.

1. Das *Äon der Isis*;
2. Das *Äon des Osiris*;
3. Das *Äon des Horus*;
4. Das *Äon der Maat*.

Obwohl diese Epochen nach ägyptischen Gottheiten benannt sind, gelten sie als Termini für das globale Geschehen. Die Verwendung von Begriffen und Bildern aus der ägyptischen Mythologie in der thelemitischen Gedankenwelt hat keine Signifikanz an sich, sondern ist durch die Tatsache bedingt, daß Crowley sehr von ägyptischer Mythologie beeinflußt war und die Botschaft der *Secret Chiefs* durch sein Unbewußtes empfangen worden ist,[264] so daß die Botschaft sich deswegen in den Crowley geläufigen Bildern und Termini ausdrückte und entsprechend gefärbt ist. Crowley behauptete zwar, daß die Mythen der Ägypter, welche die Geschehnisse um Isis, Osiris und Horus beschreiben, erkennen lassen, das in dieser Mythenlehre bereits das Wissen um die Abfolge der Äone enthalten sei, er bezeichnete seine Lehre aber nie als genuin ägyptische Weisheitslehre.[265] Seine persönliche Einschätzung der ägyptischen Tradition als „the noblest, the most truly magical, the most bound to me (...)"[266] und seine Erinnerungen an seine Inkarnation als *Ankh-af-na-khonsu*[267] führten dazu, daß seine eigene Ritualgestaltung sehr ägyptizistisch gestaltet war, aber Crowley strebte keinen *egyptian revival* im Sinne einer neopaganen Bewegung an.[268]

Jedes dieser Äone initiierte einen neuen magickal current und prägte damit das spirituell-philosophische Verständnis der Menschen und im Zuge dieser Ideen auch die Gestaltung der religiösen Systeme, welche sich auf der Grundlage eines solchen *magickal current* bildeten, sowie der Kulturen in denen diese Systeme heimisch wurden. Im Einzelnen lassen sich diese Epochen wie folgt skizzieren:

3.3.1 Äon der Isis: die Verehrung der Mutter

Dieses Zeitalter beschreibt eine Epoche, in der vor allem Ideen der Naturverehrung vorherrschend waren. Religionen, welche das Göttliche als der Natur immanent betrachteten, oder aber personifizierte Gottheiten verehrten,

---

[264] In der heutigen esoterischen „Fachsprache" wird dies als *channeling* bezeichnet.
[265] cf. Crowley, 1989c, p. 399
[266] Crowley, 1991a, p. 23
[267] Crowley beschrieb sein früheres Leben als Ankh-af-na-khonsu in *Across the Gulf* [Liber LIX], welches zuerst in *The Equinox* [vol. I, vii], der Ordenspublikation des A.A., veröffentlicht wurde.
[268] Gleichwohl stand Crowley den neopaganen revitalistischen Bemühungen etwa eines Gerald Brosseau Gardner, dem Gründer des *Wicca Kultes,* ausgesprochen wohlwollend gegenüber. Die Tatsache, daß Gardner Mitglied des O.T.O. gewesen ist und er bei der Zusammenstellung seines sog. *Book of Shadows* einige Elemente Crowleys Schriften entlehnt hat, führt dazu, daß Crowley in thelemitischen Kreisen als „Graue Eminenz" in der Historie des Wicca Kultes betrachtet wird, eine Meinung, die von Seiten der Wiccans häufig zu dementieren versucht wird. Es gibt auch eine Version, die besagt, daß Crowley gegen Bezahlung das *Book of Shadows* für Gardner geschrieben habe.

welche eng mit der Natur und ihren Kräften verbunden waren, kennzeichneten dieses Äon. Es herrschte eine allgemeine Lebensbejahung vor und es gab keine strikte Trennung in Diesseits und Jenseits, sondern das Dasein wurde als Zyklus verstanden, welcher eine immerwährende Gemeinschaft der Lebenden mit den Ahnen zur Grundlage hatte. Matrizentrische[269] Kulturen entwickelten sich, welche Vorstellungen von der Natur als der *göttlichen Mutter* hervorbrachten, eine Zeit „(...) when the universe was conceived as simple nourishment drawn directly from her."[270] Diese göttliche Mutter vereinte alle Aspekte des Daseins und hatte sowohl ein gütiges, wie auch ein schreckliches Antlitz, d.h. es gab noch keine Trennung des Göttlichen in einen positiven und negativen Aspekt, sondern ein ganzheitliches Bewußtsein dieser Quelle des Lebens. Die thelemitische Lehre betrachtet auf der einen Seite die in dieser Zeit praktizierte Lebensbejahung und das menschliche Ideal des *Heroen,* der über sich selbst hinauswächst und die Abwesenheit von Ideen wie Sünde, Jenseitssehnsucht etc.. als positives Element, schreibt ihr aber auch eine zu strikte Diesseitsfrömmigkeit zu, welche den materiellen Aspekt über den spirituellen Aspekt stellte und damit den Menschen auf einen spirituellen *status quo* beschränkte. Alle Naturreligionen basieren auf dem *magickal current* dieses Äons, welches um das Jahr 500 v. Chr. zu Ende gegangen sein soll, wobei jedoch anzumerken ist, daß diese Äone nicht strikt an irdischen Zeitmaßstäben orientiert sind.[271]

3.3.2 Äon des Osiris: die Verehrung des Vaters

Das folgende Zeitalter war gekennzeichnet durch patriarchalische Gesellschaftsformen, bei denen eine tatsächliche Herrschaft des Mannes über die Frau praktiziert wurde, wobei dieser radikale Wechsel ebenfalls in den religiösen Formen und Bildern seinen Ausdruck fand. Nicht mehr die *Große Göttin*, die zur göttlichen Mutter erklärte Natur war der Fokus der religiösen Praxis, sondern die Religion wurde zum Spiegelbild der irdischen Machtverhältnisse: männliche Gottheiten beherrschten den Kultus und die Welt wurde weniger als hegende göttliche Umwelt verstanden, in der sich der Mensch eingebettet fühlte, sondern

---

[269] Im 19. Jahrhundert entwickelte der Schweizer Philologe und Jurist Johann Jakob Bachhofen (1815 – 1887) die Theorie des *Matriarchates*. Seiner These zufolge hat es in der Entwicklung der menschlichen Gesellschaftssysteme drei große Stufen gegeben: eine *Urgesellschaft*, welche von sexueller Promiskuität geprägt war, eine Zeit des Mutterrechtes, in der ausschließlich die weibliche Linie Bedeutung besaß und deswegen die politisch-rechtliche Macht innehatte und das, diese Phase ablösende, *Patriarchat*. Bachhofens Theorie, welche auch Sigmund Freud beeinflusste, gilt heute als überholt. Man spricht eher von *matrizentrischen* Gesellschaftsformen, bei denen eine gewisse Ausrichtung auf die Präsenz der Frau an sich vorhanden ist, etwa im Bereich der Gottheiten und der gesellschaftlichen Strukturen, bei denen aber keine explizite Herrschaft der Frauen über die Männer nachzuweisen ist.
[270] Crowley, 1989c, p. 399
[271] „Such magical aeons do not necessarily coincide with the astrological periods and, according to Crowley, may be of any length." [DuQuette, 1993, p. 7]

„the universe was imagined as catastrophic."[272] Es vollzog sich ein gewisser Wechsel im Verständnis der geschlechtlichen Rollen, im Makro- wie im Mikrokosmos:

> The secret of life was now perceived as a partnership of Sun and Earth, and our ancestors saw this partnership reflected in themselves: man and woman, phallus and kteis,[273] father and mother. When it became universally acknowledged that without the sun the earth would perish, and without the semen of a man, a women would remain barren, the great pendulum of racial consciousness and attitude took a radical swing. The formula of Isis was altered: women *brings forth* life, but Life *comes from* the sun. God was now father.[274]

Durch diese Erkenntnis, daß das Leben an sich nicht auf einer geheimnisvollen Kraft außerhalb des Menschen gründet, sondern die Kraft zum Leben geben im Zusammenspiel der Geschlechter liegt, also im Menschen selbst, veränderte sich nicht nur die spezifische Rolle des Mannes, oder im abstrakten Sinne des männlichen Prinzips,[275] sondern darüber hinaus auch die grundsätzliche Bedeutung des Menschen. Das Bewußtwerden seiner eigenen schöpferischen Kraft bewirkte einen epochalen Wechsel und führte zu sprunghaften Entwicklungen der Zivilisation. Der Mensch lebte nicht mehr in naturnahen Bereichen, sondern schuf Städte, er begann sich von der ihn umgebenden Natur zu emanzipieren, abzugrenzen und als etwas eigenständiges, ja einzigartiges, zu betrachten.

Mit diesem Wechsel der *magickal formula* begann jedoch auch ein negativer Zug des Osiris-Zeitalters Gestalt anzunehmen: die Besessenheit des Menschen vom Tod. Der Tod wurde zur alles beherrschenden Thematik, die Angst vor dem Tod und die Suche nach Möglichkeiten, mit dieser fertig zu werden, bestimmte einen großen Teil des menschlichen Lebens. Die ganzheitliche Orientierung der Isis-Formel betrachtete den Tod als natürlichen Teil des Lebens und war deswegen nicht sonderlich an ihm interessiert. Dieses Desinteresse war ein Grund für die Diesseitsfrömmigkeit der isischen Religionen. Die Religionen des Osiris-Äons aber sahen im Tode nun das zentrale Thema und es entwickelten sich Ideen von Erlösung, Sünde etc., sowie eine Kultur der Abtötung des Fleisches und Abwertung des diesseitigen Lebens in der Hoffnung auf ein besseres jenseitiges Dasein. Dies war die Kehrseite der Definition des Menschen als etwas wesensmäßig Eigenständigem, weil sich diese Idee im Osiris-Zeitalter zur Vorstellung weiterentwickelte, der Mensch gehöre gar nicht wirklich in die Welt, in der lebte – aus der anfänglichen bloßen Abgrenzung zur Natur wurde Ablehnung derselben und der Mensch verfing sich in einem selbstauferlegten

---

[272] Crowley, 1989c, p. 399
[273] (grch.) „Vagina"
[274] DuQuette, 1993, p. 12
[275] „Patriarchies supplanted matriarches as the goddesses of countless cultures became „wives" to the new male deities." [DuQuette, 1993, p. 12]

geistigen Isolationismus und definierte sich selbst in letzter Konsequenz als ein *gefallenes* Geschöpf.

In dieser Epoche entstanden Religionen wie das Christentum, Judentum, Islam und der Buddhismus, alles Weltanschauungen, die – im thelemitischen Verständnis – die Menschen dazu bringen, ihr Leben als bloße Last zu empfinden und das Bild der Erde als „Jammertal" zeichnen. Religiöse Ideale, wie der für eine jenseitige Sache im Diesseits freiwillig leidende *Märtyrer*, oder der Welt völlig entsagende und enthobene mönchisch orientierte *Arhat*, sind dieser Ansicht zufolge die spirituellen Leitbilder dieser Religionen. Die Menschen bewegen sich in einem religiösen Kontext, der von Termini wie Leiden, Schmerzen, Tod, Erlösung, Unterwerfung, Selbstverleugnung und Buße beherrscht wird, so daß Crowley die Formel dieses Äons die *formula of the Dying God* nannte.[276]

Für ihn war das Christentum mit seiner Lehre vom gekreuzigten Gott dabei die prägnanteste Manifestation der osirischen Formel, wenn es auch als Religion für ihn jeglicher Originalität entbehrt, da „(...) Krishna claims to be the Original of which Christ is a copy."[277]

Das osirische Zeitalter fand sein Ende mit der *Great Revelation* im Jahre 1904, als die *Secret Chiefs* nach thelemitischer Lehre der in diesen dunklen, selbstverleugnenden Ideen gefangenen Menschheit erneut einen Impuls gaben, um einen weiteren Schritt in der Evolution zu ermöglichen. Das Osiris-Äon war gekennzeichnet durch eine Verdrehung der den Menschen anvertrauten Wahrheit, so daß sie sich selbst in Ketten legten und das *Neue Äon* soll den Menschen nun wieder den ermunternden Aufruf zur Befreiung von diesen Ketten überbringen:

> Fear not at all; fear neither men, nor Fates, nor gods, nor anything. Money fear not, nor laughter of the folk folly, nor any other power in heaven or upon the earth or under the earth.[278]

3.3.3 Äon des Horus: die Verehrung des Gekrönten & Siegreichen Kindes

Die Proklamation, daß die Menschheit seit 1904 im Äon des Horus lebt, ist die zentrale religiöse Botschaft der Thelema-Bewegung, die sich durch diese Proklamation selbst als einzig zeitgemäßen spirituellen Weg definiert. Jedes der vorangegangenen Äone hatte neben der eigentlichen spirituellen Leitlinie, die der initiierende Impuls der jeweiligen Epoche gewesen ist, auch eine an die ägyptische Mythologie angelehnte symbolische Darstellung dieser

---

[276] Crowley, 1989c, p. 399
[277] op. cit., p. 232
[278] Crowley, 1993, p. 53

zugrundeliegenden Formel: Isis, die *göttliche Mutter* wurde abgelöst von Osiris, dem *göttlichen Vater* und nun bricht die Zeit von Horus, dem *göttlichen Kind* an. Ebenso, wie das Potential eines Kindes durch Mutter und Vater bestimmt, aber nicht begrenzt wird, so ist auch das *Neue Äon* durch die ihm vorangegangenen *magickal currents* beeinflußt. Seine nun gültigen Maximen inkorporieren einige der alten Lehren, welche immer noch gültig sind, reinigen manche von Verdunkelungen der vergangenen Zeiten und lösen viele alte Denkschemata auch völlig durch neue Lehren ab, die in der neuen Zeit überholt sind. „Behold! The rituals of the old time are black. Let the evil ones be cast away; let the good ones be purged by the prophet! Then shall this knowledge go aright."[279] Den Menschen wird aufgetragen, sich von den, in alten Zeiten aufgekommen, Zwängen und Indoktrinationen zu befreien und die alten Vorstellungen von Jenseitssehnsucht, die Verherrlichung von Leid und Schmerz etc.. hinter sich zu lassen. Die alten osirischen Religionen brachten den Menschen - Crowley zufolge - Lehren, welche sie unterdrückten und fesselten und den alten Ideen von Erbsünde, von Demut und Selbstverleugnung, stellt *Thelema* - als Religion des Neuen Äons - den Menschen vor die Alternative, das Leben wieder als ewig währenden *göttlichen Tanz* zu begreifen - *Lila*.[280]

Thelema sieht den Menschen nicht mehr als Diener Gottes, dessen höchste Aufgabe die ewige Lobpreisung seines Schöpfers ist, sondern selbst als potentiellen Gott, welcher sich in Freude und Freiheit beständig weiterentwickelt. „Every man and every woman is a star"[281] und deshalb gilt in diesem Sinne Crowleys Wort: „To admit God is to look up to God, and so not to be God."[282] Crowley verfasste ein Manifest, welches die exoterische Seite seiner Lehre verkündet, das *Liber Oz* [Liber LXXVII], das ein radikales Bekenntnis zur absoluten Freiheit des Individuums proklamiert.[283]

> **Oz:** „the law of the strong:
> this is our law and the joy of the world"
> AL, II, 21
> „Do what thou wilt shall be the whole of the law."
> AL, I, 40
> „thou hast no right but to do thy will. Do that and no other shall say nay" – AL, I,3
>
> „Every man and every woman is a star" – AL,I,3
>
> *There is no god but man*

---

[279] Crowley, 1990a, p. 114
[280] (Skt.) „Play, masque, dance, or game, particularly the sport of hide-and-seek involving the ceaseless dalliance of Subject (Krishna) and Object (Radha) in the *lila* of phenomenal existence." [Grant, 1992, p. 255]
[281] Crowley, 1990a, p. 107
[282] Crowley, 1993, p. 189
[283] Grant, 1991, p. 46

1. Man has the right to live by his own law –
   - to live in the way that he wills to do:
   - to work as he will:
   - to play as he will:
   - to rest as he will:
   - to die when and how he will.
2. Man has the right to eat what he will:
   - to drink what he will:
   - to dwell where he will
   - to move as he will on the face of the earth.
3. Man has the right to think what he will:
   - to speak what he will:
   - to write what he will:
   - to draw, paint, carve, etch, mould, build as he will:
   - to dress as he will
4. Man has the right to love as he will: -
   „take your fill and will of love as ye will,
   when, where, and with whom ye will" – AL, I, 51
5. Man has the right to kill those who would thwart these rights."
   „the slaves shall serve." – AL, II, 58
   „Love is the law, love under will" – AL, I, 57

Das Liber Oz kann man als die thelemitische Charta der Menschenrechte betrachten und es ist ebenso ein politisches Manifest, wie Crowley betonte:

> „I have no time at all to write politics. Our programme is stated clearly in Liber Oz, and it should be always kept in mind that this is very much the same thing in principle as old style American Republican Individualism. I use the word 'Republic' in its widest sense. The existence of a Monarch would not interfere with it."[284]

Diese Erläuterung Crowleys zum Liber Oz macht deutlich, daß er keine tieferen Überlegungen anstellte, wie ein solches individual-anarchisch anmutendes Konzept tatsächlich in einem Staatssystem praktisch umzusetzen sei, zumal Crowley selbst auch ein eher widersprüchliches politisches Selbstverständnis hatte. Er verband einen durchaus snobistisch-elitären Aristokratismus und zuweilen erzkonservative Einstellungen mit einem ultra-liberalen Lebensstil, so daß sich weder bei ihm selbst, noch in der heutigen Thelema-Bewegung konkrete Hinweise finden lassen, die belegen könnten, daß Thelema als Weltanschauung irgendeine spezifische politische Einstellung evoziert oder in der Gesamtheit auch nur favorisiert.

Im Äon des Horus sind denn auch grundsätzlich Prinzipien wie Staat, Familie, Volk etc.. von sekundärem Interesse und das Individuum ist der Autarch, wobei das Gesetz für jeden Menschen gilt. Das Selbstverständnis Thelemas ist demnach

---

[284] Grant, 1973, p. 185

eines als Universalreligion: „It is not limited by ethnological, social, religious or linguistic barriers."[285] Jegliche Beeinflussung, oder gar Unterwerfung des Individuums unter äußere Mächte - menschliche, wie göttliche – wird von der thelemitischen Doktrin strikt abgelehnt.[286]

Crowleys Vorstellung, die Menschheit lebe nun in einem neuen Zeitalter, ist ein Konzept, welches auch in anderen esoterischen Bewegungen eine oft verkündete Lehre ist. Die bekannteste Ausformung einer solchen Vorstellung ist das in der sog. *New Age* Bewegung proklamierte Heraufdämmern des *Aquarius-Zeitalters*, welches astrologischen Berechnungen zufolge bald eintreten wird und das christliche *Fische-Zeitalter* ablösen wird.[287] Man findet in der Rezeption esoterischer Vorstellungen oft eine Vermischung und Gleichsetzung dieser beiden Ideen, wobei es jedoch einige markante Unterschiede zwischen dem thelemitischen Äon des Horus und dem New Age Konzept des Aquarius-Zeitalters gibt.

Crowley setzte den Beginn des New Aeon eindeutig auf das Jahr 1904 fest, in dem ihm das *Book of the Law* übermittelt wurde und astrologische Sachverhalte spielen allenfalls eine sekundäre Rolle, die manchmal interpretativ ergänzend herangezogen werden.[288] Im Gegensatz zum astrologisch initiierten Aquarius-Zeitalter ist das Äon des Horus, ebenso wie das ihm zugrundeliegende Gesetz von Thelema, explizit mit dem Eingreifen transzendenter Mächte in das irdische Geschehen verbunden, welche der Menschheit ihren Willen verkünden. Die New Age Vorstellung sieht im langsamen Heraufdämmern des Aquarius-Zeitalters eine Art kosmischen Automatismus, welcher ein von vornherein feststehendes kosmisches Ereignis beschreibt, dessen Eintreten man an der astrologischen Uhr ablesen kann. Das astrologische Zeitalter ist demnach Ausdruck eines vor Urzeiten in Erscheinung getretenen *göttlichen-* oder *kosmischen Willens*, durchaus in Anklang an deistische Vorstellungen, bei denen davon ausgegangen wird, daß ein einmal von Gott gesetzter schöpferischer Impuls sich selbst überlassen wird, während das thelemitische Konzept des Neue Äon das Ergebnis eines direkt in das aktuelle irdische Geschehen eingreifenden göttlichen Willens ist. Crowley ging von einer permanenten Präsenz der *Secret Chiefs* aus, also von göttlichen Wesenheiten, die die Evolution der Menschheit beobachten und wenn

---

[285] Crowley, 1989c, p. 850
[286] Manchmal wird Crowleys eigene Hingabe an seine Götter als kritische Hinterfragung dieser strikten Ablehnung formuliert, wobei aber übersehen wird, daß Crowley seine Mission, also seinen Dienst als Prophet dieser Götter, als seinen *Wahren Willen* erkannte, dem es uneingeschränkt zu folgen gilt. Hierzu ausführlich in Kapitel 4.5.4 dieser Studie.
[287] Diese Bezeichnungen von spezifischen Zeitabschnitten beruhen auf dem Eintritt des astronomischen *Frühlingspunktes* in ein Sternzeichen. Das gegenwärtige Zeitalter wird vom Zeichen Fische beherrscht (Symbol für Christus).
[288] Etwa durch die Tatsache bedingt, daß das astrologische Zeichen Wassermann das 11. Zeichen des Zodiaks ist, was eine Verbindung herzustellen scheint mit Vers 60 des Liber AL "My number is 11, as all their numbers who are of us" [Crowley, 1990a, p. 112] und eine weitere Bedeutung dadurch enthält, daß der, dieses Zeichen regierende, Planet *Saturn* ist, der als planetarer Repräsentant von *Set* gilt, einer Form des Horus im thelemitischen Verständnis.

nötig beschleunigen, indem sie eine neue *magical formula* initiieren, wenn eine alte erschöpft ist.[289]

Neben diesem fundamentalen Unterschied in der Natur der jeweiligen Konzeptionen ist weiterhin auffällig, daß in der New Age Bewegung davon ausgegangen wird, daß das Aquarius-Zeitalter eine Zeit der Toleranz und des Friedens bringen wird. Es ist ein *Goldenes Zeitalter*, was erwartet wird und der Menschheit einen besonderen Evolutionssprung bringen soll. Dem thelemitischen Verständnis zufolge wird das Neue Äon, das göttliche Kind, welches seit 1904 bildhaft gesprochen in den kosmischen Wehen liegt, nur unter großen und katastrophalen Umwälzungen seinen Höhepunkt erreichen. Das *Liber AL* spricht von Krieg und Zerstörung der alten Religionen, welche über die Welt kommen werden:

> Now let it be first understood that I am a god of War
> and of Vengeance. I shall deal hardly with them.
> Choose ye an island!
> Fortify it!
> Dung it about with enginery of war!
> I will give you a war-engine.[290]

> With my Hawk's head I peck at the eyes of Jesus as
> he hangs upon the cross.
> I flap my wings in the face of Mohammed
> & blind him.
> With my claws I tear out the flesh of the Indian
> and the Buddhist, Mongol and Din.[291]

> (...) – but my left hand is empty, for I have crushed a Universe; & nought remains.[292]

Wichtig ist an dieser Stelle zu betonen, daß das *Liber AL* – wie auch alle anderen *Holy Books* – innerhalb der thelemitischen Bewegung sehr detailliert interpretiert wird und solch aggressive Schilderungen, wie die oben als Beispiel angeführten, generell als Beschreibung esoterischer Natur, also als eine Art Code, verstanden

---

[289] Somit steht Thelema in dieser Hinsicht dem theologischen Konzept der Offenbarungsreligionen näher, welche ebenfalls Geschichte als interaktives Konzept verstehen, bei dem der Mensch auf das Eingreifen Gottes reagiert, als östlichen Ideen eines eher abstrakten Weltgesetzes, welches zwar Geschichte letztlich auch initiiert, aber nicht bewußt lenkt. Interpretationen außerhalb des thelemitischen Selbstverständnisses sehen eben darin die starke Verwurzelung Crowleys im christlich-biblischen Denken seiner Familie, was ihn zutiefst geprägt hat und seine eigene Religiosität formte, wenngleich auch inhaltlich weitestgehend im Gegensatz zu ihr. Crowley, der das *Book of the Law* verkündete, wie sein Vater einst die Bibel, ist zumindest ein Eindruck, der sich aufdrängt.
[290] Crowley, 1990a, p. 121
[291] op. cit., p. 127
[292] op. cit., p. 128

werden.²⁹³ Deutlich wird jedoch, daß solche Äußerungen durchaus zum Charakter eines ägyptischen Kriegsgottes passen mögen und wenig gemeinsam haben mit einem globalen Frieden, wie ihn die New Age Bewegung erwartet. Crowley war überzeugt davon, daß das Neue Äon durch eine globale Blutweihe initiiert werden würde und so schrieb er 1911:

> There is a Magical Operation of maximum importance: the initiation of a New Aeon. When it becomes necessary to utter a Word,²⁹⁴ the whole Planet must be bathed in blood. Before man is ready to accept the Law of Thelema, the Great War must be fought. This Bloody Sacrifice is the critical point of the World-Ceremony of the Proclamation of Horus, the Crowned and Conquering Child, as Lord of the Aeon.²⁹⁵

Die Tatsache, daß dies drei Jahre vor dem Ausbruch des I. Weltkrieges formuliert worden ist, dem kurze Zeit darauf der II. Weltkrieg folgte, der als die absolute Manifestation der Zerstörung und des Krieges gilt, war für Crowley der Beweis, daß das Neue Äon tatsächlich angebrochen war. Insofern werden die beiden Weltkriege in ein größeres religiöses Konzept eingebunden und verlieren auf diese Weise naturgegebenermaßen den ihnen zugeschriebenen rein menschlich-irdischen Verantwortungshorizont.²⁹⁶

Weiterhin besteht ein Unterschied in der spirituellen Rezeption des Neuen Zeitalters, in welche die Menschen dann eintreten. Auf das Aquarius-Zeitalter, welches in seiner Natur und Auswirkung auf die irdischen Belange feststeht, müssen sich die Menschen in einem spezifischen Reifeprozess vorbereiten, um diese Wirkungen dann auch für sich umsetzen zu können. Das Wassermann-Zeitalter wird kommen und die ihm zugeschriebenen Qualitäten entfalten, unabhängig davon, ob die Menschen dies wollen oder nicht. Während das so automatisch positiv wirkende Aquarius-Zeitalter mit Musicals gefeiert wird²⁹⁷ und ganz im Sinne einer sich entfaltenden göttlichen Gnade begrüßt wird, stellt sich die Situation in der thelemitischen Sichtweise anders dar, wenn in Crowley's *Mass of the Phönix*²⁹⁸ gesagt wird:

> This Bread I eat. This Oath I swear
> As I enflame myself with prayer:
> „There is no grace: there is no guilt:
> This is the Law: DO WHAT THOU WILT!"²⁹⁹

---

²⁹³ Beispiel: wenn Horus, wie im *Liber AL* beschrieben, „die Augen Jesu auspickt," wird dies verstanden als Ablösung der christlichen Religion, weil der christliche Gesichtspunkt, die Auffassung der Welt etc.. falsch ist, eben vor dem Hintergrund des neuen Gesetzes.
²⁹⁴ Meint das Wort, das die Essenz des neuen magischen Kraftstroms eines beginnenden Äons proklamiert.
²⁹⁵ Crowley, 1976, p. 97
²⁹⁶ Es bleibt jedoch festzuhalten, daß die hier anklingende Thematik innerhalb der Thelema-Bewegung keinerlei spekulative Ausformung oder Spezifikationen erfahren hat.
²⁹⁷ „Hair"
²⁹⁸ Ein eucharistisches Ritual, welches nach Crowley jeden Abend von Thelemiten begangen werden soll.
²⁹⁹ DuQuette, 1993, p. 196

Es ist die tägliche Proklamation, daß es keinerlei göttliche Gnade gibt und alles, was der Mensch erreichen will und kann, auf seinem eigenen Willen und damit aber auch in seiner eigenen Verantwortung beruht. Neben der Erklärung, daß die Umwälzungen im Neuen Äon durchaus katastrophale Folgen haben werden, zumindest für die Welt, wie sie den Menschen bisher bekannt war, ergeht aber auch die direkte Aufforderung an die Menschen, sich aktiv an dieser Gestaltung der kommenden neuen Zeit zu beteiligen, da nur dann auch ein positiver Effekt für die Menschen daraus resultieren wird, oder wie es Horus im *Book of the Law* verkündet: „As brothers fight ye!"[300]

Crowley lehrte, daß auch das Horus-Äon keinesfalls das Ende der Entwicklung sein werde und auch wenn Thelema die initiierte Religion des Neuen Zeitalters ist, wird sie nur solange Bestand, oder zumindest Gültigkeit haben, wie der *magical current* des Horus-Äons aktiv ist. D.h., Thelema besitzt keinerlei Absolutheitsanspruch und im *Book of the Law*, also bereits ganz zu Anfang, als das Neue Äon begann, verkündet Horus seinen eigenen Untergang und weist auf das nach ihm kommende Zeitalter hin:

> But your holy place shall be untouched throughout the centuries: though with fire and sword it be burnt down & shattered, yet an invisible house there standeth, and shall stand until the fall of the Great Equinox; when Hrumachis[301] shall arise and the double-wanded one assume my throne and place. Another prophet shall arise, and bring fresh fever from the skies; another woman shall awake the lust & worship of the snake; another soul of God and beast shall mingle in the globed priest; another sacrifice shall stain the tomb; another king shall reign; and blessing no longer be poured To the Hawk-headed mystical Lord![302]

3.3.4 Äon der Maat: die Herrschaft der Gerechtigkeit

> Following (dem Horus-Äon; d. Verf..) will arise the Equinox of Maat, the Goddess of Justice. (...) Hrumachis is the Dawning Sun; he therefore symbolizes any new course of events. The „double-wanded one" is „Thmaist of dual form as Thmais and Thmait", from whom the Greeks derived their Themis, goddess of Justice."[303]

---

[300] Crowley, 1990a, p. 127; ähnlich wie sich die Gläubigen im Parsismus als Krieger Gottes begreifen, die auf seiner Seite gegen das Böse kämpfen, um den Sieg des Guten zu gewährleisten, der bis zum Schluß in der Schwebe ist, sehen sich Thelemiten von Horus in die direkte Verantwortung genommen.
[301] *Hrumachis*; griech. *Harmachis*, ägypt. *Har-Machet* (der "Horus am Horizont") war zuerst ein Titel der Großen Sphinx von Gizeh, die den König Chephren darstellte und seit dem Neuen Reich als Abbild des Horus als Herr der Morgensonne angesehen wurde.
[302] Crowley, 1990a, p. 123
[303] Crowley, 1993, p. 288 s.

Das Zeitalter, welches das Horus-Äon ablösen wird, ist das Zeitalter der *Maat*. Im *Book of the Law* selbst wird zwar nicht explizit von Maat gesprochen, aber nachdem die göttliche Mutter (Isis) und der göttliche Vater (Osiris) abgelöst wurden vom göttlichen Sohn (Horus) bleibt das Erscheinen der göttlichen Tochter (Maat) noch aus. Dies wird einen Kreislauf größerer Ordnung zu Ende bringen und das Maat-Äon gilt als das Zeitalter, welches eben all jene von der Göttin Maat symbolisierten Eigenschaften, wie Gerechtigkeit, Frieden usw. zur Entfaltung bringen wird. Das Maat-Äon entspricht daher eher dem Aquarius Zeitalter, wobei wichtig ist, zu betonen, daß die meisten Thelemiten davon ausgehen, daß die Verwirklichung der Maat-Formel davon abhängt, ob die Formel des Horus-Äons erfolgreich wird umgesetzt werden können, so daß das Horus-Äon als aktiver Wegbereiter des Maat-Äons gilt und auch hier kein kosmischer Automatismus in der Entfaltung der Äone angenommen wird. Maat ist von allen ägyptischen Göttern, welche innerhalb des thelemitischen Pantheons relevant sind, die einzige Gestalt, die mehr ein unpersönliches Prinzip darstellt und weniger einige personifizierte Wesenheit. Ihr ältestes Symbol war eine Stilisierung des pharaonischen Thronsockels, welcher wiederum den mythischen Urhügel repräsentierte und so ist Maat gedacht als das Weltgesetz, auf dem das gesamte Sein beruht.[304]

Das Maat Äon spielte für Crowley selbst eine eher untergeordnete Rolle, da es ein zukünftiges Zeitalter ist, welches für das z.Z. aktive Horus-Äon keine unmittelbare Relevanz besitzt. „This prophecy relating to centuries to come, does not concern the present writer at the moment."[305] Auch die Mehrheit der heutigen Thelemiten befaßt sich höchstens peripher mit diesem zukünftigen Äon. Allerdings gibt es eine Strömung innerhalb der thelemitischen Bewegung, die dem Maat-Äon nicht nur besondere Aufmerksamkeit schenkt, sondern die die Ansicht vertritt, daß dieses Äon bereits angebrochen sei. Einige Anmerkungen zu dieser thelemitischen Fraktion erscheinen deswegen angebracht.

3.4 The Cult of the MA-ION – die Häresie

Die Behauptung, daß das eigentlich erst für die Zukunft angekündigte Maat-Äon bereits angebrochen sei, wird von einigen Individuen und Gruppen vertreten, die sich um *Kenneth Grant* gebildet haben, resp. die von seinen Schriften inspiriert worden sind. Grant war als junger Mann kurze Zeit als Sekretär bei Aleister Crowley angestellt und erhielt von diesem als Gegenleistung eine persönliche spirituelle Schulung. Der junge Grant war sehr von Crowley fasziniert: „Given my age and the aspirations I had, I saw in him the embodiment of the ideal

---

[304] Durchaus vergleichbar mit dem chinesischen *Dao/Tao* und dem indischen *Dharma*.
[305] Crowley, 1993, p. 288

guru"³⁰⁶ und betrachtete seine Dienste bei Crowley in Anlehnung an die *Guru-chela*³⁰⁷ Beziehung im Hinduismus als *gurusev*³⁰⁸ und begann mit Enthusiasmus seine Studien. Crowley betrachtete Grant wohl eine Weile als möglichen Nachfolger des englischen O.T.O³⁰⁹ aber nachdem Crowley 1947 starb, ernannte er Karl Germer zum Ordensoberhaupt (O.H.O.)³¹⁰ während Grant von diesem eine Charta bekam, welche ihn autorisierte, ein sog. „*Encampment*" des O.T.O. zu leiten.³¹¹ Grant war für den Orden in der Folgezeit auch recht aktiv und wurde von Germer ebenfalls als möglicher O.H.O. betrachtet:

> If we want to get the OTO properly going again, we need a competent leader, not only for England but for the whole world. It must be somebody who knows the thing inside out;...I have often thought that you might well be chosen for the job.³¹²

Später leitete Grant die bekannte *Nu-Isis-Lodge*³¹³ und 1955 veröffentlichte er ein Manifest seiner Gruppe, in der er mit der traditionellen Gradstruktur brach, indem er die übliche Initiationsstruktur mit ritueller Einweihung in die verschiedenen O.T.O. Grade aufgab. Die Gradbezeichnungen wiesen von nun an nur noch auf die magischen Praktiken hin, welche vom jeweiligen Mitglied der Loge aktuell bearbeitet wurden und wer zu welcher Praktik zugelassen wurde, bestimmte Grant von nun an selbst. Das Manifest und Grants eigenmächtige Umstrukturierung des O.T.O. Systems löste entsprechende Empörung innerhalb des Ordens aus, zumal Grant auch Lehren entwickelte, die es in dieser Form im O.T.O. vorher nicht gab. Germer verstieß Grant schließlich 1955 wegen seiner abweichenden Lehren aus dem Orden. Dieser setzte seine Arbeit jedoch fort, weil er Germer nicht die Autorität zuerkannte, ihn ausschließen zu können und 1962, als Germer starb, löste Grant die Nu-Isis-Lodge auf. Unter dem Hinweis auf eine nicht näher bewiesene Autorisierung durch einen Akt des Handauflegens im Jahre 1945 durch Crowley, erklärte sich Grant zum Ordensoberhaupt, was jedoch von der Mehrzahl der Mitglieder des O.T.O. nicht akzeptiert wurde, so daß Grant seinen eigenen O.T.O. gründete – den sog. *Typhonian O.T.O.*.

---

[306] Symonds, 1989, p. 571
[307] also die Lehrer – Schüler Beziehung
[308] cf. Symonds, 1989, p. 571
[309] „Value of Grant. If I die or go to the USA, there must be a trained man to take care of the English O.T.O." [Symonds, 1989, p. 572]
[310] Outer Head of the Order
[311] In den *Encampments* oder *Camps* werden die ersten drei quasi-freimaurerischen Grade des O.T.O. verliehen. Ein *Camp* unterscheidet sich von der untersten Organisationsstufe der *Working Group* nur dadurch, daß das *Camp* eine offizielle Charta besitzt. Die folgenden Organisationsstufen nennen sich *Oasis*, *Lodges*, und *National Grand Lodges*. Dabei darf ein O.T.O. Mitglied immer nur zu einer Körperschaft des Ordens gehören. Vom Standpunkt der regulären Freimaurerei ist der O.T.O im übrigen als irreguläre Loge, i.e. als sog. *Winkelloge*, zu betrachten, die von ihm verliehenen Johannisgrade sind also ungültig. „Zur regulären Freimaurerei hat dieser abenteuerliche Orden (O.T.O., d. Vf.) niemals Beziehungen gehabt. Er war eine der sonderbaren Blasen, die das Gehirn des Abenteurers Reuß (meint Theodor Reuß, d. Vf.) mitunter aufwarf." [Lennhoff/Posner, 1980, p. 1569]
[312] König, 1994b, p. 79
[313] Auch *New Isis Lodge* genannt und „founded by Kenneth Grant in 1955 for the transmission of magickal techniques relating to the trans-plutonic power-zone known as Nu Isis"; [Grant, 1994, p. 222]

Grant beruft sich in seiner spezifischen Interpretation der Thelema-Lehre in erster Linie auf *Charles Robert John Stanfield Jones*,[314] der in früheren Zeiten von Crowley als sein *magischer Sohn* betrachtet wurde, der diesem im *Book of the Law* prophezeit worden war:

> (...) in these (der Form der Buchstaben des original Mss; d. Vf.) are mysteries that no Beast shall divine. Let him no seek to try: but one cometh after him, whence I say not, who shall discover the Key of it all. (...) It shall be his child & that strangely. (...)[315]

Frater Achad war nach Crowley der zweite Adept, der innerhalb der A.A. den Eid des *Magister Templi* ablegte, was gleichbedeutend mit dem Sprung über den *Abyssos* ist, den der Mensch nur heil übersteht, wenn er sein Ego aufgibt. Crowley erfuhr davon, daß Achad diesen Eid 9 Monate nach einer bestimmten sexualmagischen Operation, die Crowley durchgeführt hatte, abgelegt hatte. In der Retrospektive wurde ihm langsam bewußt, daß Jones das prophezeite *child* aus dem *Liber AL* war: 9 Monate ist die Zeit, die ein Kind braucht um auf die Welt zu kommen und das *Liber AL* spricht davon, daß *einer nach* ihm kommen wird, der Crowleys *Kind* sein wird und dies auf *seltsame* Art und Weise. Jones Ordensname war „Achad" (hebräisch = Eins), deswegen „One" und er kam „nach" Crowley, d.h., er war der nächste, der den Abyssos überschritt. Dies und die Überlegung, daß Jones durch Crowleys sexualmagische Arbeit 9 Monate vor seinem Eid zu diesem Schritt befähigt worden sein könnte, überzeugten Crowley davon, daß genau dies gemeint war, als das *Liber AL* davon sprach „One cometh after him" und „it shall be his child & that strangely." Da das im *Book of the Law* angekündigte „Kind" jedoch eine bestimmte Aufgabe zu erfüllen hatte, nämlich den Schlüssel zum *Liber AL* zu finden, blieb der letzte „Beweis" erst noch aus. Frater Achad widmete sich in der folgenden Zeit intensiven kabbalistischen Studien zum *Book of the Law* und entdeckte dadurch die besondere Bedeutung der Zahl 31 für das thelemitische System: „In the system of reversion, 13 becomes 31, the Key number of AL and the highest aliquot component of 93, the number of *Aiwaz*, *Thelema* and *Agape*."[316] Das war für Crowley die endgültige Bestätigung, daß sich nun auch diese Prophezeiung erfüllt hatte, was konsequenterweise seinen Glauben in die übernatürliche Quelle dieser Schrift weiter festigte.[317]

Nach seiner Einweihung in den Grad des Magister Templi verlor Jones jedoch immer mehr den Kontakt zur Realität und zeigte eine extreme psychische Labilität. Er entwickelte immer abstruser wirkende Gedankengänge und neue kabbalistische Systeme, bei denen er etwa den kabbalistischen Baum des Lebens auf den Kopf stellte und sich damit gegen die heilige Tradition aussprach, oder

---

[314] 1886 – 1950 , Ordensname *Frater Achad*
[315] Crowley, 1990a, p. 126
[316] Grant, 1973, p. 122
[317] cf. Crowley, 1976, p. 261

sogar versuchte durch Eintritt in die Römisch-Katholische Kirche deren Mitglieder zur thelemitischen Doktrin zu bekehren. Zum Schluß verschlimmerte sich sein Zustand immer mehr und er pflegte nur mit einem Regenmantel bekleidet durch die Straßen zu gehen, um diesen irgendwann abzuwerfen und allen Umstehenden nackt zu verkünden, daß er die Schleier der Illusion zerrissen habe. Als Crowley von seinen Umtrieben hörte, schloß er daraus, daß Jones den Eid zum Überschreiten des *Abyssos* zu schnell abgelegt hatte und nun begann wahnsinnig zu werden, weil er beim Überqueren des *Abyssos* an seinem Ego festgehalten habe, so daß die zerstörende Kraft, die in diesem Abgrund aktiv ist, jetzt seine menschliche Persönlichkeit zersetzte, ohne daß Jones sein wahres Selbst realisiert habe.[318] Crowley schloß Achad aus dem Orden aus, gab diese Entscheidung aber noch nicht offiziell gültig bekannt. Erst als Jones erklärte, daß *Aiwass*, Crowley's *Holy Guardian Angel*, eine bösartige Intelligenz sei und Crowley selbst ein „falscher Prophet", und er sich damit also offen gegen die thelemitische Doktrin und vor allem gegen die Person Crowleys in seinem Amt als Prophet aussprach, gab Crowley offiziell den Ausschluß bekannt.[319]

Jones entwickelte seine Gedanken jedoch weiter und erklärte am 2. April 1948, seinem 62. Geburtstag, das an diesem Tag das Äon der Maat, das er aus esoterischen Gründen MA-ION[320] nannte, angebrochen sei. Laut Jones war Crowley ein falscher Prophet, da er sich, als er den Grad des *Magus* angenommen hatte, nicht in der Lage sah, das *Wort des Äons* zu empfangen. Laut okkulter Tradition ist es ein *Magus*, der die, einem neu beginnenden Äon zugrundeliegende, *magickal formula* empfängt und zwar in der Form eines Schlüsselwortes. Laut Crowley ist ABRAHADABRA[321] das Wort des Äons und diese Annahme wurde ihm bei den magischen Arbeiten in der nordafrikanischen Wüste im Jahre 1909 von einer überirdischen Wesenheit bestätigt. Crowley analysierte das im *Book of the Law* genannte Wort *Abrahadabra* und stellte fest, daß sein numerischer Wert 418 beträgt. Als er nun 1909 die Anrufungen der Aethyre durchführte, sagte ihm ein Engel,[322] „The word, the word of the aeon is MAKHASHANAH"[323] wobei dieses Wort an sich gar keine Bedeutung hat. In der Nachbearbeitung der enthaltenen Botschaften erkannte Crowley jedoch, daß dieses Wort ebenfalls den kabbalistischen Wert 418 hat und darin sah er eine Bestätigung, daß *Abrahadabra* tatsächlich das Wort des Äons sei. Dies war,

---

[318] Dieser geistige Schritt, der den Menschen abrücken läßt von der Vorstellung er sei im eigentlichen Sinne der, den er als „Ich" erfährt, und ihn ausrichtet auf eine tieferliegende Dimension seines Menschseins, ist eigentlich der *Sprung über den Abyssos*.

[319] Die „official order expulsion" ist auf den 1.10. 1936 datiert; [cf. Symonds, 1989, p. 408]

[320] „The Manifestation of Nuit is at an end" (AL, I) Taking this literally, as Achad took it, the end (that is both ends) of the word *Manifestation* yields MA-ION, which he claimed to be the true name of the Aeon of Ma or Maät" ; [Grant, 1994, p. 154]

[321] Das bekannte *Abracadabra* ist für Crowley eine Verballhornung eines *Wortes der Macht*, das sich später als *Wort des Äons* herausstellte. [cf. Crowley, 1989c, p. 212] Daß ein solch altes Wort sich als Schlüsselwort für das Neue Äon herausstellen kann, zeigt die Verzahnung der verschiedenen Äone in der thelemitischen Äonologie, der eine sukzessive Offenbarung des göttlichen Willens zugrundeliegt.

[322] Der Begriff hat bei Crowley keine christlichen Bedeutungen, sondern bezieht sich generell auf eine überirdische, diskarnierte Wesenheit

[323] Crowley, 1998, p. 56

seinen Worten zufolge, die einzige Möglichkeit für den Engel, ihm zu sagen, daß er mit seiner Interpretation richtig liege, da eine direkte Erwähnung dieses Wortes eventuell dazu geführt hätte, daß Crowley hätte denken können, daß sein eigenes Unterbewußtsein die Quelle dieser Information war.

Jones argumentierte nun aber, daß *Thelema* im *Liber AL* nicht als Wort des Äons bezeichnet sei, sondern explizit als *Word of the Law*, was nicht dasselbe ist, aber auch *Abrahadabra* im *Liber AL* nicht als *word of the aeon* bezeichnet wird, sondern als *Key*: „Nothing is a secret key of this law. Sixty-one the Jews call it; I call it eight, eighty, four hundred & eighteen."[324] Dieses Wort erfülle deswegen auch nicht die Voraussetzungen der okkulten Tradition. Daß der Engel Crowley bestätigt hätte, ließ Jones ebenfalls nicht gelten, da die magischen Arbeiten, welche zu dieser Botschaft geführt hatten, Crowleys Operationen waren, die ihn in den Grad des *Magister Templi* erhoben. Als er das angebliche Wort des Äons bestätigt bekommen habe, sei er demnach noch kein *Magus* gewesen und die Tradition verlange, daß nur ein *Magus* ein solches Wort der Macht empfangen und dann äußern könne.

> With the advent of a New Aeon, a new Word has to be uttered; and before it may be uttered it has to be received. A Magus, and none other is able to receive and utter it. This is the occult tradition.[325]

Aus diesem Grunde sei das von Crowley angegebene Wort des Äons *per definitionem* nicht das Wort eines *Magus*, so daß sein Anspruch nicht gerechtfertigt sei und er sein Prophetenamt aufgrund falscher Voraussetzungen ausübe. Jones selber hatte in einer magischen Arbeit, die er um das Jahr 1926 herum durchführte, ein Wort empfangen, welches für ihn zu jener Zeit noch keine Bedeutung hatte: ALLALA und das er nun für das Wort des Neuen Äons ausgab. Damit implizierte er unausgesprochen, daß er bereits zu jener frühen Zeit selber ein Magus gewesen ist, da sonst ebenfalls das empfangene Wort nicht die Bedingungen hätte erfüllen können, welche Jones selbst als notwendig betrachtete.

Crowley selbst sah sich jedoch in magischer Art und Weise in den Grad des *Magus* erhoben, als er das *Book of the Law* empfing und sein Gradaufstieg war in seinen Augen so etwas wie ein formales Durchlaufen der notwendigen Grade zum *Magus*, um diesen quasi zu bestätigen, nicht um ihn zu erlangen.[326]

1976 wurde im *Cincinnati Journal of Ceremonial Magick*[327] das sog. *Liber Pennae Praenumbra*[328] publiziert, welches einem Mitglied von Grants Typhonian

---

[324] Crowley, 1985b, p. 22
[325] Grant, 1994, p. 149
[326] cf. op. cit., p. 150
[327] vol. I, no. I,
[328] auch *The Book of Maat* genannt.

O.T.O. offenbart worden sein soll, der Amerikanerin Maggie Ingals.[329] Diese Schrift ist die weltanschauliche Grundlage der Bewegung, die sich als *maatian current* bezeichnet und welche mittlerweile eine sehr aktive Untergruppe der thelemitischen Bewegung darstellt. Die eigentliche Problematik besteht darin, daß sich diese MA-ION Bewegung zwar innerhalb der thelemitischen Parameter bewegt und ihre Grundlagen der thelemitischen Doktrin verdankt, aber in ihren Interpretationen über diese hinausgeht und die thelemitische Botschaft zu einer kurzen Episode der Geschichte degradiert. All dies wird von „orthodoxen" thelemitischen Gruppen nicht akzeptiert und auch wenn Grant versucht, durch spezielle Interpretationen wieder eine Annäherung der beiden Bewegungen zu erreichen, so gilt die MA-ION Bewegung innrhalb der „Szene" als häretisch und sie hat sich auch objektiv zu weit von den thelemitischen Prinzipien entfernt, als das man sie wirklich noch innerhalb der Crowley Lehre angesiedelt betrachten kann. Unter anderem spielen in der *maatian lore* die von H.P. Lovecraft[330] in seinen Romanen beschriebenen *„Old Ones"* eine Rolle, die angeblich praehumane Äone beherrscht haben sollen, so daß Lovecraft gerade von Grant als Initiierter verstanden wird, der die von Crowley kontaktierten Wesenheiten in seinen eigenen verzerrten Visionen als schreckliche Dämonen erlebt habe.

Eine kleine Gruppe innerhalb der MA-ION Bewegung, die von dem Grant Schüler Michael Staley geleitet wird, konzentriert sich vor allem auf die Wesenheit *LAM*.[331] Dieser LAM-Kult geht auf ein Gemälde von Crowley zurück, welches eine Wesenheit zeigt, die Ähnlichkeit mit der in den letzten Jahren bekanntgewordenen Alien-Vorstellung der UFO-Gläubigen aufweist und 1945 in den Besitz von Grant gegangen ist. Im O.T.O.A.,[332] der vom Franco-Kanadier Michael Bertiaux von Chicago aus geleitet wird, und welcher innerhalb der MA-ION Bewegung angesiedelt ist, werden UFO- Erscheinungen als Anzeichen magischer Aktivität gedeutet, da bei einer magischen Operation ein spezifisches *radio-active shield* erzeugt werde, welches bei Abschluß der Arbeit in höhere Sphären entlassen wird, wo es als Energiereservoir für den Magier dient. „Such

---

[329] Ihr Ordensname ist *Soror Andahadna*, aber als Priesterin der Maat nennt sie sich *Nema*. Wenn ein *Magister Templi* geboren wird, wird das Ego zerstört und *Nemo* wird geboren, wobei dies eine Metapher dafür ist, daß der Magister Templi keine menschlichen Beschränkungen durch eine singuläre Persönlichkeit mehr kennt. Maggie Ingals erhebt also mit ihrem Namen Anspruch auf den Grad des *Magister Templi*, was in „orthodoxen" thelemitischen Kreisen konsequenterweise nicht anerkannt wird.
[330] 1890-1937; Autor aus Neu England, der okkultistisch beeinflusste Horror-Romane verfasste und im *Chtulhu-Mythos* eine eigene Welt erschuf, die durch sehr atmosphärische Darstellung fesselt. Dieser in Lovecrafts Romanen kreierte Mythos wurde, zusammen mit dem von Lovecraft beschriebenen *Al Azif*, auch *Necronomicon* genannten Buch, zur Beschwörung der *Old Ones*, besonders durch die Werke Kenneth Grants, zur weltanschaulichen Quelle für manche okkult-religiöse Bewegungen. Lovecraft selber verwehrte sich immer dagegen, daß er reale Dinge bechreiben würde und stand jeglichen okkulten Gedanken und Praktiken fern. Dies wiederum wird von heutigen Okkultisten als bloße Schutzbehauptung interpretiert, so daß die Romane als verdeckte Enthüllung uralter esoterischer Mysterien erscheinen. Ein gutes Beispiel für die Mechanismen, die im Okkultismus zur selbstinduzierten Bestätigung des eigenen Weltbildes vorliegen.
[331] Staley ist mittlerweile allerdings auch der quasi Nachfolger von Kenneth Grant als OHO seines Typhonian O.T.O., so daß der LAM Kult in dieser Gruppierung einen noch höheren Stellenwert gewinnen wird.
[332] Ordo Templi Orientis Antiqua

spheres are often seen by physics and thought to be UFOs or flying saucers, whereas they are in reality supplies of sexual radio-activity in reserve."[333] Bereits einige Jahre nach Crowleys Tod kamen Ideen auf, die die UFO-Erscheinungen betrafen.

> In 1953, Marjorie Cameron,[334] who claimed to be the Scarlet Woman prophesied in AL, supposed that the 'war-engine' mentioned in AL, was the Flying saucer.[335]

Lam wird einerseits als reale Wesenheit, oft sogar explizit als extra-terrestrische Intelligenz verstanden, andererseits eher als personifizierter Zustand des Wissens und als Manifestation der im Menschen wirkenden Kundalini-Energie.[336] „In my view Lam is the mask of a dynamic state of [extra-terrestrial] gnosis, rather than simply an entity."[337] Kernpunkt des LAM-Kultes sind Meditationen und sexualmagische Arbeiten, die dazu dienen sollen, den Kontakt mit der in dem Gemälde dargestellten Wesenheit herzustellen.[338] Da Crowley zu LAM keine konkreten Äußerungen gemacht hatte, ist dies ebenfalls ein gutes Beispiel dafür, wie innerhalb des MA-ION Konzeptes thelemitische Aspekte benutzt werden, um ihnen eine gänzlich eigene Bedeutung zu geben.

Neben all diesen Vermischungen von Ideen, welche auf Crowley zurückgehen mit diversen anderen realen oder fiktionalen Elementen, die den *maatian current* für Thelemiten nicht akzeptierbar machen, ist ausschlaggebend, daß Crowley den Urvater der MA-ION Lehre aus allen Orden ausgeschlossen hatte und damit eine Exkommunikation aus der thelemitischen Gemeinschaft vorgenommen hat, so daß Jones nicht mehr als gültige Bezugsperson innerhalb der thelemitischen Doktrin betrachtet werden kann, was das gesamte Konzept, welches sich auf ihn stützt, in thelemitischer Sicht obsolet erscheinen läßt.

Die Vertreter des MA-ION dagegen sehen im Maat Äon eine Art gnostische Matrix, welche verschiedene Äone als ineinander verschachtelte Aspekte eines

---

[333] Grant, 1994, p. 182
[334] Marjorie Cameron war die Frau des Raketenspezialisten Jack Parsons, der die kalifornische Abteilung des O.T.O leitete und bei dem der Scientology-Begründer Ron Hubbard die Grundlagen magischer Praxis lernte. Letzteres dient immer wieder dazu, Scientology mit der Lehre Crowleys in Verbindung zu bringen, obwohl Hubbard nicht sehr lange mit Parsons zu tun hatte und seine spätere – von Haack sogar „thelemitische Kunstreligion Scientology" genannte – Lehre nichts mit den Ideen Crowleys zu tun hat. [cf. Haack, 1991, p. 120]
[335] Grant, 1994, p. 115; „I will give you a war-engine. With it ye shall smite the peoples; and none shall stand before you." [Crowley, 1985b, p. 56]
[336] Innerhalb des Menschen gibt es nach okkultistischer Vorstellung ein Chakren-System, d.h. Energiezentren, welche durch Aufwecken der im Beckenbereich schlafenden Kundalini-Schlange (sexuelle Energie) aktiviert werden können, was das spirituelle Potential des Menschen zur Entfaltung bringt.
[337] Michael Stanley nach König, 1995, p. 51
[338] Auch hier haben wir wieder die Vorstellung, wie ein Bild als Tor zu einer anderen Dimension dienen kann und soll, ähnlich den Ikonen des orthodoxen Christentums.

gnostischen Raumzeit-Kontinuums umfaßt, so daß das Horus Äon nur als ein Aspekt dieser Wirklichkeit erscheint.

> (...) Ma'at may be understood as subject to a variety of forms of communication as well as having its own form of intelligence. The term „Aeon of Ma'at" quite simply refers to the collective filed of these properties, understood as constructed out of magicko-logical time matrix of energy – properties.[339]

Diese These stützt sich wiederum auf einen Verweis Crowleys auf die verschiedenartige Wertigkeit der Zeit an sich in den verschiedenen Dimensionen: „Following will arise the Equinox of Maat, the Goddess of Justice. It may be a hundred, or ten thousand years from now; for the computation of time is not here as there.[340]

3.5 To Mega Therion – der Prophet

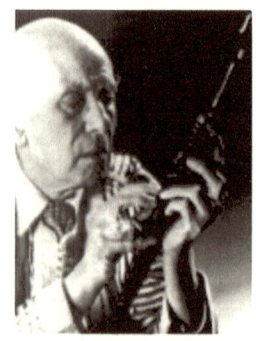

Aleister Crowley ist vor allem bekannt dafür, daß er sich zeit seines Lebens mit dem *Antichrist*, dem *Great Wild Beast* der Johannesoffenbarung identifizierte[341] und sich selbst mit der griechischen Übersetzung des Wortes als *Meister Therion*, oder *To Mega Therion*, bezeichnete. Die meisten Biographen sehen in dieser Identifikation eine reine Gegenreaktion auf seine Kindheit im Milieu der *Plymouth Brethren*[342] und seine Gegner darin eine Bestätigung ihrer Einschätzung Crowleys als Satanist.

Abbildung 2: Aleister Crowley [Crowley, 1956e]

> Nun bezeichnete er sich in Anlehnung an Offb 13 als „Das Große Tier" – 666 – (...) Crowley verstand sich demnach als *Inkarnation des Satans*. So ist das von ihm verkörperte Gottprinzip der Satan, man könnte seine Religion als *satanischen Pantheismus* charakterisieren.[343]

---

[339] Bertiaux, 1988, p. 263
[340] Crowley, 1993, p. 288
[341] „Schon ehe ich 10 Jahre alt war, wusste ich, das ich DAS TIER war, dessen Zahl 666 ist. (...); es war ein leidenschaftliches hingerissenes Gefühl der Identität" [Crowley, s.a. (b), p. 11]
[342] Seine Mutter pflegte ihn bereits als Kind mit dem Great Wild Beast zu identifizieren, wenn er sich nicht korrekt verhalten hatte, was in dem sektiererischen Milieu der Crowleys wohl eher eine Form von situationsbezogener Beschimpfung war, weniger eine spirituelle Vision der Mutter der späteren Mission ihres Sohnes als *To Mega Therion*. Letzteres wird allerdings manchmal von Thelemiten durchaus so interpretiert.
[343] Wenisch, 1987, p. 25

Neben der Tatsache, daß es zu diskutieren bleibt, ob es korrekt ist, die thelemitische Doktrin dem Pantheismus zuzurechnen, da sich Crowley dezidiert als Prophet überirdischer Wesenheiten verstanden hat, welche für ihn den Fokus der spirituellen Entwicklung bildeten,[344] ist die Identifikation Crowleys mit dem Großen Tier, oder dem Antichrist kein Ausdruck eines Satanismus, wie im folgenden deutlich werden wird.

Die Apokalypse, oder Johannesoffenbarung der Bibel, wird innerhalb der thelemitischen Religion anders gedeutet, als in der christlichen Theologie. Wichtig ist jedoch anzumerken, daß sie in ihrer Bedeutung als visionäre Schau auch von Thelemiten akzeptiert wird. Der Unterschied in der Betrachtung liegt dabei in der Deutung dieser Vision. In der christlichen Betrachtung erscheint die vom Seher Johannes dargelegte Vision als ein letztes Aufbegehren der gegengöttlichen Kräfte, alle höllischen Mächte erheben sich zum letzten Mal und begehren in einem titanengleichen Streben gegen Gott auf. Aus thelemitischer Sicht hat der Seher Johannes in der Tat den 'Weltuntergang' gesehen, aber die Bilder, wie er ihn beschreibt sind, ebenso wie die Deutung der in diesem kosmischen Drama beteiligten Akteure, aus seiner christlichen Sicht heraus dargestellt. In thelemitischer Interpretation sah Johannes nicht den Untergang der Welt als solcher voraus, sondern allenfalls den Untergang der christlichen Welt, genauer das Ende des Osiris-Zeitalters, und den Beginn des Neuen Äons, des Horus-Zeitalters. Die Darstellung der Kräfte, welche das Horus-Äon zur Entfaltung bringen, mußten in der Vision des christlichen Sehers natürlicherweise als infernalisch ausfallen, da es Kräfte sind, die gegen das Christentum gerichtet sind und damit seine persönliche Welt bedrohen.

Crowley identifizierte sich dieser Interpretation zufolge also nicht mit satanischen Kräften, sondern mit den Kräften, die in der christlichen Johannesoffenbarung aus religiös-ideologischen Gründen als satanisch beschrieben werden. Er verstand sich als der Antichrist, da er berufen war, den Menschen deutlich zu machen, daß das Äon des sterbenden Gottes durch die Vermittlung einer neuen *magickal formula* zuende sei und die Grundsätze, die bis dato geherrscht haben, durch das *Gesetz von Thelema* abgelöst seien.[345]

Es ist wichtig, diese Deutung der Offenbarung des Johannes und des spirituellen Kontextes allgemein als Grundlage einer Bewertung der von Crowley gemachten scheinbar satanistischen Äußerungen zu nehmen. Dabei ist sich Crowley durchaus immer der Tatsache bewußt gewesen, daß seine eigenen negativen

---

[344] Wenn es auch zuweilen Aussagen gibt, die eine pantheistische Einstellung nahelegen können: „Islam is free from degrading doctrine of atonement and the glorification of the slave virtues. The Moslem's attitude only errs in so far as it involved the childish idea of personifying the powers of the universe." [Crowley, 1989c, p. 540]
[345] Vergleichbar einer „anti-hinduistischen" Ausrichtung des Siddharta Gautama, der die brahmanische Religion mit seiner eigenen Lehre als überwunden betrachtete, wenngleich auch diese anti-hinduistische Note bei Buddha nicht agressiv ausfällt, wie die anti-christliche bei Crowley.

Erfahrungen mit einer Form des Christentums seine eigene antichristliche Haltung mitbegründet haben und war deshalb sehr wohl in der Lage, zu differenzieren:

> I did not hate God or Christ, but merely the God and Christ of the people whom I hated.[346]

> The Christian religion in its simplest essence, by that idea of overcoming evil through a Magical ceremony, the Crucifixion, seems at first sight a fair example of the White tradition; but the idea of sin and of propitiation tainted it abominably with Blackness.[347]

> Mysticism, both Catholic and Protestant, made a further attempt to free Christianity from the dark cloud of iniquity.[348]

Man muß dabei immer Crowleys Vorstellung zugrunde legen, die zur Quintessenz des thelemitischen Denkens gehört, daß das Christentum, wie jede andere Religion auch, eine spirituelle Tradition verkörpert, die auf der Grundlage eines Impulses durch die *Secret Chiefs* entstanden ist, deren Aufgabe jedoch – die Umsetzung der kosmischen Grundsätze, die in einem Äon Gültigkeit haben, - durch die Jahrhunderte hindurch immer mehr erschwert wurde, durch eine Überfrachtung mit Ideen, die nichts mit der eigentlichen Botschaft zu tun haben. Durch diese Verwässerung der Urbotschaft, welche auf die *Secret Chiefs* zurückgeht, (was bedeutet, daß auch das Christentum in seinem Kern auf spirituellen Wahrheiten basiert), mit verschiedenen Ideen und Einflüssen, ist das Christentum in Crowleys Augen keine hilfreiche Richtschnur mehr, und die grundlegende Problematik der Christen, die er sieht, machte er in einem Brief an eine Schülerin deutlich, die sich manchmal auf christliche Ideen berief:

> I fear your „Christianity" is like that of most other folk. You pick out one or two of the figures from which the Alexandrines concocted „Jesus" (too many cooks again, with a vengeance!) and neglect the others. The Zionist Christ of Matthew can have no value for you; nor can the Asiatic „Dying God" – compiled from from Melcarth, Mithras, Adonis, Bacchus, Osiris, Attis, Krishna, and others – who supplied the miraculous and ritualistic elements of the fable.[349]

Eine wie immer geartete Zuordnung Crowleys zum Satanismus[350] übersieht dabei einerseits diese Differenzierung der Sicht Crowleys, und negiert darüber hinaus

---

[346] Crowely, 1989c, p. 73
[347] Crowley, 1991a, p. 80 s.
[348] op. cit., p. 81
[349] op. cit., p. 11
[350] Wobei es „den Satanismus" als solchen nicht gibt. Es handelt sich um eine eklektische Weltanschauung, welche vom anti-sexuellen Neognostiker (z.B.Herbert Sloane) bis hin zum rational-atheistisch geprägten Hedonisten (z.B. LaVey) die unterschiedlichsten Standpunkte und Formen aufweisen kann und sich deswegen einer simplifizierenden Generalisierung entzieht. [cf. Schmidt, 1992]

völlig die Tatsache, daß die Figur *Satan* in Crowley's Lehre eine absolut marginale Rolle spielt und dabei auch nur im Sinne einer mythologischen Gleichsetzung mit verschiedenen Gottheiten überhaupt erwähnt wird.[351]

Im *Book of the Law* wird der Mensch Crowley aufgefordert, für die „Götter" das Gesetz von Thelema unter den Menschen zu verkünden, da dies seine ihm zugedachte Aufgabe ist.

> Obey my prophet (...)[352]
>
> My scribe Ankh-af-na-khonsu, the priest of the princes, shall not in one letter change this book; but lest there be folly, he shall comment thereupon by the wisdom of Rah-Hoor-Khuit.[353]
>
> He must teach (...)[354]
> Fear not, o prophet, when these words are said, thou shalt not be sorry. Thou art emphatically my chosen; and blessed are the eyes that thou shalt look upon with gladness. But I will hide thee in a mask of sorrow: they that see thee shall fear that thou art fallen: but I lift thee up.[355]
>
> I am the Master: thou art the Holy Chosen One.[356]
>
> But remember o, chosen one, to be me; to follow the love of Nu in the star-lit; to look forth upon men, to tell them this glad word.[357]

Diese und ähnliche Verse aus den *Holy Books* stellen nun die Grundlage dar, warum in der thelemitischen Religion der Mensch Aleister Crowley in seinem Amt als *Logos* des Äons, als *Prophet*, der das Wort des Neuen Zeitalters verkündet, ja es gleichsam verkörpert, eine enorme Bedeutung erlangt. Crowley ist der von den überirdischen Mächten *Heilige Erwählte*, welcher die Botschaft – durchaus im Anklang an den christlichen Terminus, als die *Frohe Botschaft* verstanden, - auf Erden verkünden soll. Er hat die Aufgabe, dafür zu sorgen, daß die Menschen diese Botschaft auch verstehen, da ihm ein Wissen zugänglich ist, welches zwar nicht das gesamte Mysterium erfaßt [„Change not as much as the style of a letter; for behold! Thou, o prophet, shalt not behold all these mysteries hidden therein."],[358] das aber weit über das Wissen des Normalsterblichen hinaus geht. Die Kommentierung des *Liber AL* und der anderen *Holy Books of Thelema* gehörte deswegen zu den vorrangigen Aufgaben Crowleys, zu der ihn auch seine Schüler drängten. Er allein kann die zuweilen unverständlichen Schriften „mit der Weisheit des Rah-Hoor-Khuit" deuten, an der Crowley als Prophet demnach

---

[351] cf. Crowley, 1991a, p. 464ss.
[352] Crowley, 1985b, p. 20
[353] ibid.
[354] Crowley, 1985b, p. 22
[355] op. cit., p. 45
[356] op. cit., p. 49
[357] op. cit., p. 51
[358] op. cit., p. 26

teilhat. Hier ist eindeutig eine Art göttliche Inspiration beim Verfassen der Kommentare angesprochen und so werden sie auch in der thelemitischen Bewegung verstanden, d.h. obwohl jeder Thelemit diese heiligen Schriften für sich deuten muß, gelten Crowleys Kommentare als Richtschnur, um festzustellen, wieviel Wert solche individuellen Interpretationen tatsächlich haben. Crowleys Kommentare haben einen ähnlich hohen Stellenwert, wie die durch ihn kommentierten *Holy Books* selber. Diese Bedeutung der Interpretationen Crowleys wird im sog. *inspirierten Kommentar*[359] betont, der besagt „(...) All questions of the Law are to be decided only by appeal to my writings, each for himself (...)".[360] Auch in der Art und Weise, wie Crowley in den Versen des Liber AL prophetisch vorhergesagt bekommt, daß er eine „Maske des Leidens" tragen wird, spiegelt sich das sehr traditionelle Verständnis desjenigen wieder, der von den Göttern berufen ist, ihre Botschaft zu verbreiten und der sich, wie alle anderen Propheten vor ihm, von Unverständnis und Ablehnung umgeben sieht. Da dies jedoch nur eine Maske ist, bleibt dies das Bild, welches die Uneingeweihten vom Menschen Crowley wahrnehmen, während die Eingeweihten hinter diese Maske blicken können und hinter dem Menschen, mit all seinen Fehlern, Mißerfolgen und Problemen, das strahlende Antlitz des erleuchteten Weltlehrers erblicken.

> Denn mir ist gegeben, das Wort zu sagen, das der Welt das neue Gesetz bringen wird, eine neue magische Formel; und zum Zeugen habe ich meine schlimmsten Feinde, denn sie wissen, daß mein Werk auf die Eingeweihten mehr Einfluß hatte, als irgendeines anderen in meiner Generation. Mächtig ist gar mein Versagen.[361]

Dadurch, daß die heiligen Texte diese Dichotomie bereits nahelegen, hat sich innerhalb der thelemitischen Bewegung eine besondere Sichtweise herausgebildet, welche bereits bei Crowleys damaligen Anhängern Gestalt annahm. Aleister Crowley gilt für die meisten seiner Anhänger als das Idealbild des Thelemiten, was seine liberale Lebensführung anbelangt, vor allem aber wegen seiner Hingabe an das *Große Werk* - der Terminus, welcher den Weg zur Erleuchtung bezeichnet-,[362] seiner Disziplin in der spirituellen Arbeit und Unterwerfung unter das Gesetz von Thelema. Crowley ist zu einem wichtigen spirituellen Fokus innerhalb der Bewegung geworden und die Grenzen können manchmal verwischen zwischen einem Bekenntnis zu Thelema als Religion, in der Crowley das Amt des inspirierten Propheten innehat, oder *Crowleyanity,* also

---

[359] Dies ist eine kurze Anweisung, die von Crowley an den Anfang des *Liber AL* gestellt wurde und die er unter dem Einfluß von Aiwass geschrieben haben soll, so daß sie ebenfalls als Anmerkung verstanden wird, die nicht von Crowley selber gegeben wurde, sondern Teil der Offenbarung ist.
[360] Crowley, 1993
[361] Symonds, 1983, p. 316
[362] „ (...) the Great Work, understanding thereby the Work of becoming a Spiritual Being, free from the constraints, accidents, and deceptions of material existence" [Crowley, 1976, p. XII] Manchmal bezeichnet Great Work auch die Verwirklichung des Wahren Willens: „Each man has a different Great Work, just as no two points on the circumference of a circle are connected with the centre by the same radius." [Crowley, 1976, p. 71]

einem ausgeprägten und unreflektierten Personenkult.³⁶³ Mancher Vers in den *Holy Books* scheint einen solchen Personenkult nicht nur vorherzusagen, sondern bei Crowley selbst wie auch bei seinen Anhängern, geradezu zu ermuntern:

> Lift up thyself! For there is none like unto thee among men or among Gods! Lift up thyself, o my prophet, thy stature shall surpass the stars. They shall worship thy name, foursquare, mystic, wonderful, the number of the man; and the name of thy house 418.³⁶⁴

Dieser Vers ist eine direkte Anspielung auf die Darstellung der Johannesoffenbarung, was diese wieder in ihrer spezifischen thelemitischen Interpretation als visionäre Schau des Neuen Äons erkennbar werden läßt:

> Die ganze Macht des ersten Tieres macht es sich vor dessen Augen zunutze und sucht die Erde und ihre Bewohner dazu zu bringen, das erste Tier anzubeten (...)
> Und es verführt die Erdbewohner durch die Zeichen, die ihm unter den Augen des Tieres zu tun gegeben ist: es beredet die Erdbewohner, ein Bild zu setzen dem Tiere (...)³⁶⁵

Wichtig ist vor allem die Betonung, daß Crowley als *Master Therion*, als *Logos des Äons*, über Menschen wie Göttern steht. Hier deutet sich eine Ansicht der thelemitischen Doktrin an, daß die Götter als Wesenheiten ebenso dem kosmischen Kreislauf unterworfen sind, wie alle Lebewesen und das das eigentliche Ziel der spirituellen Entwicklung darin besteht, aus diesem Kreislauf auszubrechen, um einen Zustand zu erreichen, der jenseits aller Beschreibungen liegt.³⁶⁶ Es besteht eine gewisse Indifferenz in der Bezeichnung der verschiedenen Wesenheiten, da Crowley auch die Mächte, die ihm von jenseits des *Abyssos* die Wahrheit und Botschaft übermittelt haben, als Götter bezeichnet. Diese *Secret Chiefs* sind also nicht von der gleichen Natur, wie die Götter der verschiedenen Religionen, welche in thelemitischer Sicht als allesamt existent betrachtet werden, wobei sie aber ebenso unter dem *Abyssos* existieren, wie die Menschen, d.h. sie verweilen ebenso in der Dualität.

> „(...) Gods are people (...) They all have histories; their birth, their lifes, their death, their subsequent career; (...) I have suggested that all these „identical" gods are in reality distinct persons, but belonging to the same families.³⁶⁷

---

[363] Innerhalb des thelemitischen Spektrums gibt es denn auch eine gewisse Bandbreite in der Art und Weise, wie man über Crowley spricht. Vom laxen „Uncle Al", über ein kumpelhaft anmutendes „Old Crow" bis hin zum religiösen „Our Father Aleister Crowley" ist alles vertreten.
[364] Crowley, 1985b, p. 51 s.
[365] Off. 13, 11
[366] Thelema vertritt im Grunde dieselbe Anschauung wie der Buddhismus, der ebenfalls Götter als besonders langlebige und glückliche Wesen versteht, die aber ebenso dem Samsara verhaftet sind, wie der Mensch. Ganz wie Buddha als Lehrer der Menschen und Götter gilt und demnach aus einer Weisheitsquelle schöpft, die jenseits des Samsara liegt, so steht auch Crowley als Prophet jenseits der Menschen und Götter.
[367] Crowley, 1991a, p. 465 ss.

Crowley selbst sah sich ab 1921, nachdem er den Eid abgelegt hatte, der ihn in den Rang eines *Ipsissimus* erhob, als einer der *Secret Chiefs* und damit war er eingetreten in die Gemeinschaft der lenkenden Wesenheiten, welche von der inneren Ebene her über die Evolution der Menschheit wachen. Wie bereits angemerkt wurde, sah sich Crowley als ein Botschafter der *Inneren Kirche*, der auf die Welt gekommen war, um den Menschen die Botschaft der Freiheit zu bringen, aber auch, um sie einen Weg zu lehren, wie sie denselben Status der Freiheit erreichen können. All die Grade, die er nach und nach erklomm, dienten weniger der Entwicklung, als vielmehr der formalen Bestätigung seiner eigentlichen inneren Natur, so wie auch das *Liber AL* auf eine angenommene transzendente und/oder irdische Präexistenz Crowleys verweist „(...) Thy death shall be the seal of the promise of our agelong love (...)",[368] so daß die Annahme des Ipsissimus-Grades so etwas wie die Offenbarung seiner wahren Gestalt als *Secret Chief* darstellt – eine Art *Epiphanie*.

Ganz in diesem Sinne sah sich Crowley nun auch als in dieser Schlüsselposition stehend, so daß sich von daher seine Aussagen, er sei der *Weltlehrer*, verstehen lassen. Der Mensch Aleister Crowley war die äußere Schale des Geheimen Oberen *To Mega Therion* und die *Holy Books* waren der Beweis für ihn und seine Anhänger, daß sich in Crowley die solar-phallischen Mächte manifestieren, welche der Menschheit eine weitere Entwicklungsstufe bringen.[369] Er ist das fleischgewordene Wort des Horus-Zeitalters, die Präsenz der Secret Chiefs unter den Menschen, reine spirituelle Energie:

> Ich bin das Tier, ich bin der Logos des Äons. Ich ergieße meine Seele in lodernden Strömen, die in die Nacht hinaustosen, die mit geschmolzenen Zungen zischend lecken. Ich bin ein verteufelt heiliger Guru.[370]

> I took upon myself, in my turn, the sins of the whole World, that the Prophecies might be fulfilled, so that Mankind may take the Next Step from the Magickal Formula of Osiris to that of Horus.[371]

All dies zeigt, daß Crowley durchaus in traditionell christlichen, oder allgemein biblischen, Begriffen dachte, belegt aber auch, wie ernst es ihm mit seiner Rolle als Auserwählter war. Im Kontrast zu dieser Ernsthaftigkeit und der zentralen Rolle die er seiner eigenen Person in der von ihm gelehrten Doktrin zuwies, findet sich jedoch eine allgemeine Ablehnung von ausgeprägtem Personenkult. Es gab viele Gelegenheiten, bei denen Crowley versuchte, zu starke Fokussierungen auf seine Person zu verhindern. So schrieb er einer Schülerin, bevor er seine Belehrungen begann:

---

[368] Crowley, 1985b, p. 49
[369] Die Sonne gilt als Medium der kreativen Kraft im Universum (Makrokosmos), ebenso wie der Phallus beim Menschen (Mikrokosmos).
[370] Tegtmeier, 1989, p. 106
[371] Symonds, 1989, p. 384

> It is of the first importance that you should understand my personal position. It is not actually wrong to regard me as a teacher, but it is certainly liable to mislead; fellow-student, or, if you like, fellow-sufferer, seems a more appropriate definition.[372]

Hier spürt man nun nichts mehr von der, Crowley gerne zugeschriebenen und manchmal von ihm auch praktizierten, pompösen Egozentrik, von spiritueller Selbstbeweihräucherung usw., sondern Crowley macht gleich zu Anfang an deutlich - zumal noch mit deutlichem Humor -, daß er verstanden werden will als hilfreicher Freund auf dem Weg, als Bruder auf demselben spirituellen Pfad, der seine Aufgabe darin sieht, anderen Menschen bei der Selbstverwirklichung zu helfen. Es liegt nahe, zu vermuten, daß Crowley ahnte, daß diese Bedeutung, die die *Holy Books* seiner Person zuschrieben, vor dem Hintergrund der thelemitischen Botschaft, welche ganz eindeutig die individuelle Entwicklung betont und auch die einzelne Person des Suchenden als Autarch versteht, zu Inkonsistenzen führen kann. Deshalb machte er immer wieder Äußerungen, die diese Stellung seiner selbst als *Holy Chosen One* sehr relativierten:

> Zu jedem - Mann wie Frau - sage ich: Du bist einzigartig und königlich, der Mittelpunkt des Universums. Wie sehr mein eigenes Denken auch richtig sein mag, so kannst du mit einer anderen Denkweise genauso recht haben. Du kannst Dein eigenes Lebensziel nur erreichen, indem du die Meinung anderer völlig außer acht läßt. Du solltest nicht einmal die äußeren Anzeichen für Erfolg dahingehend interpretieren, daß die ihnen zugrundeliegende Verhaltensweise auch Deiner eigenen Absicht dienen könnte. Zum einen steht Dir meine Krone vielleicht gar nicht, sondern verursacht dir Kopfschmerzen; zum anderen müssen meine Mittel zur Erlangung der Krone nicht auch in Deinem Fall zum Ziel führen. Meine Aufgabe ist, kurz gesagt, jedem zur Erkenntnis und zum Genießen seiner eigenen Königlichkeit zu verhelfen und mein sichtbarer Einfluß geht nicht über den Ratschlag hinaus, keine Beeinflussung zu dulden.[373]

Obgleich es oftmals so war, daß Crowley selber seine eigenen Ratschläge nicht allzu konsequent befolgte, so war sich der „Prophet des Neuen Äons", der „weiß um das große geheimnis vom Hause Gottes",[374] dennoch bewußt, wo auf dem spirituellen Pfad die eigentlichen Fallstricke lauern: „On the path of the wise there is probably no danger more deadly, no poison more pernicious, no seduction more subtle than Spiritual Pride."[375]

Auch kam es vor, daß Crowley Schüler, die ihm in demütiger Haltung entgegentraten und zu abhängig von ihm schienen, schonungslos der

---

[372] Crowley, 1991a, p. 1
[373] Symonds, 1983, p. 493
[374] Crowley, 1985b, p. 27
[375] Crowley, 1981a, p. 284 s.

Lächerlichkeit preisgab.[376] Ein gutes Beispiel ist *Major John Frederick Charles Fuller*,[377] der bereits ein glühender Verehrer Crowleys war, als dieser sich noch in seiner skeptisch-buddhistischen Phase befand und keinerlei Interesse am *Liber AL* und der darin proklamierten Botschaft hatte. Fuller, zu jener Zeit noch Hauptmann in der *First Oxfordshire Light Infantery,* pries Crowleys Gedichte und sein Genie in geradezu fanatischer Ausdrucksform und belegt damit, daß Crowleys Persönlichkeit ein sehr starkes Charisma besaß:

> Crowley ist mehr als nur eine Neugeburt des Dionysos, mehr als Blake, Rabalais oder Heine, denn er steht vor uns als Priester des Apoll, schwebend zwischen des Himmels nebligem Blau und dem ernsten Purpur des tiefsten Wassers der Ozeane. Hundert Millionen Jahre brauchte es, Aleister Crowley hervorzubringen. Wahrlich, die Welt kreiste, und endlich gebar sie einen Menschen.[378]

Auch wenn Crowley diese hemmungslose Hingabe anfangs akzeptierte oder sogar genoß, so enthüllte er vier Jahre später, als er sich mit Fuller überwarf, seine wahre Meinung über diese Art Heldenverehrung, indem er folgende Spottverse verfaßte:

> The Convert
>
> (A hundred years hence)
> There met one eve in sylvan glade
> A horrible Man and a beautiful maid.
> „Where are you going, so meek and holy?"
> „I'm going to temple to worship Crowley."
> „Crowley is God, then? How did you know?"
> „Why, it's Captain Fuller that told us so"
> „And how do you know that Fuller was right?"
> „I'm afraid you're a wicked man: good night"
> While this sort of thing is styled success,
> I shall not count failure bitterness.[379]

Aleister Crowley schwankte demnach immer zwischen der Versuchung, sich in seiner Rolle als heiliger Erwählter zu gefallen und einer in ihm veranlagten Verachtung für bedingungslose Hingabe. Diese widersprüchlichen Aspekte und auch seine Inkonsequenz, sich selbst an das zu halten, was er predigte, oder sogar

---

[376] Ein Verhalten, das wieder je nach persönlicher Ausrichtung anders gedeutet wird. Crowleys Gegner sehen darin eine Bestätigung seines schlechten Charakters, Crowleys Schüler eine radikale Methode, solche unreifen Anhänger wachzurütteln und auf eine gesunde Distanz zum Lehrer zu bringen, damit sie sich frei entwickeln können.
[377] Der spätere General Fuller war einer der brilliantesten Militärstrategen im britischen Stab und einer der Befürworter eines massiven Einsatzes der Panzerwaffe schon im 1. Weltkrieg. Seine bekannte Militärstudie „The Tactics of the Attack as effected by the speed and Circuit of the Medium D Tank", auch bekannt als „Plan 1919", wurde die Basis für die generelle motorisierte Kriegsführung und besonders für die Blitzkrieg-Taktik der deutschen Wehrmacht. [cf. Messenger, 1976, p. 34]
[378] Symonds, 1983, p. 128
[379] Symonds, 1983 p.130

charakterliche Schwächen Freunden gegenüber, die dazu führten, daß man vielleicht mit Recht behaupten kann „um seine Feinde hat er sich allemal mehr gekümmert als um seine Freunde",[380] macht es für Thelemiten schwer, eine ausgewogene Haltung gegenüber dem Propheten in all seinen Facetten zu bewahren, da seine Rolle in der spirituellen Evolution der Menschheit eine so zentrale ist:

> Also He[381] made me a Magus, speaking through His Law, the Word of the new Aeon, the Aeon of the Crowned and Conquering Child. Thus he fullfilled my will to bring full freedom to the race of Men.[382]

Es bildete sich deshalb im Laufe der Zeit ein spezifisches Verständnis der psycho-spirituellen Struktur des Menschen Crowley heraus, welche es möglich macht, einerseits seine Stellung als erleuchteter Prophet unangetastet zu lassen, sowie seine Worte als bindende Richtschnur zu nehmen, andererseits aber auch die charakterlichen Mängel, seine menschlich-allzumenschliche Seite, nicht negieren zu müssen.

Dabei gibt es zwei unterschiedliche Modelle, welche innerhalb der thelemitischen Religion vertreten werden.
Auf Israel Regardie[383] geht die Vorstellung zurück, daß sich die psychische Struktur Crowleys nach bestimmten psychologischen Modellen erklären lasse, wobei alle von Crowley im Laufe seines Lebens erlangten Ordensgrade – die in Crowleys System mit spezifischen Stufen der Erleuchtung und spirituellen Entwicklung zusammenfallen – eine eigene Persönlichkeit, resp. einen individuellen Bewußtseinsaspekt, darstellen. Regardie bezieht sich dabei auf Äußerungen Crowleys, in denen dieser *Aiwass*, seinen eigenen *Holy Guardian Angel*, weniger als diskarnierte Entität außerhalb seiner selbst betrachtete, als vielmehr als Aspekt, resp. als Personifizierung seines eigenen *Higher Self*[384] so daß laut Regardie die Deutung valide ist,

> If Aiwass was his own Higher Self, then the inference is none other than that Aleister Crowley was the author of the Book (of the Law; d. Vf.), and that he was the external mask for a variety of different hierarchical personalities (...) The man Crowley was the lowest rung of the hierarchical ladder, the outer shell of a God (...)[385]

> There is a faint reminiscence here of the modern interpretation of the central nervous system as a hiercharchy of neurological functions, beginning with

---

[380] Tegtmeier, 1989, p. 149
[381] Meint Aiwass, seinen Holy Guardian Angel.
[382] Crowley, 1976, p. 301
[383] Regardie war einige Zeit Crowleys persönlicher Sekretär.
[384] Welches der eigentliche Kern des menschlichen Seins ist, im Gegensatz zur Persönlichkeit, die sich durch das Ego konstituiert.
[385] Regardie, 1989, p. 463

the lowest simple reflex of the spinal cord, and culminating in the highest functions situate in the neocortex.[386]

Dieser Ansicht nach legen sich also um den menschlich-sterblichen Kern der Persönlichkeit Crowleys weitere Bewußtseinsstufen, die um diesen gröbsten Kern herum wie die Schalen einer Zwiebel immer weitere subtilere Ebenen bilden, so daß der Mensch Crowley nur als Träger dieser höheren Aspekte seines Seins fungiert. Thelemiten, die sich auf diese Deutung beziehen, erklären sich damit, daß Crowley durchaus Weisheiten und Wahrheiten verkünden konnte, die für ihn selbst manchmal auf der untersten menschlichen Ebene ebenso fremd blieben, als wenn sie eine andere Person an ihn herangetragen hätte, so daß sich daher erklärt, daß er in seinem eigenen Leben solchen, generell wertvollen Ratschlägen, nicht immer folgte.

Da sich allerdings diese Äußerungen Crowleys im Gegensatz befinden zu solchen, in denen er Aiwass als von ihm vollkommen unabhängige Wesenheit bezeichnete und dies eine weitaus häufiger von ihm vertretene These zu diesem Thema war, gibt es ein weiteres Modell, welches wohl von der Mehrheit der Thelemiten vertreten wird.

Demnach befand sich der Mensch Aleister Crowley nur zu bestimmten Zeiten in Kontakt mit bestimmten transzendenten Wesenheiten, oder in einer durch spirituelle Übungen erreichten höheren Bewußtseinsphase. Wenn ein solcher Kontakt zu diesen Entitäten bestand, benutzten diese ihn quasi als Vehikel, als Medium, um sich auf der stofflich-irdischen Ebene mitteilen zu können. Bei der Überlagerung des menschlichen Bewußtseins von Crowley durch das Bewußtsein einer solchen geistigen Wesenheit entstand eine Art Schnittmenge und diese bildete das eigentliche Bewußtseinskontinuum des Meisters Therion, als zwar innerhalb der menschlichen Restriktionen Crowleys wirkende, dessen menschliches Bewußtsein dadurch zeitweilig zurückdrängende, aber durch ein höheres Bewußtsein inspirierte, Persönlichkeit.

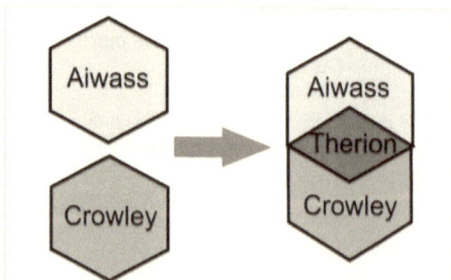

Diagramm1: Therion als Bewußtseinsaspekt Crowleys

---

[386] Regardie, 1989, p. 344

Es fand demnach also ein permanenter Bewußtseinswechsel statt und mit fortschreitender spiritueller Entwicklung durchdrang das jeweilige übermenschliche Bewußtsein das menschliche häufiger und drängte es weiter zurück, wobei am Ende der Entwicklung, nachdem Crowley sich zum *Ipsissimus* erhoben hatte, diese Überlagerung vollständig war. Da sich die Persönlichkeit, d.h. das persönlichkeitsstiftende Ego nicht ganz verdrängen läßt, solange der Mensch sich noch in der körperlichen Welt befindet, war auch nach der Erlangung der höchsten Bewußtseinsstufe diese Durchdringung von Crowley nicht eine permanente, sondern nur eine zeitweilige. Erst nach dem körperlichen Tod, was im Grunde bedeutet, nach der Zerstörung der durch karmische Muster zusammengehaltenen Persönlichkeit, fällt das bisherige menschliche Bewußtsein quasi weg, das „contains alien enemies introduced by the accidents of environment"[387] und das Higher Self bildet die alleinige, dann ungetrübte, Bewußtseinsstufe des *Ipsissimus*.

Dieses Erklärungsmodell nun hat den Vorteil, daß es nicht im Gegensatz steht zu den seltenen Äußerungen Crowleys, daß *Aiwass* sein Higher Self gewesen ist, da dies rein vom Effekt der Bewußtseinsüberlagerung gesehen zutrifft, während das eher psychologische Modell Regardies dazu tendiert, die spirituelle Substanz der von Crowley kontaktierten Wesenheiten in gewisser Weise zu degradieren. Crowley selbst hat dies wohl in eben dieser Weise gesehen, wie manche, in seinen Werken verstreuten kleinen Nebenbemerkungen belegen, z.B. „Of course in my conscious self, I am always stupid, but the Magus who uses me, knows his job."[388]

Unberührt von der Überzeugungskraft dieser Erklärungsmodelle bleibt das Selbstverständnis Aleister Crowleys als bloßer Träger einer höheren Bewußtseinsstufe, die sich in ihm manifestiert, um in diesem Äon als einziges Bindeglied der Menschheit mit dem Göttlichen zu fungieren und seine daraus abgeleitete Autorität: "(...)V.V.V.V.V.[389] is the Light of the World itself, the sole Mediator between God and Man. (...)"[390]

3.5.1 Lady Babalon – die Scharlachfrau

Das in der Offenbarung beschriebene *Babelsweib*,[391] „gekleidet in Purpur und Scharlach, übergoldet mit goldener Zier und mit köstlichem Gestein und mit Perlen geschmückt",[392] spielt in der thelemitischen Doktrin eine ebenso wichtige Rolle wie das *Große Tier*, wenn auch wieder in einer spezifischen Interpretation.

---

[387] Crowley, 1976, p. 286 s.
[388] Crowley, 1989c, p. 875
[389] Vi Vniversum Vivus Vicit – das Motto Crowleys als Magister Templi
[390] Crowley, 1991b, p. 87
[391] Off. 17
[392] Off. 17, 4

In der Bibel wird *Babylon* in zweifacher Gestalt, als verdorbene Stadt und als dämonisches Weib beschrieben und bildet somit in Verbindung mit den beiden Tieren[393] eine Art infernalisches Triumvirat der Endzeit.

Babylon gilt jedoch, wie die gesamte Schilderung in der biblischen Offenbarung, als verballhornte Darstellung eines sich im aktuellen Horus-Zeitalter tatsächlich manifestierenden Prinzips.
Wenn man das Wort Babylon kabbalistisch analysiert, ergibt sich die Zahl 165, welche von keiner besonderen Signifikanz innerhalb des kabbalistischen Systems ist, so daß aus thelemitischer Sicht hier bereits ein Indiz dafür vorliegt, daß hier ein spirituelles Konzept falsch verstanden wurde. Im *Liber AL* wird diese Gestalt, obgleich äußerlich ähnlich beschrieben, *Babalon* genannt. Diese orthographische Form besitzt den numerischen Wert 156, welcher mit einigen zentralen spirituellen Konzepten korrespondiert. Es ist der Wert des Wortes *Zion*, des *Heiligen Berges*, sowie der Sephirah *Binah*, der Stadt der Pyramiden. Letztere korrespondiert mit dem Sternzeichen *Saturn*, was dem *Großen Gott Pan* entspricht, der als All-Gott eine Art universales spirituelles Konzept verkörpert: „Pan (...); all designations of the Hidden God of the forest, the Abyss, the deep, the underworld; any region withdrawn and without the range of waking consciousness."[394] Auch die christliche Gleichsetzung von *Pan* mit *Satan* ist thelemitischem Verständnis zufolge eine verzerrende, wenngleich nicht ganz falsche Deutung, da Satan nach christlichem Verständnis in der *Hölle* herrscht. Letztere erhielt ihren Namen etymologisch gesehen von *Helheimr*, dem Reich der Totengöttin *Hel*[395] in der germanischen Religion, wobei dieses Wort in Verbindung steht mit *verhehlen* = verbergen, so daß die Hölle das verborgene Reich bezeichnet, welches wiederum ein Verweis auf das menschliche Unterbewußtsein ist – die eigentliche Quelle aller magischen Kraft. *Satan* selbst gilt Crowley ganz im gnostischen Verständnis als korrumpierte Darstellung einer positiven – weil die Erkenntnis fördernden - Kraft, die er mit *Hadit*, einer der drei thelemitischen göttlichen Prinzipien, identifizierte: „(...) Satan, is not the enemy of Man, but He who made Gods of our race, knowing Good and Evil; He bade 'Know Thyself!' and taught Initiation."[396]

---

[393] Die Off. beschreibt zwei „Tiere", welche dem „Drachen" (i.e. der Satan) dienen und am Ende der Zeiten die Menschen gegen Gott aufhetzen, einmal das *Tier aus dem Meer* [Off. 13,1] und zum anderen das *Tier von der Erde* [Off. 13, 11]
[394] Grant, 1973, p. 219
[395] Das Totenreich selbst und die über es herrschende Göttin wurden mit demselben Namen bezeichnet – Hel.
[396] Grant, 1973, p. 18; allerdings macht auch diese Identifizierung Crowley nicht zum Satanisten, wie immer wieder behauptet wird, wenn solche und ähnliche Äußerungen von ihm herangezogen werden, um eben dies zu belegen. Es ist keine Fokussierung auf die Figur Satans, sondern eine Crowleys eklektischem Ansatz inhärente Bemühung, traditionelle Metaphern, Symbole und Vorstellungen zum Verständnis seines Gesamtkonzeptes heranzuziehen, wobei die christliche Darstellung Satans darüberhinaus als verfälschte gilt. Auch die manchmal anzutreffende versuchte Differenzierung, daß Crowley ein Vetreter eines „synkretistisch gebrochenen Satanismus" [Schmidt, 1992, p. 138] gewesen sei, greift zu kurz, als dafür die Bedeutung der Symbolfigur Satan, egal in welcher Deutung, wiederum viel zu marginal ist. [cf. Schmidt, 1992, p. 130] Gerade bei dem Religionswissenschaftler Schmidt fällt auf, daß man sich bei Crowley offenbar immer versucht sieht – trotz fachlicher Bedenken – ihn doch

Babalon, die *Große Hure der Sterne*, ist in Crowleys Lehre in Bezug auf *Das Tier* das Pendant zum Shiva-Shakti Prinzip im Tantrismus. Dort findet sich die Vorstellung, daß das göttliche Prinzip aus einer ewigen Interaktion des Männlichen mit dem Weiblichen heraus agiert, so daß die Sexualität sowohl als Ausdruck dieser Göttlichkeit im irdischen Bereich verstanden wird, wie auch als Medium, um diese Kraft zu evozieren. Im *Vaivarta Purana* finden sich die Worte des Shiva an seine göttliche Gefährtin Sati:

> Steh auf, steh auf, meine geliebte Sati! Ich bin Shankara, dein Herr! Mit dir bin ich allmächtig, der Begründer der Dinge, die Quelle der Wonne, aber ohne dich, du meine Kraft, bin ich wie eine Leiche, schwach und unfähig.[397]

Ganz in diesem Sinne stellt nun auch Crowley das Verhältnis *Therion/Babalon* dar, so daß die biblische Beschreibung der Scharlachfrau, die in der Vision des Sehers Johannes als auf dem Tier reitend erscheint [„da sah ich ein Weib, sitzend auf scharlachrotem (prunkvoll gesatteltem) Tiere (...)],[398] als verzerrt wahrgenommene Darstellung einer kosmisch-spirituellen Verbindung des männlichen und weiblichen Archetypus schlechthin erscheint:

> I, the Beast 666, am called to show this worship and to send it forth into the world. By my Woman called the Scarlet Woman, who is any woman that receives and transmits my Solar Word and Being, is this my Work achieved; for without woman man hath no power.[399]

Aleister Crowley war also als irdischer Repräsentant der *Secret Chiefs*, einerseits der Verkünder ihres Wortes, andererseits aber als *Logos* des Äons die solar-phallische Kraft selbst. In seiner Person vereinigten sich demnach die Sphären oberhalb des *Abyssos*, mit der irdischen Sphäre, so daß *To Mega Therion* zu Lebzeiten seines menschlichen Wirkens das Einfallstor für die das Neue Äon initiierenden Mächte war. Diese Funktion, als Medium der Ursachenwelt in der Welt der Wirkungen zu fungieren, war eindeutig auf Crowley als Person bezogen. Unter Anlehnung an die tantrischen Vorstellungen gibt es deswegen neben der *Person* des „Great Wild Beast", das *Amt* der „Scarlet Woman."[400]

---

irgendwie dem Satanismus zuzurechnen. „Man könnte hier allenfalls von einem synkretistisch gebrochenen Satanismus sprechen, um das ganze schlecht und recht in einer Schublade untergebracht zu wissen." [op. cit., p. 138] Wenn man aber schon selber realisiert, wie sehr so eine erzwungene Gleichschaltung der Lehren Crowleys mit satanistischen Ideen hinkt, stellt sich berechtigterweise die Frage, was das ganze dann eigentlich soll.
[397] Storl, 1988, p. 143
[398] Off. 17, 3
[399] Grant, 1973, p. 19
[400] Wenngleich Crowley auch in diesem Punkt manchmal Spekulationen vortrug, welche auch im „Great Beast" ein Amt sahen. Allerdings stehen diese in keinem Verhältnis zu jenen, in denen er zwischen sich als Person des Erwählten und dem Amt der Scarlet Woman unterscheidet. Das zwingende Argument für diese Sichtweise ist die Kongruenz des Great Beast mit dem *Magus*, welcher als *Logos* des gegenwärtigen Äons fungiert, da jedes Äon nur einen *Magus* hervorbringt, der das Wort zu dessen Initiierung empfängt und ausspricht.

In diesem Sinne wurden die Lebensgefährtinnen Crowleys, oder auch nur zeitweilige Geliebte in diese Position der *Lady Babalon* erhoben, die als Hypostase der Göttin Nuit betrachtet und damit geheiligt wird.[401] Viele der wichtigsten magischen Operationen Crowleys oder auch die Publizierung mancher Schriften, welche als Schlüsselwerke zu gelten haben, gehen einher mit einer sexuellen Beziehung zu einer bestimmten Frau. Aus dieser jeweiligen Verbindung schöpfte Crowley eine besondere Kreativität, welche er wiederum als Beweis dafür ansah, daß der energetische Kreislauf zwischen ihm als *Therion*, und einer irdischen Frau, die in der Regel keinerlei vorhergehende Erfahrung, oder gar Interesse an Magie und Spiritualität hatte, dies in das Amt der *Scarlet Woman* erheben konnte, so daß sie in einer Art alchemistischer Reaktion in der Lage war, ihn zu bestimmten außerordentlichen Leistungen zu befähigen. Dies entspricht auch ganz der allgemeinen Vorstellung, welche man sich von *Babalon* als mythischer Gestalt, die ein kosmisches Prinzip verkörpert, innerhalb der Thelema-Doktrin macht. *Babalon* reitet, wie das Bild der Bibel suggeriert, das *Tier*, d.h. sie wird von der Kraft des Propheten gleichermaßen getragen wie erhoben und sie hält ihre Schale empor, die das „Blut der Heiligen" enthält. Diese Schale wird mit dem *Heiligen Gral* identifiziert und das Blut der Heiligen ist das Leben, welches die initiierten Adepten in die kosmische Schale hineingeben, d.h. sie geben alles auf, was sie sind und nur dann sind sie in der Lage, die Grenze zwischen Ursache und Wirkung zu überschreiten – den *Abyssos*. *Babalon* somit „guardeth the Abyss"[402] und ist als Verkörperung des rezeptiven kosmischen Prinzips die Große Hure, die große Buhlerin, wie sie auch die Bibel beschreibt und damit das genaue Gegenteil zu Maria, der unberührten Mutter Gottes. Diese Beschreibung der Bibel stellt für Crowley erneut eine völlige Verdrehung der eigentlich diesem Bilde zugrundeliegenden Tatsachen dar. *Babalon* verkörpert eben nicht das in sich abgeschlossene weibliche Prinzip wie Maria [„Moreover, there is Mary, a blasphemy against BABALON, for she hath shut herself up (...)],[403] und steht nicht für eine Trennung von spiritueller und materieller Empfängnis, sondern sie *buhlt* um die Welt, gibt sich alles und jedem hin, wie eine Hure, weil das göttliche Prinzip, welches hinter ihr steht – Nuit – das gesamte Universum umfaßt, wie es die ägyptischen Bilder darstellen, d.h. *Babalon* kann und muß sich mit allem vereinigen, ohne Unterschiede zu machen, weil sie *alles* ist, weil sie „geteilt (ist), der liebe willen, für die möglichkeit der vereinigung"[404]

> Weil ich das unendliche all bin und die unzähligen sterne darin, tuet desgleichen. Bindet nichts! Lasset da unter euch keinen unterschied sein

---

[401] Es gibt bereits Entwicklungen innerhalb der thelemitischen Szene, die etwa Rose Kelly eine besondere Stellung und Verehrung zukommen lassen, da sie die erste Scarlet Woman gewesen ist und als solche die Offenbarung mitgetragen hat.
[Pedersen, http://users.cybercity.dk/~ccc12757/home1.htm]
[402] Crowley, 1998, p. 213
[403] ibid
[404] Crowley, 1985b, p. 19

zwischen irgendeiner sache und irgendeiner anderen sache, denn dadurch kommet schmerz.⁴⁰⁵

Es ist dieses falsche Ideal des sich Abschottens von der Welt, welches nach Crowley die illusionäre Dualität in der Welt noch verstärkt und damit der Evolution bloße Stagnation entgegensetzt. „It is this „shutting up" that is hideous, the image of death. It is the opposite of going, which is God."⁴⁰⁶

Somit wird das kosmische Zusammenspiel der göttlichen Prinzipien Nuit und Hadit, d.h. die Interaktion zwischen dem Sein als Summe aller Potentialitäten und den individuellen Elementen darin, die diesem Sein erst Ausdruck verleihen, in thelemitischer Deutung zur kosmologischen Matrix des Lebens. Das *Liber AL* stellt eine direkte Verbindung her zwischen *Nuit*, dem Unendlichen All, - *Hadit*, der „Flamme, die in jedem Menschenherzen brennt und im Kern jeden Sterns"⁴⁰⁷ und dem einzelnen Menschen, da für diesen gilt: „Jeder mann und jede frau ist ein stern"⁴⁰⁸

Crowley verkörperte nun als *Therion* das Hadit-Prinzip, welches seine Kraft nur entfalten konnte, wenn diese durch *Babalon*, also einer zu Nuit idealisierten Frau, in die Welt hinein reflektiert wurde. Somit erklärt sich auch der Unterschied zwischen Crowleys Funktion als *Magus* des Äons, der in seiner *Person* als *Great Beast* den bereits zur Entfaltung gebrachten „Stern" seiner Menschlichkeit verkörperte und dem *Amt* der jeweiligen tantrischen Gefährtin, der *Scarlet Woman*, welche ausschließlich im Zusammenspiel mit diesem männlichen Prinzip überhaupt als *Babalon* existieren kann. In diesem Sinne kann jeder Magier für sich eine Gefährtin haben, welche für ihn das Amt der *Scarlet Woman* ausfüllt, um durch das, durch diese Frau in seine individuelle Sphäre reflektierte Feld der Möglichkeiten, seinen eigenen Stern – Hadit – zu entwickeln. Die Frau wiederum, welche der Kraft des Mannes eine spezifische Sphäre des Wirkens zur Verfügung stellt, kann erst dadurch der ihr eigenen aufnehmenden, umfangenden Natur die Energie verleihen, um ihren eigenen „Stern" zur Entfaltung zu bringen.

> A male star is built up from the center outwards; a female from the circumference inwards. This is what is meant when we say that woman has no soul. It explains fully the difference between the sexes.⁴⁰⁹

Obwohl für Crowley die Aufteilung der Menschen in zwei Geschlechter ein bloßer Aspekt innerhalb des irdischen Wirkens war, welcher sich in jeder Inkarnation auch ändern kann, also im Grunde zufällig ist, so beharrte er dennoch auf einer traditionellen männlichen Führungsposition: "„It is all right to initiate

---

[405] Crowley, 1985b, p. 17 s.
[406] Crowley, 1993, p. 305
[407] op. cit.,, p. 35
[408] op. cit., p.15
[409] Crowley, 1976, p. 153

one's mistress, but to reverse the process is severely forbidden"[410] da dieser Prozeß sich an der Polarität der magischen Energien von Mann und Frau orientiert, deren Beachtung notwendig dafür ist, daß die Erleuchtung zum Bewußtsein, daß alle Menschen in ihrer Quintessenz – in ihrem inneren Stern, der von androgyner / hermaphroditischer Natur ist[411] - gleich sind, überhaupt vollzogen werden kann.

3.6 Kultus – das Ritualverständnis

Durch die zweifache Natur der Thelema-Bewegung, einmal als esoterische magisch-rituelle Lehre, andererseits in ihrer Erscheinung als exoterische Religion,[412] besitzt sie eine starke rituelle Ausprägung, welche sich zwar besonders unter dem Aspekt der Methodik zur Erlangung der Erleuchtung manifestiert, aber auch im täglichen Leben relevant ist.

Aleister Crowley sah in Ritualen eine Möglichkeit, den menschlichen Geist zu erziehen, weil er davon ausging, daß das menschliche Bewußtsein und in stärkerem Maße das Unterbewußtsein, daran gewöhnt ist, in bestimmten Routinen zu funktionieren. Nur durch diese Routinen funktioniert der Mensch als phyo-psychisches Gesamtkonstrukt überhaupt so reibungslos, wie er es gemeinhin tut. Ebenso wie der Körper, gesteuert vom unbewußt ablaufenden Steuerungsprogramm des vegetativen Nervensystems, am Leben gehalten wird, so läuft auch das Bewußtsein innerhalb gewisser Routinen ab. D.h. das Unterbewußtsein steuert Dinge wie das Atmen, den Herzschlag, den Blutdruck, die Körpertemperatur etc., die man zwar alle bis zu einem gewissen Grad bewußt beeinflussen kann, welche aber letztlich der völligen Kontrolle des Bewußtseins entzogen sind. Probleme entstehen eher dann, *wenn* man sich dieser Aspekte

---

[410] Grant, 1973, p. 28

[411] Aus diesem Grunde war für Crowley eine gelebte Bisexualität Zeichen dafür, daß sich die einseitige geschlechtliche Orientierung zu transzendieren beginnt. In seinen Augen ist sowohl reine Heterosexualität, wie auch reine Homosexualität, Ausdruck eines in der dualen Konzeption dieser materiellen Welt verfangenen Bewußtseins. Daraus leitete er aber ebenfalls ab, daß keine von diesen beiden sexuellen Orientierungen *per se* gut oder schlecht ist. Es sind jeweilige Aspekte eines verdunkelten – und deswegen einseitig sexuell orientierten - Sterns und als solche zu akzeptieren.

[412] Exoterisch in dem Sinn, daß manche Thelemiten keine Anstrengungen unternehmen, auf dem spirituellen Pfad, den Crowley zur Erreichung des Ipsissimus-Grades lehrte, dem Endziel nahezukommen. Für sie genügt es, sich nach dem Gesetz von Thelema im persönlichen Leben zu richten und die religiösen Aspekte eher zu betonen, als die magischen. In der Regel finden sich solche Thelemiten in den verschiedenen Gruppen der *Ecclesia Gnostica Catholica* zusammen, wenngleich diese auch von den magisch-praktisch orientierten Thelemiten frequentiert wird. Sicherlich sind solche rein religiös orientierten Bekenner der Crowley-Lehre in der Minderzahl. Darüberhinaus ist in einer okkult-religiösen Bewegung die Differenzierung zwischen exoterischen und esoterischen Aspekten der Lehre nicht so strikt möglich, wie in anderen Religionen, jedoch gibt es sie in der oben angesprochenen Form durchaus.

bewußt wird[413] resp. sie werden einem nur dann bewußt, wenn ihre Funktion *gestört* ist.[414]

Durch den ganzheitlichen Ansatz von Crowleys Lehre, welche den Menschen permanent auf das Große Werk ausgerichtet wissen will, waren Rituale - im Sinne einer gesteuerten Routine - von Beginn an von besonderer Wichtigkeit. Dazu ist es laut Crowley nötig, die normalen Routinen des täglichen Lebens durch entsprechende Neukonditionierungen zu ersetzen. In diesem Sinne lag Crowley auch viel daran, manchmal bestimmte Routinen zu brechen und erst damit seinem Umfeld ihre Existenz bewußt zu machen. Ein recht bekannt gewordenes Beispiel für eine solche Lehrstunde *en passent* ist Crowleys Aufenthalt in einem Pariser Restaurant, bei dem er ein komplettes mehrgängiges Menü bestellte, aber die Bedienung anwies, dasselbe in umgekehrter Reihenfolge, als gemeinhin üblich, zu kredenzen. Dies geschah dann auch und Crowley, der sich jeglicher Aufmerksamkeit sicher sein konnte, da er zu jener Zeit bereits eine bekannte Persönlichkeit war, besonders in dem besagten Restaurant, wo er in seiner Pariser Zeit Stammgast war, verzehrte nun das Menü komplett, allerdings beginnend mit dem Dessert und endend mit der Vorsuppe.[415]

Auch die Angewohnheit, abwechselnd verschiedene Persönlichkeiten anzunehmen, hatte bei Crowley einen ernsten Hintergrund. Er pflegte etwa die Übung, einen besonderen Ring zu tragen und je nachdem auf welcher Hand er diesen Ring trug, damit eine bestimmte Persönlichkeit darzustellen, was er seinen Schülern ebenfalls empfahl. Trägt man den Ring links, verhält man sich z.B. gemäß der Vorstellung, man sei ein Vegetarier, von sanfter Wesensart, interessiert an Philosophie und Literatur, der gern raucht und Wein trinkt; trägt man den Ring nach einer Woche aber rechts, dann verhält man sich gemäß der Vorstellung, man sei ein Choleriker, Fleischliebhaber, der Tabak verabscheut, gerne Fußball spielt, kein Interesse an geistigen Dingen hat und Schnaps trinkt. Durch diese psychologischen Rollenspiele wollte Crowley einerseits deutlich machen, wieviel bei der eigenen Persönlichkeit von unbewußten Routinen abhängt, aber auch den Menschen anregen, sich diese Routinen selber neu zu schaffen, um sich damit bewußt zu werden, daß die Persönlichkeit tatsächlich nur eine *Maske* ist.

Die Aufmerksamkeit soll permanent auf das spirituelle Ziel hin orientiert sein, so daß durch die Entstehung neuer Routinen, welche eben dieses Ziel als Grundlage

---

[413] Die bewußte Konzentration etwa auf den Herzschlag kann durchaus Rhythmusstörungen hervorrufen, die nicht auftreten, wenn sich der Mensch der Arbeit des Herz-Kreislaufsystems nicht bewußt ist, das Atmen kann erschwert werden, wenn man bewußte Atemkontrolle übt, etc..
[414] Man ist sich z.B. seiner einzelnen Organe solange nicht bewußt, bis diese sich durch die Schmerzempfindung bei einer evtl. Fehlfunktion ins Bewußtsein bringen.
[415] Unter anderem auch in romanhafter Form erzählt in Maugham, 1975, p. 37. Dieser Roman beschreibt den Hauptprotagonisten Oliver Haddo, als dessen reale Vorlage Maugham Aleister Crowley nahm. Crowley selbst empfiehlt den Roman als zu lesende Lektüre seinen Schülern mit den Worten „An amusing hotch-pot of stolen goods" [v. Crowley, 1976, p.214]

haben, eine Art natürliche Unterstützung der spirituellen Entwicklung einsetzt. Durch diese Einbindung der natürlichen Mechanismen, die innerhalb der menschlichen Struktur wirken, wollte Crowley – ganz im traditionellen Sinne[416] - selbst diese eher flüchtige und schwer kontrollierbare Ebene des Geistes im Sinne einer Entwicklung nutzbar machen.

> I mention this because it is the *normal* habit to organize these counter-attacks [bezieht sich auf Ablenkungen bei spirituellen Übungen; d. Vf.] that makes their tasks so easy. What you need is a mind that will help rather than hinder your work by its *normal* function. This is where these Greetings and Will-sayings and Adorations come in.[417]

Ganz in diesem Sinne sind jegliche Rituale, kleinen Gewohnheiten etc. als *tools* zu betrachten, mit denen jeder einzelne seinen eigenen Mikrokosmos neu konditionieren kann. „You teach your mind to push your thought automatically to the very thing from which it was trying to wander."[418] Allerdings machte Crowley durchaus einen Unterschied in der persönlichen Motivation seiner Schüler, da er für die unteren Grade resp. all jene, die noch nicht reif waren, den direkten Weg zur Erleuchtung zu gehen, bloß diese eher sanften Methoden anordnete. Für die Aspiranten, die sich in dieser Inkarnation aktiv dem Großen Werk verschrieben hatten, empfahl er drastischere Methoden, um den Menschen aus seiner grundsätzlichen Instinkt- und Rollenverhaftung zu befreien.[419]

Im folgenden Kapitel soll deshalb eine kurze Beschreibung der elementaren *tools* dieser Art, welche eben auch im rein religiösen Rahmen von Thelema ihren Platz haben, gegeben werden. Anschließend wird der rituelle Kalender, welcher das religiöse Jahr innerhalb der thelemitischen Religion konstituiert, beschrieben, was den ersten Hauptteil der vorliegenden Studie abschließt.

3.7 Tägliche Riten

Es gibt nach Crowleys Anweisungen vier essentiell wichtige Rituale, die nach Möglichkeit jeder Thelemit im täglichen Leben beachten soll. Das Greeting, das Will Saying, die Adorations sowie die Mass of the Phoenix. Diese bilden den rituellen Rahmen, der den Tagesablauf strukturiert und auf diese Weise sicherstellen soll, daß der Mensch einen Kompaß bei der Hand hat, der es ihm

---

[416] Solche Routinen sind Bestandteil so gut wie jeder religiösen Tradition, vom *Nembutsu* des Amida-Buddhismus bis hin zu den *Asanas* des Hatha Yoga.
[417] Crowley, 1991a, p.150
[418] op. cit., p.151
[419] Etwa die Praxis, sich für eine bestimmte Zeit das Verbot aufzuerlegen, das Wort „Ich" zu benutzen. Jedesmal, wenn man sich dabei ertappt, das verbotene Wort doch benutzt zu haben, soll man sich einen Schnitt in den Arm beibringen. Der körperliche Schmerz soll den Geist dazu erziehen, der eigenen Vorgabe Folge zu leisten.

erlaubt, ohne große Ablenkungen durch die profanen Erlebnisse und Geschehnisse des Tages zu gelangen und die sprichwörtliche Alltäglichkeit nicht sein spirituelles Ziel verdunkeln zu lassen.

3.7.1 Das Greeting

Das *Greeting* besteht aus einer Grußformel, die jeder Thelemit im täglichen Leben verwendet. Es wird bei einer Begegnung, oder auch beim Beginn eines Briefes etc., das Gesetz von Thelema proklamiert: *„Do what thou wilt shall be the whole of the Law"* und das Gegenüber entgegnet dann, sofern dem gleichen spirituellen Weg folgend, *„Love is the Law, love under Will."* Crowley selbst nutzte diese Formel nicht nur zur eigenen Selbststimulierung, täglich des Gesetzes eingedenk zu sein, sondern er sah darin ein probates Mittel zur Proklamierung seiner Lehre im allgemeinen, da er jedermann, ob nun thelemitischen Glaubens oder nicht, auf diese Weise begrüßte. Es ist nicht schwer vorstellbar, daß eine solche Begrüßung bei Personen, die nicht wußten, welchen Hintergrund sie hatte, dazu führen mußte, daß sie nachfragten, was es damit auf sich habe und damit Crowley von sich aus die Gelegenheit gaben, seine Lehre zu erläutern. Neben der durchaus nachvollziehbaren Tatsache, daß eine solche religiöse Proklamation, eingebunden in tägliche Grußformeln, eine permanente Besinnung auf die dahinterstehende Lehre unterstützt, ist es auch eine sehr clevere Methode, Mission zu betreiben, indem die Form, in der sie sich darstellt, sich an tägliche Routinen anhängt, die quasi gar nicht vermieden werden können.

Weiterhin bezieht sich dieser Brauch dezidiert auf einen Vers im *Book of the Law*: „(...) and to each man and woman that thou meetest, were it but to dine or to drink at them, it is the Law to give. Then they shall chance to abide in this bliss or no (...)"[420]
Allerdings begründete Crowley seine Gewohnheit, die er auch seinen Schülern empfahl, nicht mit einer solchen missionarischen Absicht, sondern mit der Notwendigkeit, daß sich solche Gewohnheiten einprägen müssen, um den erwünschten Effekt zu erzielen:

> The point is that one trains oneself to react properly at any moment of surprise. It must become „second nature" for „Do what thou wilt shall be the whole of the Law" to spring to the forefront of the mind when one is introduced, to a stranger, or comes down to breakfast, or hears the telephone bell, or observes the hour of the adoration (these are to be the superficial reactions, like instinctively rising when a lady enters the room) (...)[421]

---

[420] Crowley, 1985b, p. 66
[421] Crowley, 1991a, p. 150

Heute ist allerdings diese strikte Auffassung innerhalb der thelemitischen Bewegung nicht mehr allzu verbreitet und in der Regel wird diese Art ritueller Grußformel nur unter Thelemiten verwendet, es sei denn, man wendet sich als Außenstehender an offiziell thelemitische Organisationen. Weiterhin wird auch die von Crowley praktizierte Methode heute oftmals nur noch in abgekürzter Form angewandt, indem statt der ganzen Formel nur die kabbalistischen Zahlenwerte der Hauptwörter *Thelema* und *Agape* [93/93] gesprochen, oder geschrieben werden.[422]

3.7.2 Will Saying

Das *Will Saying* ist eine Art thelemitischer Tischsegen, wobei allerdings die Intention nicht darin besteht, das zu verzehrende Mahl durch eine höhere Macht segnen zu lassen, oder wie im christlichen Brauch, Dank zu sagen für die Nahrung an sich. Es geht mehr darum, eine bewußte Willensäußerung zu machen, welche die an sich profane Nahrungsaufnahme in einen größeren Zusammenhang stellt. Beim Beginn eines Mahles geht man dabei folgendermaßen vor:

Der Hausherr proklamiert das Gesetz:

„Do what thou wilt shall be the whole of the Law."

Daraufhin fragt ihn ein Tischnachbar:
„What is thy Will?"

Er erwidert:
„It is my Will to eat and to drink"

Er wird weiter gefragt:
„To what end?"

Der Angesprochene antwortet:
„That my body may be fortified thereby"

Erneut die Frage:
„To what end?"

Worauf der Hausherr die abschließende Erklärung abgibt:
„That I may accomplish the Great Work"
„Love is the law, love under will"
„Fall to"

---

[422] In diesem Sinne ist die gesamte thelemitische Bewegung auch als „Current 93" bekannt, also als „(magischer) Kraftstrom 93" eben mit der Qualität der zugrundeliegenden Hauptelemente.

Diese Prozedur, welche vor jedem Mahl stattfindet[423] macht nun auf der einen Seite wieder mehrmals am Tage einen Einschnitt in die tägliche Routine, an dem sich Thelemiten des Großen Werkes bewußt werden und gleichzeitig wird der Akt der bloßen Nahrungsaufnahme hinterfragt und mit einem langfristigen Sinn unterlegt, der ihr auf den ersten Blick nicht zu eigen ist. Der Mensch ißt, um seinen Körper zu stärken, aber dies ist nur die Grundlage, auf der das eigentliche Lebensziel – welches nicht nur in der reinen Aufrechterhaltung der Existenz besteht – erst verwirklicht werden kann: die spirituelle Weiterentwicklung.

Neben dieser quasi selbstsuggestiven Methode, sich immer wieder seines eigentlichen Zieles bewußt zu werden, dient das Will Saying auch dem Anliegen, alle automatisch ablaufenden Prozesse im Rahmen eines natürlichen Funktionierens der Körperfunktionen, zumindest insoweit dem Bewußtsein zu unterwerfen, als daß es nicht mehr unbewußt, sprich unbemerkt, als Routine abläuft.

3.7.3 Die Adorations

Diese bestehen aus festgelegten Gebeten, welche viermal am Tag an die verschiedenen Manifestationen des göttlichen solaren Prinzips gerichtet werden. Das als *Liber Resh vel Helios* bekannte Ritual wird an den markanten Tagespunkten des Sonnenaufgangs, des Sonnenhöchststandes zu Mittag, bei Sonnenuntergang, sowie zur Mitternachtszeit, wenn die Sonne am tiefsten steht, praktiziert. Der Betende gibt dabei zu Anfang das Zeichen, welches zu seinem Grad gehört, d.h. er weist sich den höheren Mächten gegenüber als zu einer bestimmten Einweihungsstufe zugehörig aus. Dann werden an die verschiedenen Götter, die der jeweiligen Tageszeit entsprechen, Grußformeln gesprochen und das dabei imaginierte Bild der göttlichen Sonnenbarke, die Osiris über den Himmel trägt, ihn durch das Totenreich führt und morgens wieder als strahlenden Sonnenkönig Ra ins Leben trägt, vor dem geistigen Auge festgehalten. Im einzelnen stellt sich dieses zentrale Gebetsritual wie folgt dar:

Liber Resh vel Helios

0. These are the adorations to be performed by aspirants to the A.A..[424]

1. Let him greet the Sun at dawn, facing East, giving the the sign of his grade.[425]
And let him say in a loud voice: **Hail unto Thee who art Ra in Thy rising,**

---

[423] Ist nur eine Person anwesend, wird die Frage und Antwort Form einfach in einen Monolog umgeformt.
[424] Astrum Argenteum, der Name des von Crowley gegründeten Ordens.

even unto Thee who art Ra in Thy strength, who travellest over the Heavens in Thy bark at the Uprising of the Sun. Tahuti[426] standeth in His splendour at the prow, and Ra-Hoor[427] abideth at the helm. Hail unto Thee from the Abodes of Night!

2. Also at Noon, let him greet the Sun, facing South giving the sign of his grade. And let him say in a loud voice: **Hail unto Thee who art Ahathoor**[428] **in Thy triumphing, even unto Thee who art Ahathoor in Thy beauty, who travellest over the Heavens in Thy bark at the Mid-course of the Sun. Tahuti standeth in His splendour at the prow, and Ra-Hoor abideth at the helm. Hail unto Thee from the Abodes of Morning!**

3. Also at Sunset, let him greet the Sun, facing West giving the sign of his grade. And let him say in a loud voice: **Hail unto Thee who art Tum**[429] **in Thy setting, even unto Thee who art Tum in Thy joy, who travellest over the heavens in Thy bark at the Down-going of the Sun. Tahuti standeth in His splendour at the prow, and Ra-Hoor abideth at the helm. Hail unto Thee from the Abodes of Day!**

4. Lastly, at Midnight, let him greet the Sun, facing North giving the sign of his grade. And let him say in a loud voice: **Hail unto Thee who art Kephra**[430] **in Thy hiding, even unto Thee who art Kephra in Thy silence, who travellest over the Heavens in Thy bark at the Midnight Hour of the Sun. Tahuti standeth in His splendour at the prow, and Ra-Hoor abideth at the helm. Hail unto Thee from the Abodes of Evening!**

5. And after each of these invocations thou shalt give the sign of silence[431], and afterward thou shalt perform the adoration that is taught thee by thy Superior.[432] And then thou compose Thyself to holy meditation.

---

[425] Jedem der 10 Ordensgrade der A.A. sind spezifische Zeichen zugeordnet, welche durch eine besondere Hand/Körperhaltung repräsentiert werden. Das *Liber Resh* ist keinem bestimmten Grad zugeordnet, sondern ist für alle Grade, dem niedrigsten, bis zum höchsten, gültig.
[426] *Tahuti* ist eine andere Schreibweise für den Gott *Thoth*, welcher den Menschen die Schrift brachte und im thelemitischen Verständnis als *Psychopompos*, also als göttlicher Seelenführer, fungiert, da er in der ägyptischen Mythologie auch beim Totengericht anwesend war.
[427] Eine Form des Horus.
[428] Wörtlich bedeutet der Name dieser Göttin soviel wie „Haus des Horus" und die Zuordnung schwankt in der Mythologie zwischen *Ahathoor* als Personifizierung der Gebärmutter, in der Horus vor seiner Geburt verweilte und *Ahathoor* als Tochter des Horus. Crowley setzt sie, als Nebenform der Hauptgöttin *Hathor*, mit *Venus* gleich. [cf. Crowley, 1973, p. 81]
[429] *Tum* ist ein besonderer Gott, ein Ur-Gott, der vor aller Zeit existierte und der – im Gegensatz zu anderen Göttern -, tatsächlich unsterblich ist. Im ägyptischen Totenbuch identifiziert sich der Sterbende mit *Tum*, um so an dessen Todlosigkeit teilzuhaben. In der Theologie von Heliopolis fusionierte Tum mit *Ra* zu *Ra-Atum*, der wiederum eine Form des *Ra-Horakthy*, oder bekannter *Re-Harachte* ist, im Liber AL als *Rah-Hoor-Khuit* bezeichnet.
[430] Auch bekannt als *Chepre*, ebenfalls ein Ur-Gott, der aus sich selbst heraus entstand und dessen irdische Erscheinungsform der *Skarabäus* (Pillendreher-Käfer) war. Als Sonnengott, der wie der irdische Käfer den Sonnenball vor sich herrollt, verstanden als deren morgendliche Erscheinungsform.
[431] Eine an die Erscheinungsform des kindlichen Horus (Harpokrates) angelehnte Geste, bei der der Daumen der zur Faust geballten rechten Hand an die Lippen gelegt wird.
[432] Im Idealfall kennt ein Mitglied der A.A. maximal zwei Personen persönlich: seinen Superior, der ihn als Tutor ausbildet und seinen eigenen Schüler, den er wiederum bis zu den Kenntnissen seines eigenen Grades schult.

6. Also it is better if in these adorations thou assume the God-form[433] of Whom thou adorest, as if thou didst unite with Him in the adoration of that which is beyond Him.[434]
7. Thus shalt thou ever be mindful of the Great Work which thou hast undertaken to perform, and thus shalt thou be strengthened to pursue it unto the attainment of the Stone of the Wise, the Summum Bonum, True Wisdom and Perfect Happiness.[435]

Neben der exoterischen Interpretation, welche oben gegeben wurde, gibt es auch eine esoterische Deutungsebene, welche zwar die Bedeutung des *Liber Resh* als spirituellem Erinnerungsimpuls nicht ändert, sie jedoch in spezifischer Weise vertieft.

Durch die Anbetungen der Sonne in ihren verschiedenen ägyptischen Gottformen konzentriert sich der Mensch auf einer tieferen Ebene auf seinen *Holy Guardian Angel,* weil das astrologische Konzept der Sonne in kabbalistischer Betrachtungsweise mit der Sephirah *Tiphereth* korrespondiert. *Tiphereth* wiederum gilt als *locus* des *Holy Guardian Angels* innerhalb der, ebenfalls nach dem Muster des kabbalistischen Lebensbaumes konstruiert gedachten, psycho-spirituellen Struktur des Menschen.[436] Durch eine Anbetung der Sonne im Äußeren, also durch eine emotional aufgeladene Konzentration, stellt der Betende somit auch einen Kontakt her zum Zentrum seines Wesens, welches einerseits Sitz des Bewußtseins ist, wie auch die Schnittstelle des menschlichen Bewußtseins mit dem universalen Sein (= Kether). In dieser Vorstellung wird also auch eine Stimulierung des inneren „Kontaktpunktes" mit dem *Holy Guardian Angel* erreicht, wenn der Betende sich dieser Ebene des *Liber Resh* nicht bewußt ist. Dies bedingt einerseits den Wert dieser Adorations als beginnende Übung auf dem spirituellen Weg, dessen Hauptaugenmerk darauf liegt, den Kontakt zum eigenen *Holy Guardian Angel* herzustellen, erklärt andererseits aber auch, daß Crowley das *Liber Resh* keinem bestimmten Grad zuschrieb, sondern als tägliche Übung für alle seine Schüler vorschrieb, da es seinen tieferen Sinn auch dann behält, wenn der Kontakt zum *Augoides*[437] hergestellt ist. Crowley selbst praktizierte diese Sonnengebete zeit seines Lebens, auch nach der Annahme des höchstmöglichen Grades, des *Ipsissimus*.

---

[433] Das sog. „Annehmen einer Gott-Form" ist eine besondere Methode in Crowley's Praxis, bei der der Adept sich vorstellt, wie ein riesiges Bild der Gottheit über ihm steht, dann immer kleiner wird und letztlich mit ihm verschmilzt, so daß der Magier quasi mit göttlicher Autorität handelt.
[434] Dieser Satz zeigt deutlich die Ausrichtung des durch die Gebete fokussierten Bewußtseins auf eine Realitätsebene, welche hinter den angesprochenen Göttern liegt. Dies ist bezeichnend für die Grundhaltung der Crowley Lehre, die alle Götter im Grunde nur als Bilder wahrnimmt, deren magische Bedeutung darin liegt, den Menschen in der Arbeit mit diesen kosmischen Kraftquellen über sich selbst, wie auch über diese hinauswachsen zu lassen. Dies bedingt den Eklektizismus bei Crowley, der zwar die individuelle Existenz der Gottheiten akzeptiert, aber sie relativiert, weil sie letztlich nur ein Hilfsmittel bei der Vergottung des Menschen sind. Insofern können alle Götter, aus jeder Mythologie, nebeneinander agieren.
[435] DuQuette, 1993, p. 191
[436] Getreu dem hermetischen Axiom „Wie oben so unten" - i.e. Makrokosmos = Mikrokosmos
[437] Alternative Bezeichnung für den Holy Guardian Angel

3.7.4 Mass of the Phoenix

Als Abschluß des Tages soll jeder Thelemit bei Sonnenuntergang die sog. *Messe des Phönix*[438] zelebrieren. Auch dieses Ritual ist wieder eine Fokussierung auf das solare Prinzip, geht aber in seiner inneren Konsequenz einen Schritt weiter als das *Liber Resh*. Während ersteres eine exoterische Anbetung, also eine innere Hinwendung auf das solare Prinzip darstellt, ist letzteres eine eucharistische Methode, dieses Prinzip in sich aufzunehmen. Wenn die letzten Sonnenstrahlen über den Horizont scheinen, fügt sich der Zelebrant eine kleine Wunde bei, so daß das Licht der Sonne das Blut magisch auflädt.[439] Durch Tränkung einer heiligen Speise – den *Cakes of Light* – mit diesem energetisierten Blut, und dem anschließenden Verzehr „the essence of the Sun is savely sheltered until dawn in the Body of the Magician. If performed regularly and over a period of time, the body of the Magician will be renewed, cell by cell, by this divine solar nourishment."[440]

The Mass of the Phoenix

> The Magician, his breast bare, stands before an altar[441] on which are his Burin,[442] Bell,[443] Thurible,[444] and two of the Cakes of Light.[445] In the Sign of the Enterer[446] he reaches West across the Altar, and cries:

---

[438] Benannt nach dem mythischen Vogel, der sich durch Verbrennung verjüngt und aus der Asche wieder aufersteht. Der Phönix ist demnach ein treffendes Symbol für die Sonne, die nach ägyptischem Glauben jede Nacht durch die Unterwelt auf ihrer Barke fährt, um jeden Morgen neu zu erstehen.

[439] Dies passiert allerdings nicht automatisch, sondern das Licht der Sonne muß durch eine spezifische Visualisierung aufgeladen werden, also als Kraftträger explizit imaginiert werden.

[440] DuQuette, 1993, p. 188

[441] Der Altar sollte nach Möglichkeit auf einer Zeichnung des ungedrehten Tau (T) stehen und zwar exakt auf dem Quadrat, welches in der Zeichnung der Sephirah Tiphereth zugeordnet ist. Damit wird symbolisch ausgedrückt, daß der Ausübende sich in seinem Zentrum befindet und quasi aus seiner Mitte heraus vollbewußt agiert. Ebenso ist es eine Verstärkung der eigentlichen Intention des Rituals, Konzentration auf und Aufnahme des solaren Prinzips, weil 'Sol' Tiphereth entspricht.

[442] Der Dolch gehört zu den traditionellen magischen Waffen und ist einerseits eine andere Form des Schwertes und steht symbolisch wie jenes für das Trennende und die Kraft des Magiers zur Beherrschung der Welt um ihn herum durch die Vernunft. (Der Dolch steht für Quecksilber, welches dem Merkur zugeordnet ist, der wiederum zur Sphäre der Ratio gehört. Geissel und Kette etwa symbolisieren die übrigen alchemistischen Elemente: Schwefel und Salz)

[443] Die Glocke, nach Möglichkeit aus *Elektrum Magicum* hergestellt, einer Metallegierung aus 7 Metallen, welche eine symbolische Bedeutung haben, entspricht dem irdischen Abbild einer astralen Glocke und „beim Klange dieser Glocke hält das Universum einen unteilbaren Augenblick der Zeit inne und wartet auf den Willen des Magiers" [Crowley, s.a., a, p. 184]

[444] Das Weihrauchfass oder die Brennschale sollte im Idealfall aus Gold und Silber gefertigt sein und besitzt 3 Füße, „weil Shin, der hebräische Buchstabe für Feuer, drei Flammenzungen hat und sein Zahlenwert ist 300" [op. cit., p. 192]. Das Feuer „symbolisiert die endliche Verbrennung aller Dinge im Shivadarshana [eine der höheren Stufen des Samadhi; d. Vf.]. Es ist die absolute Vernichtung des Magiers, sowohl, als des Universums." [Crowley, s.a., a, p. 192] Vernichtung hier allerdings verstanden als Vernichtung des Egos, welches der Grund ist für das Wahrnehmen des Seins in Dualität. Verschwindet das Konzept eines Ich, welches einem „anderen" gegenübersteht, wird das Sein als ganzheitliche Wirklichkeit begriffen: der Betrachter verschwindet ebenso wie das Betrachtete und es bleibt das Betrachten an sich. Im Buddhismus würde man von der Realisierung der *Soheit* sprechen.

[445] Diese „Lichtkuchen" werden im *Liber AL* beschrieben: „For perfume mix meal & honey & thick leavings of red wine: then oil of Abramelin and olive oil, and afterward soften & smooth down with rich fresh blood" [Crowley, 1990a, p. 122]

Hail Ra, that goest in Thy bark
Into the caverns of the Dark!

He gives the sign of Silence, and takes the bell, and Fire, in his hands.

East of the Altar see me stand
With Light and Music in mine hand!

He strikes Eleven times[447] upon the Bell 333-55555-333 and places the Fire in the Thurible.

I strike the Bell: I light the Flame:
I utter the mysterious Name.
ABRAHADABRA[448]
He strikes Eleven times upon the Bell.

Now I begin to pray: Thou Child,
Holy Thy name and undefiled!
Thy reign is come; Thy will is done.
Here is the Bread; here is the Blood.
Bring me through Midnight to the Sun!
Save me from evil and from Good![449]
That Thy one crown of all the Ten[450]
Even now and here be mine. AMEN

He puts the first Cake on the Fire of the Thurible.

I burn the Incense-cake, proclaim
These adorations of Thy name.

---

[446] Eine Körperhaltung, bei der aus einer Grundposition mit anliegenden Armen aufrecht stehend heraus, ein Schritt mit dem rechten Fuß nach vorne gemacht wird, während gleichzeitig die Arme parallel zum Boden nach vorne stoßen.

[447] 11 ist generell die Zahl der Magie und die angegebene Zahl der Glockenschläge symbolisiert Saturn (3), Mars (5) und wieder Saturn (3). Die 11 Schläge sind also keine 11 einzelnen Anschläge, sondern 3 x 3 für Saturn, 5 x 5 für Mars, etc.

[448] Das Wort des Äons. Es hat kabbalistisch den Zahlenwert 418 und dies ist der Zahlenwert von Aiwass, Crowleys eigenem Holy Guardian Angel. D.h. das Wort bezeichnet auch die Vervollkommnung des Großen Werkes. Es gibt, wie bereits gesagt, zwei Schreibweisen des Namens von Crowleys Augoides: die alternative Variante ist Aiwaz, welches den Wert 93 hat und damit denselben Wert wie Thelema und Agape. Aiwaz wurde von Crowley verwendet, wenn es um mystische -, Aiwass, wenn es um magische Arbeiten ging

[449] Zwar in Anlehnung an das christliche Vater Unser formuliert, aber in der Intention klar auf die Aufhebung der Dualität hin orientiert.

[450] Die „10" sind die 10 Sephiroth des kabbalistischen Lebensbaumes und die „Krone" ist die oberste Sephirah (Kether), welche es zu erlangen gilt , d.h. das non-duale Bewußtsein, welches durch Kether symbolisiert wird, soll verwirklicht werden.

He makes them as in Liber Legis and strikes again Eleven times upon the Bell. With the Burin he then makes upon his breast the proper sign.[451]

Behold this bleeding breast of mine
Gashed with the sacramental sign!

He puts the second Cake to the wound.

I stanch the blood; the wafer soaks
It up, and the high priest invokes!

He eats the second Cake.

This Bread I eat. This oath I swear
As I enflame myself with prayer:
„There is no grace: there is no guilt:
This is the Law: DO WHAT THOU WILT!"

He strikes Eleven times upon the Bell, and cries:

ABRAHADABRA
I entered in with woe; with mirth
I now go forth, and with thanksgiving,
To do my pleasure on the earth
Among the legions of the living.

He goeth forth.

3.8 Der Kalender – das sakrale Jahr

Innerhalb des Kalenders wird auch heute von Thelemiten eine besondere Schreibweise bei der Datumsangabe verwendet, die bereits von Crowley praktiziert wurde.
Das Jahr selbst wird in Einheiten von 22 Jahren eingeteilt, wobei die Zählung mit dem thelemitischen „Jahr 0" beginnt, i.e. 1904, als der Menschheit das Gesetz von Thelema übergeben wurde. Neben diesen Hauptzyklen, dargestellt durch römische Ziffern, welche mit den 22 Trümpfen des Tarot in Zusammenhang stehen, wird eine weitere Angabe in arabischen Ziffern eingefügt, die die einzelnen Jahre zwischen diesen Hauptzyklen zählt, bis sich wieder eine 22 Jahreseinheit ergibt.

---

[451] Drei Zeichen kommen dabei in Frage: a) das Umgedrehte Tau, b) ein Kreuz in einem Kreis, oder c) das „Mark of the Beast" genannte Zeichen, welches aus einem Kreis besteht, in dem sich ein Heptagramm befindet und dessen Zentrum eine phallische Darstellung ziert, die optisch aus dem Sonnenzeichen in Verbindung mit mehreren Mondsicheln entsteht. Alle diese Zeichen haben eine Verbindung zur Sonne.

Ein Beispiel für eine vollständige Datumsangabe nach thelemitischem Brauch wäre etwa:

Sol in Virgo
Luna in Aquarius
Anno IV:4
(August 26, 1996 e.v.)

Die ersten Angaben beziehen sich dabei auf die Stellungen der Sonne und des Mondes in den jeweiligen Zeichen des Zodiak und geben damit den Monat und den Tag des jeweiligen Datums an. Die Jahresangabe besteht aus der römischen Zählung der 22 Jahresblöcke seit 1904 (22 x 4 = 88) und der zusätzlichen Zählung der folgenden Einzeljahre. In diesem Beispiel also 88+4 = 92, was gezählt vom Jahr 1904 an, das Jahr 1996 ergibt. Aus Gründen der Einfachheit wird jedoch meistens die übliche Datumsangabe in Klammern hinzugefügt und mit den Buchstaben e.v. gekennzeichnet, die für „era vulgaris" stehen, also „gewöhnliche Zeitrechnung."[452]

Die thelemitischen Feiertage, die von Einzelpersonen wie Gruppen weltweit gefeiert werden, finden zum größten Teil ihre Quelle im *Liber AL vel Legis,* sind also göttlich sanktionierte Festtage :

> Let the rituals be rightly performed with joy & beauty!
> There are rituals of the elements and feasts of the times.
> A feast for the first night of the Prophet and his Bride!
> A feast for the three days of the writing of the Book of the Law.
> A feast for Tahuti and the Child of the prophet – secret O Prophet!
> A feast for the Supreme Ritual, and a feast for the Equinox of the Gods.
> A feast for fire and a feast for water; a feast for life and a greater feast for death!
> A feast every day in your hearts in the joy of my rapture!
> A feast every night unto Nu, and the pleasure of uttermost delight.[453]

Beginnend mit dem thelemitischen Jahresanfang stellen sich diese Feste wie folgt dar:

Equinox of the Gods (March 20):

Thelemitisches Neujahr und das Fest, welches den Beginn des Neuen Äons im Jahr 1904 feiert. Besteht in der Regel aus einer erneuten Zelebration des Supreme Rituals, mit dem Crowley in Kontakt zu Horus kam.

Three Days of the Writing of the Book of the Law (April 8, 9, 10):

Drei aufeinanderfolgende Festtage, an denen die Offenbarung des Gesetzes von Thelema gefeiert wird, was einhergeht mit der jeweiligen feierlichen Rezitation je

---

[452] Das e.v. nimmt dabei dann die Stelle des im englischsprachigen Raum üblichen C.E. (Common Era) ein, welches etwa in wissenschaftlichen Schriften die dezidiert christliche Zeitrechnung A.D. ersetzt.
[453] Crowley, 1990a, p. 117

eines Kapitels des Liber AL an diesen Tagen. Das Fest beginnt jeweils zur Mittagsstunde.

First Night of the Prophet and his Bride (August 12):

Am 12. August 1903 heiratete Aleister Crowley Rose Kelly und dieses Fest feiert die Hochzeitsnacht, weil Rose die Scarlet Woman war, die Crowley in Kontakt brachte mit Aiwaz und somit die Offenbarung des Gesetzes einleitete.

"Crowleymass" (October 12):

Dieses Fest feiert die Geburt des Propheten, da Crowley an jenem Tag im Jahre 1875 das Licht der Welt erblickte.

Crowley's "Greater Feast" (December 1):

Ein Gedenken an den Tod des Propheten, der an diesem Tag im Jahre 1947 starb. Üblicherweise auch mit Lesungen aus seinen Schriften begangen.

Equinoxes and Solstices (March, June, September, December):

Das rituelle Begehen der vier traditionellen Jahrespunkte, welche durch die Stellung der Sonne angezeigt werden. Diese werden von vielen Religionen und esoterischen Gruppierungen gefeiert, so daß dort eine Überschneidung von spezifisch thelemitischen und traditionellen oder auch (neo-)paganen Elementen im Ritus anzutreffen ist.

Neben diesen großen Jahresfesten gibt es noch eine Reihe kleinerer *Gedenktage*, die sich auf bestimmte Personen innerhalb der thelemitischen Geschichte beziehen und die entweder nur von den Gruppen vollzogen werden, in denen diese Personen aktiv waren (z.B. O.T.O.), oder aber, wegen der Bedeutung der Personen über die jeweilige Gruppe hinaus, überall begangen werden.

Weiterhin gibt es besondere *Rites of Passage*, etwa für den Übergang eines Jungen in die Pubertät, das sog. **„Feast of Fire"** und ein Pendant für Mädchen, das **„Feast of Water."** Das **„Greater Feast"** ist die Bezeichnung für das Totenritual, während Hochzeiten usw. durch Zelebration der Gnostisch-katholischen Messe gefeiert werden.[454]

---

[454] Eine detaillierte Betrachtung der *Gnostic Catholic Mass* soll an dieser Stelle unterbleiben, weil dieses Gruppenritual nur in Gruppen der Ekklesia Gnostica Catholica und O.T.O. Logen zelebriert wird und für Einzelpersonen und kleine Gruppen praktisch eigentlich nicht in Betracht kommt, weil es zu aufwendig ist. Deshalb liegt dieses Ritual erst einmal außerhalb des Fokus der vorliegenden Systematik.

IV Scientific Illuminism: the method of science, the aim of religion

Das zentrale Element der Lehre Crowleys ist der Versuch einer fruchtbaren Verbindung von Wissenschaft und Religion. Für Crowley stellt sich die Existenz an sich dar als ein Problem, das der Lösung bedarf und die Suche nach dieser Lösung war zeit seines Lebens die Motivation für sein geistiges Schaffen.

Crowleys religiöse Grundeinstellung zeigt sich in der Tatsache, daß er das menschliche Dasein nicht als etwas *a priori* Sinnloses auffaßte, sondern daß er die Existenz als solche als einen Spannungszustand betrachtete, der daher rührt, daß das Individuum sich in aller Regel nicht selbst genügt als bloßes Element der ihn umgebenden Welt. Der Mensch erfährt sich als endliches Wesen, das in seinem nur Da-Sein nicht nur keine endgültige Befriedigung findet, sondern das durch eben diese Endlichkeit und die damit einhergehende Furcht vor der Auflösung seiner Persönlichkeit auch vom freudigen Erleben dieser Wirklichkeit abgehalten wird. Existenz ist für Crowley, ganz im buddhistischen Sinne, in der Form, wie das Individuum sie erfährt, nämlich durch die Vermittlung der begrenzten Sinne und der Wahrnehmungsbeschränkung des Egos auf äußerliche Dinge, letztlich leidvoll. Damit wird das Dasein beschrieben als eine Form des Leidens und damit als Problem definiert, als ein Zustand, den es zu ändern gilt.
Wichtig ist allerdings die Unterscheidung, daß im thelemitischen Sinne dieses Leid weniger eine Wirkung einer moralisch gefärbten Handlungsweise ist, wie beim Buddhismus, sondern eher ein allgemeines Merkmal naturgegebener Umstände. Im Buddhismus ist es die Begierde, die den Menschen in einen Kreislauf der Abhängigkeiten, des Anhaftens an die Dinge dieser Welt, einbindet und die nach der Lehre des Buddha zur ersten Edlen Wahrheit führt, daß das Dasein leidvoll ist, weil diese Begierde niemals gestillt werden kann. Das, was der Buddha Begierde nennt, nennt Crowley „Liebe" und diese definiert er als „das Bedürfnis jeder Einheit, ihren Erfahrungshorizont dadurch zu erweitern, indem sie sich mit ihrem Gegenteil verbindet."[455] Daraus ergibt sich der zweite Teil des universal geltenden Gesetzes von Thelema „Liebe ist das Gesetz, Liebe unter Willen". Dieses Grundbedürfnis, diese der Kreatur immanente Begierde, ist das Gesetz dieser Welt, weil sie – in diesem Sinne durchaus positiv beschrieben – zur Entwicklung befähigt und sie muß „unter Willen" sein, d.h. „in Übereinstimmung mit dem Wesen der betroffenen Einheiten."[456]

Durch die Lehre eines bestimmten Reinkarnationsmechanismus, der als immanentes Element der Existenz betrachtet wird, wird dieses Problem zu einem permanenten, da das Ende der individuellen Persönlichkeit nicht gleichbedeutend

---

[455] Crowley, 1989b, p. 23
[456] op. cit., p. 21

ist mit dem Ende der Wahrnehmung des Leidens. Auf der anderen Seite stellt sich für das einzelne Individuum in seinem normalen Bewußtseinszustand die eigene Existenz faktisch sehr wohl als sinnlos dar, weil sie ständig zwischen Anfang und Ende hin und her pendelt, ohne daß sie über sich hinaus führen würde.

Nachdem das Problem in dieser Weise beschrieben wurde, fragt Crowley nach möglichen Lösungen und konstatiert, daß dieses Problem die ewige Frage der Menschheit darstellt, so daß sich einige Lösungsversuche im Laufe der Zeit herauskristallisiert haben, die es zuerst zu betrachten gilt.

Als erstes findet man die *Philosophie*, d.h. den Versuch mit Hilfe der Ratio, des menschlichen Verstandes, dieses Problem zu lösen. Dies jedoch führt nach Crowley nicht zur angestrebten Lösung, weil der Verstand als Element der körperlichen Existenz des Menschen nur bis zu einer bestimmten Grenze vorstoßen kann und diese Grenze sich aber innerhalb der das Dasein bestimmenden Parameter befindet. Philosophische Betrachtungen können deshalb tiefe Einsichten vermitteln, aber sie bleiben dennoch ein bloßes Reflektieren über die Fakten der Existenz und damit sind sie ungeeignet, das Problem an sich zu lösen.

> All discussions upon philosophy are necessarily sterile, since truth is beyond language. They are, however, useful if carried far enough – if carried to the point when it becomes apparent that all arguments are arguments in a circle.[457]

Damit ist Philosophie jedoch an sich wertvoller als Religion, da sie in sich die Möglichkeit zur eigenen Überwindung trägt. Der Philosoph kommt nach Crowley irgendwann an den Punkt, wo er einsieht, daß er durch die Philosophie das Problem nicht lösen kann, da das ständige Hinterfragen zur eigentlichen Substanz der Philosophie gehört. Diese Erkenntnis wiederum ist notwendig, um motiviert zu sein, nach anderen Möglichkeiten überhaupt erst zu suchen.

Eine weitere Lösung bieten die *Religionen* an, welche dem Menschen in ihren mannigfaltigen Formen und ebenso vielfältigen „Wahrheiten" entgegentreten. Aber eben die Problematik, daß sich so viele verschiedene Wahrheiten und Antworten finden lassen, führt laut Crowley dazu, daß erneut der Verstand zu Rate gezogen wird, wenn sich das Individuum zwischen diesen Möglichkeiten entscheiden will. Selbst wenn man sich aufgrund anderer nicht-rationaler Gründe für eine bestimmte Religion entscheidet, so führt bei den meisten Menschen die Tatsache, daß manche religiöse Wahrheit vom Verstand als unsinnig zurückgewiesen wird, dazu, daß der Verstand ein beteiligter Faktor ist – entweder, er bewertet die religiöse Wahrheit und ist aktiv an der Auseinandersetzung mit dieser beteiligt, oder aber er wird zur Passivität

---

[457] Crowley, 1976, p. 6

gedrängt, da der Mensch manche Fragen einfach ausklammert, eben weil sie problematisch sind. Beides führt zu einer unbefriedigenden Situation und läßt religiöse Wahrheit auf die eine oder andere Weise als mit dem Verstand verbunden sein. Da dieser aber bereits als untauglich diagnostiziert worden ist, um das Problem zu lösen, schließt dies auch die Religionen in der Form aus, wie sie sich selbst als Antwort auf die zu stellende Frage anbieten. Außerdem sind Religionen oftmals auf Axiomen aufgebaut, die keinerlei Hinterfragung zulassen, so daß sich in ihren Lehren kaum ein Impuls finden läßt, über diese proklamierten Wahrheiten hinauszugehen.

Als dritte Möglichkeit lassen sich durch die Menschheitsgeschichte hindurch immer wieder Beschreibungen von *persönlichen Erfahrungen* finden, die davon sprechen, eine Wahrheit gefunden zu haben, die zur Lösung des Problems führt und die damit das Ende des Leids versprechen. Dieser von Crowley „Mysticism" genannte Erfahrungspool jedoch stellt sich für ihn dar als Ansammlung von Irrtümern, Wahnvorstellungen, persönlichen Wünschen und möglichen echten Einsichten, so daß diese Erfahrungen an sich auch kein verläßlicher Faktor sind. Allerdings haben sie den entscheidenden Vorteil, daß es sich nicht nur um gedankliche Experimente handelt, wie dies die Philosophie betreibt, oder gar um bloße Akzeptanz von religiösen Dogmen, die sich nicht verifizieren lassen, sondern um Erfahrungen, die mit bestimmten Techniken erreicht wurden und wie Crowley formuliert: „There is only one Rock which Scepticism cannot shake; the Rock of Experience."[458]
Da jedoch diese persönlichen Erfahrungen innerhalb des Kontextes von bestimmten Religionen gemacht werden, relativiert dies für Crowley wieder ihre eigentliche Aussagekraft, da nicht deutlich wird, inwieweit religiöse Dogmen bei solchen Erfahrungen induzierend waren, oder aber ob nicht tatsächlich diese Erfahrungen Wahrheiten reflektieren, die nur im Nachhinein in dogmatischer Weise fixiert worden sind.

Aus diesem Grund strebte Crowley danach, den Kern der wirksamen Techniken in den verschiedenen spirituellen Traditionen freizulegen und die jeweilige Technik von jedweden dogmatischen, theologischen, zufälligen, klimatischen etc. Elementen zu befreien. Alles, was nicht primär mit der Technik selbst zu tun hat, ist für Crowley eine Möglichkeit, daß sich Gedanken, Hoffnungen, Wünsche etc. in die erlebte Erfahrung einschleichen, diese modifizieren und somit eine nicht überprüfbare Fehlerquelle darstellen.

Und genau an dieser Stelle kommt die wissenschaftliche Methodik zum Tragen, denn Crowley verweist ganz explizit darauf, daß man nicht nur persönliche Erfahrungen habe, die auf eine der sichtbaren Realität unterliegenden Wahrheit hinweisen, sondern auch eine seit langem etablierte Art und Weise, die Erscheinungen unserer Welt zu klassifizieren und zu analysieren – die

---

[458] Crane, http://members.optusnet.com.au/~cranesco/sci-ill.html (Stand: 12.09.04)

wissenschaftliche Methode. Dies und die Tatsache, daß in den verschiedenen religiösen Traditionen die jeweiligen spirituellen Erfahrungen oftmals erstaunliche Ähnlichkeiten aufweisen, ließ es für Crowley gerechtfertigt erscheinen, diese Erfahrungen traditionsübergreifend in ein synkretistisch-eklektizistisches System zu inkorporieren und auf der Basis strenger Beobachtung im Sinne eines Trial & Error Verfahrens die verschiedenen Techniken, die sie angeblich evozieren, auf ihre Wirksamkeit hin zu überprüfen. „Trial and error. You must *observe*. That implies, first of all, that you must learn to observe. And you must record your observations. No circumstance of life is, or can be irrelevant."[459] Dabei führte er in seinem System entsprechend eine Anpassung der Technik an den Schüler ein, im Gegensatz etwa zu den traditionellen Religionen, bei denen sich der Gläubige immer auf das System, auf die fixierte Wahrheit und den ebenso fixierten Weg, diese Wahrheit zu finden, oder auf eine Person als Autorität dieser Wahrheit einstellen muß. Dies bedingt eine starke Selbstverantwortung, die trotz der idealen Guru-chela Beziehung innerhalb des Ordenssystems dem Aspiranten zugesprochen wird. Der Lehrer soll und kann nichts weiter sein, als ein unterstützendes Element unter vielen, aber Crowley wurde nicht müde zu betonen:

> In all these letters you will find only two things: either I tell you what is bad for you, or what is good for you. But I am not you; I don't know every detail of your life, every trick of your thought. You must do ninety percent of the work for yourself. Whether it is love, or your daily avocation, or diet, or friends, or amusements, or anything else, you must find out what helps you to your True Will and what hinders; cherish the one and eschew the other.[460]

Um auf dem Weg der praktischen Erfahrung durch traditionelle spirituelle Techniken wirklich zum Wesentlichen vordringen zu können, forderte Crowley einen strikten Skeptizismus und warnte davor, daß man sich nicht vorschnell mit gewonnen Erkenntnissen, Einsichten, Visionen oder angeblichen Wahrheiten zufriedenstellen darf. „Doubt. Doubt thyself. Doubt even if thou doubtest thyself. Doubt all. Doubt even if thou doubtest all. It seems sometimes as if beneath all conscious doubt there lay some certainty. O kill it! Slay the snake."[461] Das Problem, daß Crowley in all den bisherigen Methoden und Zugängen zu einem höheren Wissen und einer Erfahrung, die die normale Realität übersteigt, sah, war der menschliche Drang, sich am liebsten das bestätigen zu lassen, was man für erstrebenswert hält. Dieser dem menschlichen Wesen zugrundeliegende Impuls zum Selbstbetrug, der wie eine Art psychologischer Abwehrmechanismus funktioniert, um die scheinbare Unausweichlichkeit der eigenen Vernichtung ausblenden zu können, hat somit viele der tatsächlichen Erfahrungen in einer ungünstigen Weise beeinflußt und damit den Zugang zu einer solchen Erfahrung wieder erschwert. Deshalb lehrte Crowley, daß es nur beständiger Zweifel sein

---

[459] Crowley, 1991a, p. 140
[460] ibid.
[461] Crowley, 1995, p. 51

kann, der einen davor bewahrt, in die eigene psychologischen Falle zu treten und immer dann Vorsicht geboten ist, wenn sich der Verstand in gewisser Weise mit einer Erkenntnis oder mit der rationalen Reflexion einer Erfahrung zufriedengeben will. „Aber das ist die beste Probe für die Wirklichkeit jeder Erfahrung. Solche, die mit Ihrer Vorstellung übereinstimmen, sind wahrscheinlich Illusionen."[462] Deswegen betont er die Notwendigkeit „not permitting that which is but a step to become a goal."[463] Das ist dabei auch genau das, was er den bestehenden Religionen anlastet, daß nämlich solche Schritte auf dem spirituellen Weg, seien sie auch noch so wertvoll in sich selbst, an einem bestimmten Punkt zum Ziel erklärt wurden und damit eine solche Religion zum Museum bereits gemachter Erfahrungen degradierten, anstatt zur Basis neuer Erfahrungen zu werden. Die an und für sich funktionierenden Techniken innerhalb einer solchen Tradition wurden damit eingeschränkt, da sie nur noch spirituelle Erfahrungen hervorrufen dürfen, die mit dem dogmatisch zum Heilsziel fixierten Zwischenschritt auf der Entwicklungsleiter übereinstimmen. Sind Religionen erst einmal in dieser Weise erstarrt, setzt eine unheilvolle Differenzierung in wahre Lehre und Irrglauben ein, was eine Atmosphäre kreiert, die nicht mehr geeignet ist, eine unvoreingenommene Erforschung der Wirklichkeit zuzulassen. In diesem Sinne sind alle großen Religionen laut Crowley daran gescheitert, was er die *Gefahr des Erfolges* nannte und was er für seine Anhänger um jeden Preis zu vermeiden suchte:

> It may occur that owing to the tremendous power of the Samadhi, overcoming all other memories as it should and does do, that the mind of the devotee may be obsessed, so that he declares his particular Deity to be sole God and Lord. This error has been the foundation of all dogmatic religions, and so the cause of more misery than all other errors combined.[464]

> Meister Therion ist der ehrlichste von allen grossen religiösen Lehrern. Andere sagten: <<Glaubet mir!>> Er sagt: <<Glaubet mir nicht!>>
> Ihn verlangt nicht nach Nachläufern; er würde sie verachten und ablehnen. Ihn verlangt nach einer unabhängigen und auf sich selbst gestellten Schar von Schülern, welche ihre eigenen Untersuchungsmethoden befolgen. Wenn er ihnen durch Hinweise Zeit und Mühe sparen kann, so wird sein Werk zu seiner eigenen Zufriedenheit vollbracht sein.[465]

> Ich bin kein Pukka Sahib – nicht einmal aus Poona -, der der Öffentlichkeit mit abgehackten >>Ähems<< seinen Humbug aufzwingt. Es wäre mir lieber, wenn Sie die Sache alleine >>verkehrt<< machten, um zu Ihren Irrtümern zu lernen, als wenn Sie es >>richtig<< vom Lehrer lernten und dabei Ihre Initiative und überhaupt jede Fähigkeit, etwas zu lernen, lahmlegten.[466]

---

[462] Crowley, 1989b, p. 167
[463] Crowley, 1976, p. 403
[464] ibid.
[465] Crowley, s.a.(a), p. 10 s. ; das Vorwort zu *Buch 4* wurde angeblich von Mary d'Este Sturges (Soror Virakam) verfasst, der Crowley das Werk diktierte, aber dies war als bloßes Stilmittel gedacht und Crowley diktierte auch den Wortlaut des Vorwortes. [cf. Symonds, 1983, p. 184]
[466] Crowley, 1989b, p. 71 s.

In einem Dokument zur Gründung eines *Order of the Thelemites*,[467] das Crowley um das Jahr 1922 verfaßt hat, spricht er davon, daß diese auf seinen Lehren gründende Gemeinschaft, ist „opposed to: all superstitons (sic) religions, as obstacles to the establishment of scientific religion."[468] Damit wird deutlich, daß Crowley sich in der Tat berufen fühlte, die ewige Kluft zwischen Wissenschaft und Religion zu schließen und sein Scientific Illuminism als Religion in ganz spezifischer Weise definiert war, nämlich als „an enthusiastic putting together of a series of doctrines, no one of which must in any way clash with Science or Magick."[469] Auf dieser Basis entwickelte er ein umfangreiches System von Korrespondenzen und Symbolen, welches versuchte, in so gut wie allen relevanten religiösen Strömungen und spirituellen Traditionen nach anwendbaren Techniken zur Bewußtseinserweiterung zu forschen und diese – befreit von ihrem jeweiligen dogmatischen Überbau – zu nutzen und dem Aspiranten zugänglich zu machen. Dieser Ansatz soll generell verhindern, daß sich exklusive Wahrheiten bilden, die als bremsender Faktor die individuelle Entwicklung behindern und das Individuum ermutigen, die eigene – wenn auch permanent skeptisch hinterfragte – Erfahrung für sich sprechen zu lassen. Scientific Illuminism in dieser Weise verstanden sollte nach Crowley sowohl religiöse Dogmen, wie auch wissenschaftliche Axiome überwinden, um letztlich jedem Menschen zur Erfahrung seiner eigenen Wirklichkeit zu verhelfen. Diese beständige Auseinandersetzung innerhalb der thelemitischen Bewegung zwischen auch hier religiösen Doktrinen und Vorstellungen von sakrosankten Elementen auf der einen Seite und wissenschaftlichen Erkenntnissen auf der anderen Seite, führt zu einer fruchtbaren Selbstschau dieser Bewegung, die es eventuell verhindern hilft, daß sich Crowleys Lehren in starre Strukturen verwandeln:

> If we are to realize the principles of Crowley's concept scientific religion, we must be capable of critically evaluating our own opinions, assumptions, doctrines, and paradigms regarding natural world, in accordance with the practical principles of logic, and in the light of the best and most current scientific knowledge. This does not necessarily require the outright rejection of the value of revelation, of sacred writings, or of traditional rituals, practices, and symbol systems. It *does* require maintaining an open mind as to how we interpret these things, how we contextualize them, and what conclusions we draw from them. If a passage in holy book appears to contradict a demonstrated fact of nature, then the passage may be false; but it may also have simply been incorrectly interpreted. If a religious or magical doctrine cannot reconciled with the best and most current scientific

---

[467] Dieses Dokument war eine Charta, die James Thomas Windram (Frater Semper Paratum – 1877-1939) autorisierte, eine Ordensgemeinschaft zu gründen, die nur drei Grade hatte [The Hermit, The Lover, The Man of Earth – cf. Crowley, 1990a, p. 110], welche den A.A. Graden Zelator, Adeptus und Magister Templi entsprachen und in der Windram die alleinige Autorität als „Alter Ego of To Mega Therion" besaß. Windram war OHO der National Grand Lodge in Süd Afrika und scheint das geplante Projekt aber nicht weiter verfolgt zu haben, zumindest ist d. Vf. nicht bekannt, daß aus diesem Projekt größere Aktivitäten entstanden wären. Gedacht war es von Crowley wohl als eine Mischung aus dem religiösen O.T.O. und der praktisch-magisch orientierten A.A..
[468] Iannotti, http://www.bapho.net/archives/C/C0000095/s0000004a.gif (Stand: 12.09.04)
[469] Crowley, 1991a, p. 219

knowledge, then it may be time for the basis of that doctrine to be reinterpreted. If a historically important interpretive document presents views that are no longer scientifically sound, then we need to ensure that document is understood within its historical context.[470]

4.1 Die psycho-spirituelle Struktur des Menschen

Crowley lehrte eine ganz spezifische Betrachtungsweise des Menschen in seiner spirituell-körperlichen Erscheinung, auf der das gesamte Konzept seines Scientific Illuminism in der praktischen Umsetzung beruht.

Ähnlich wie in den östlichen Religionen gilt in Thelema das Konzept des Ego als ein illusionäres und demnach ebenfalls als Wurzel allen Übels. Dieser Ansicht nach ist der Mensch seit seiner Geburt in einer Mein-und-Dein-Sicht der Dinge gefangen, welche ihn von der ihn umgebenden Wirklichkeit völlig abkapselt. Das, was der Mensch im Spiegel des nur temporär existierenden Egos als Wirklichkeit wahrnimmt, ist bereits eine Interpretation derselben, welche nur falsch sein kann – weil das Ego an sich Teil der illusionären Realität ist, die es selbst wahrnimmt. Die Frage nach dem Warum, also wieso es diese Illusion überhaupt gibt, beantwortet Crowley mit dem Hinweis auf *Lila*, das göttliche Spiel. Das göttliche Prinzip, die schöpferische Kraft im Universum, entfaltet sich selbst in diese Schöpfung hinein, ganz wie es der kabbalistische Lebensbaum darstellt, welcher von den Sephiroth spricht, jene Schalen in die hinein sich das Göttliche ergießt. Das non-duale absolute Sein entfaltet sich in der Schöpfung, es emaniert aus sich selbst heraus in die Relativität einer dualen Welt, um Gegensätze zu kreieren, die sich durch die unausweichliche Interaktion gegenseitig erfahren und erleben können. Und diese so geschaffene Selbsterfahrungsqualität der Existenz an sich reflektiert sich wiederum im Ego des Menschen.

> The Ego grows by establishing relations with other points of view and absorbing them, hence the bigger the Ego, the less the sense of Egoity. The universe is a set of events; they do not exist, they occur (cf. the electron, which has no mass, but is an electric charge). It is a dynamic not a static phenomenon. (...) A man must think of himself as a *Logos,* as going, not as a fixed idea. (...) He only becomes himself when he attains the loss of Egoity, of the sense of separateness. He becomes All, Pan, when he becomes Zero.[471]

Der erste Schritt, sich der illusionären Natur des Ego bewußt zu werden, ist nach Crowley, sich der Routinen bewußt zu werden, in denen der Mensch solange verhaftet bleibt wie er das Ego die Herrschaft über sein Leben ausüben läßt. Alle

---
[470] O.T.O., 2002, p. 1
[471] Grant, 1973, p. 189 s.

Dinge, welche den Menschen formen, also etwa Kultur, Religion, Moral etc. sind entstanden unter den limitierenden Bedingungen des menschlichen Egos und können deswegen keine Richtschnur für ein Leben sein, welches sich nicht an der Illusion, sondern an der tatsächlichen Wirklichkeit orientieren will. Crowleys Lehre „(...) is the result of one man's determination to free himself from the restrictions of dogma and to understand the Universe. (...) Crowley realized like Gurdjieff that we are machines and robots – brainwashed simians of culture and circumstance."[472]

Um nun allerdings dieses Ego zu überwinden, ist es erforderlich, sich klar zu werden, um was es sich dabei eigentlich handelt. Nach Crowley ist das Ego weder eine existente Größe an sich, noch eine singuläre Erscheinung. Die Persönlichkeit, welche ein Mensch in seiner aktuellen Inkarnation sein eigen nennt und auf die seine Vorstellung eines Ego gründet, ist eine Zusammenballung von spezifischen Elementen, die für eine bestimmte Zeit Form und Struktur zusammen annehmen, weil sie durch karmische Kräfte in ein spezifisches Muster gezwungen wurden. Erschöpft sich diese karmische Kraft, löst sich die persönlichkeitsstiftende Form auf und die Elemente, auf denen sie basierte, trennen sich wieder – wobei sie allerdings eine besondere Qualität hinzugewonnen haben, welche auf den Erfahrungen beruht, die die während des Lebens zeitweilig aktive Persönlichkeit gemacht hat. Diese Erfahrungen wiederum prägen sich den sich trennenden Elementen ein, verändern deren Struktur und schaffen damit einerseits neue Elemente und andererseits die Notwendigkeit, daß diese sich wieder mit ebensolchen Elementen zusammenschließen, um die neu entstandenen karmischen Kräfte wieder umzusetzen, was wiederum in neuen Erfahrungen und damit Prägungen resultiert. Damit wird wieder eine neue Persönlichkeit geschaffen, die zwar wesensmäßig nichts mit der vorhergehenden zu tun hat, da eine Persönlichkeit nur solange als solche auch ansprechbar ist, wie die karmischen Elemente diese formen, aber die sehr wohl auf allen oder einigen der egobildenden Elementen dieser früheren Persönlichkeit beruht. Ganz wichtig für Crowleys Verständnis der von ihm akzeptierten Reinkarnationsvorstellung, ist die Idee, daß sich solche karmischen Elemente nicht notwendigerweise wieder mit all jenen zusammenfinden, die vorher eine Persönlichkeit geformt haben. Er ging davon aus, daß diese Elemente sich mit gänzlich anderen vereinen können und somit die Grundlage für eine Persönlichkeit geschaffen wird, die sich an verschiedene Dinge erinnern kann, welche von unterschiedlichen Persönlichkeiten durchlebt wurden:

> What do I mean when I say that I think I was Eliphas Levi? No more than that I possess some of his most essential characteristics, and that some of the incidents in his life are remembered by me as my own. There doesn't seem any impossibility about these bundles of Sankhara[473] being shared by two or

---

[472] Hyatt in Crowley, 1991a, p. 513
[473] i.e. persönlichkeitsbildende, oder –immanente Neigungen

more persons. We certainly do not know enough of what actually takes place to speak positively on any such point. Don't lose any sleep over it.[474]

Der letzte Punkt macht einmal mehr deutlich, daß Crowley ein sehr pragmatisches Verhältnis zu solchen metaphysischen Spekulationen hatte und Dinge, die nicht mit Gewißheit erklärt werden können, auf sich beruhen ließ.[475] Die Persönlichkeit als solche ist in Crowleys System einer totalen Relativierung unterworfen, da er selbst die Möglichkeit nicht ausschloß, daß die Elemente, die sie zeitweilig formen, nicht immer dieselben seien, also auch die tatsächlich vorhandenen Strukturen, die eine illusionäre Erscheinung schaffen, zumindest durch diese permanente Wechselwirkung miteinander keine definierbare Größe sind. Crowleys Vorstellung der Reinkarnation steht damit der buddhistischen sehr nahe und ist, wie diese, keine Lehre einer Seelenwanderung, da zwischen den verschiedenen Persönlichkeiten nichts substanzielles weitergegeben wird. Man kann sich dies bildhaft als bloße Neustrukturierung auf der Ebene des karmischen Musters, hervorgerufen durch eine zeitweilige Unruhe im allgemein vorhandenen Pool der *Sankharas*, vorstellen. Diese bilden so etwas wie ein kosmisches Netz, das den Erscheinungen zugrundeliegt und zeitweilig formen sich solche karmischen Partikel zu größeren Strukturen zusammen und bilden eine Art Strang innerhalb dieses Netzes. Die Sankharas erwerben während der Existenz einer Persönlichkeit neue Qualitäten, die ihnen vorher nicht zu eigen waren und wenn die ursprüngliche karmische Kraft, die auf den vergangenen Erfahrungen beruht, sich erschöpft, stirbt der Mensch und die Persönlichkeit, der „kosmische Strang", zerfällt in seine einzelnen Partikel. Da nun jedoch neue Qualitäten in diesen Partikelpool fließen, setzt eine Dynamik ein, die die Sankharas anregt, wieder einen neuen Strang zu formen, um die entstandene karmische Energie wieder umsetzen zu können, wodurch wieder eine neue Persönlichkeit entsteht *ad infinitum*. Da jedoch diese einzelnen Partikel nicht notwendigerweise wieder mit denen zusammengehen, die vorher eine Persönlichkeit bildeten, enthält die neu entstandene Persönlichkeit eventuell Qualitäten, Erinnerungen und karmische Muster, die früher in unterschiedlichen Existenzen gewonnen wurden.[476]

---

[474] Crowley, 1991a, p. 246
[475] Das gilt selbstverständlich vor dem spezifisch magisch-okkulten Hintergrund seiner Lehre, d.h. vom wissenschaftlichen Standpunkt aus ist die gesamte Lehre über die Reinkarnation als solche nicht zu beweisen und deswegen nicht relevant. Für Crowley galt die Differenzierung, abgesehen von rein wissenschaftlich verifizierbaren Tatsachen, in Dinge, die der Mensch auf magisch-okkultem Wege erfahren kann und jene, die ihm generell nicht zugänglich sind. Nur letztere spielten für ihn keine große Rolle, da das tatsächliche Umsetzen der Erfahrung das eigentliche Ziel ist. Crowley unterscheidet sich also beim ersten Punkt nur insofern vom Skeptiker, als daß der die magischen Erfahrungen anders bewertet – nämlich als (zumindest subjektiv) real.
[476] Bei Erinnerungen, die von manchen Menschen behauptet werden, die sich etwa als Europäer an Inkarnationen als Inder etc. erinnern, würden diese nach Crowley einfach nur bedeuten, daß einige der Sankharas, die einmal eine Persönlichkeit in Indien geformt haben, jetzt Bestandteil einer Persönlichkeit sind, die nun als Mensch in Europa existiert. Im Gegensatz zur Seelenwanderungslehre würde Crowley nicht behaupten, daß diese Person früher ein Inder war, sondern nur indische Erinnerungsstücke aufgenommen hat.

Zum weiteren Verständnis der thelemitischen Vorstellung darüber, wie eine Persönlichkeit aufgebaut ist, muß das dahinterliegende kabbalistische Modell kurz erörtert werden

4.1.1 Exkurs: Jüdische und Hermetische Kabbala

Da an dieser Stelle und auch in den folgenden Ausführungen zu verschiedenen Ideen und Konzepten von Crowleys Lehre die Kabbala einen wichtigen Bezugspunkt bildet, soll eine kurze Anmerkung vorausgeschickt werden, die notwendig erscheint, den Charakter dessen, was Crowley unter Kabbala verstand, zu spezifizieren.

Als stimmige Definition der Kabbala könnte man formulieren, daß es ein initiatorisches System esoterischer Interpretation der Thora [Pentateuch] ist, welches auf der Behauptung gründet, es gäbe neben der schriftlichen Offenbarung Gottes an die Menschen eine weitere – geheime – Tradition oraler Überlieferung göttlicher Weisheit seit den Tagen Abrahams. Historisch werden diese mystisch-spekulativen Lehren innerhalb des Judentums erstmals im 11./12. Jh. in Frankreich faßbar, allerdings gründen sie auf den wesentlich älteren Elementen einer „Merkabah-Mystik."[477] In dieser sich entwickelnden esoterischen Strömung, die bereits sehr früh den Argwohn und die Ablehnung der orthodoxen Rabbiner auf sich zog,[478] kam es zu ausgefeilten kosmologisch-philosophischen Lehren, die die Entstehung der Welt behandelten und erklären sollten, warum die Menschen sich in einer als dunkel empfundenen Wirklichkeit befinden, obwohl diese doch das Werk Gottes ist.[479] Über Spanien gelangte die Kabbala später ins westliche Europa, wo es einerseits zu einer stark gnostisch geprägten Ausformung kabbalistischer Ideen kam, besonders durch Isaak Luria,[480] andererseits zu einer Parallelentwicklung im Gewand der christlichen Kabbala. Während die lurianische Kabbala signifikante Termini in die kabbalistische Weltschau einbrachte, wie sich die Schöpfung der Welt erklären läßt,[481] kam es bei theologisch-philosophischen Denkern der Renaissance wie z.B. Pico della Mirandola zu einer synkretistischen Lehre, die die genuin jüdische Kabbala mit gnostischen, pythagoreischen und neo-platonischen Elementen

---

[477] Bezeichnung für mystische Betrachtungen der im Buch Ezechiel dargelegten Ausführungen zum Anfang der Welt (hebr.: *bereshit*), den himmlischen Wohnstätten (hebr.: *hekalot*) und dem göttlichen Thron-Wagen (hebr.: *merkaba*). [Ezechiel 10,8 –22]
[478] Sie wurden von den rabbinischen Texten klar als Sektierer (hebr.: *minim*) tituliert.
[479] Insofern ist die Kabbala ebenso ein Versuch einer Antwort auf das (schon in der Antike durch Epikur formulierte) Theodizeeproblem, wie etwa die *Gnosis*.
[480] 1536 - 1572
[481] Stichworte: Selbstkontraktion Gottes (hebr.: *zimzum*) ; Bruch der Gefäße (hebr.: *schebirat kelim*) ; Ursprünglicher Mensch (hebr.: *Adam Kadmon*) ; Heilung der Welt (hebr.: *tikkun olam*) etc.

verband.[482] Während die jüdische Kabbala im 18. Jh. eine starke Verbindung mit dem Chassidismus[483] einging kam es durch weitere synkretistische Ausformungen der christlichen Kabbala und Wechselwirkung mit initiatorischen Bewegungen, etwa der Freimaurer oder Rosenkreuzer, zu dem, was man hermetische Kabbala nennt.

Diese hermetische oder auch okkultistische Kabbala ist es, die Crowley im Hermetischen Orden der Goldenen Dämmerung kennenlernte und später in seinem eigenen System weiter ausformte und modifizierte. Dieser Punkt ist wesentlich bei der Beurteilung der kabbalistischen Gedanken und Modelle, die sich im westlichen Okkultismus im allgemeinen und bei Crowley im besonderen finden lassen. Alle von Crowley zugrundegelegten Gedanken basieren auf dieser späteren Entwicklung einer synkretistisch-eklektizistischen Kabbalismusinterpretation vornehmlich durch die Hauptprotagonisten einer arkanmystogenen Subkultur magischer Ordensgemeinschaften, wie dem Golden Dawn et. al..

Während sich im Judentum, besonders im Zuge der sich abzeichnenden säkularisierenden Aspekte des konservativen – und Reformjudentums, eine Ablehnung der Kabbala herausbildete, die darin bestenfalls eine historische Kuriosität sieht, gehört die hermetische Kabbala zum Grundgerüst quasi aller Lehren der westlichen Esoterik.[484]

Dabei haben sich beide kabbalistischen Traditionen inhaltlich recht weit voneinander entfernt, was auch zu permanenten Mißverständnissen führt, wenn hermetisch-kabbalistische Modelle, die im Laufe des anhaltenden Esoterikbooms weiten Kreisen Interessierter zugänglich geworden sind, der eher unbekannten jüdischen Kabbala unterstellt werden. So findet sich in der jüdischen Kabbala z.B. keinerlei Entsprechung für die ausufernden okkultistischen Korrespondenzen, die etwa die Sephiroth mit den Planeten, dem Zodiak, oder gar Göttern verbinden, zur zentralen Bedeutung des Abyssos, oder auch der Relativierung der Thora. Aus diesen nicht-jüdischen kosmischen Beziehungsmustern, welche die okkultistische Variante der Kabbala in großem Stil erstellt, ergeben sich dann natürlich auch spezifische Interpretationen, die kein jüdischer Kabbalist gutheißen würde. Als Beispiel für eine solche Deutung sei etwa die „Beweisführung" polytheistischer Schöpfungskräfte angeführt, die sich aufgrund der hermetischen Korrespondenzen ableiten läßt.

---

[482] Wichtig bliebe noch anzumerken, daß, von jüdischer Seite aus, die christliche Kabbala als bloßes Mittel zum Zwecke der Missionierung aufgefasst und dementsprechend abgelehnt wurde.
[483] Eine in Polen entstandene fromme Bewegung, die von Rabbi Israel ben Elieser (Baal Schem Tov) [etwa 1699 – 1760] gegründet wurde. Im religiösen Leben dieser Gruppe mischen sich ekstatische Übungen, mystische Schau und magische Elemente auf der Basis einer Allgegenwart Gottes auch in den profanen Dingen des Lebens.
[484] Dabei macht der Einfluß kabbalistischer Gedanken selbst vor quasi-revitalistischen Strömungen, wie etwa der *Wicca*-Bewegung (besonders der *Alexandrian Wiccans*), oder selbst des vom Eigenanspruch her stärker nativ-religiös orientierten *Asatru* (besonders die auf Edred Thorsson/Edred Flowers zurückgehenden Gruppen/Lehren), nicht halt.

So ist der dritten Sephirah Binah diesem Verständnis zufolge (neben vielem anderen) auch der Gottesname „Elohim" zugeordnet. Binah steht für die „große Mutter", die „Mutter des Lebens", also den archetypischen Schöpfungsimpuls. Elohim ist die Pluralform von hebr.: eloah (= Göttin), heißt also wörtlich übersetzt „Göttinnen". Aufgrund dieser Aspekte finden sich nun die mannigfaltigsten Deutungen, angefangen von sexualmystischen Spekulationen bis hin zu Neuformulierungen des Gottesbildes im Sinne einer feministischen Theologie. Im jüdischen Verständnis drückt eine solche Pluralform hingegen (nur) die Majestät Gottes aus, während die jüdische Kabbala die Einzig(artig)keit Gottes darin ausgedrückt sieht, die den weiblichen Aspekt enthalten muß, um als Schöpfungsanfang überhaupt gedacht werden zu können.

Deswegen sei im Hinblick auf die folgenden Ausführungen zu Crowleys kabbalistischem Verständnis immer diese Bezugnahme auf die hermetische Kabbala mitgedacht, so daß sich keinerlei Rückschlüsse auf die jüdische Tradition der Kabbala machen lassen. Allerdings ist damit auch keine Rechtfertigung dieser Lehren im philosophiegeschichtlichem Sinne erlaubt, die über die Anfänge dieser Art von Arkanspekulation, etwa im Golden Dawn, hinausginge.

4.1.2 Der Mensch in seiner mikrokosmischen Struktur

Gemäß dem hermetischen Axiom „Wie oben, so unten" dient der kabbalistische Lebensbaum sowohl für eine Beschreibung des Makrokosmos (die Welt), wie auch des Mikrokosmos (der Mensch).

Darauf aufbauend lehrte Crowley, daß die psycho-physische Konstitution des Menschen eine fünffache sei und aus den Prinzipien *Jechidah*, *Chiah*, *Neschamah*, *Ruach* und *Nephesch* besteht. Diese Elemente im menschlichen Seinskomplex korrespondieren dabei mit bestimmten Sephiroth des kabbalistischen Lebensbaumes und diese Verbindung mit den kosmischen Qualitäten, welche durch die Sephiroth dargestellt werden, begründet die Möglichkeit einer spirituellen Entwicklung. Im Einzelnen stellen sich die angesprochenen Prinzipien wie folgt dar:

Jechidah

Dieses Prinzip korrespondiert mit der Sephirah Kether und bezeichnet nach Crowley die Quintessenz der menschlichen Struktur. Es ist vergleichbar mit der gnostischen Vorstellung des Geistfunkens, und stellt das göttliche Selbst dar, welches einerseits jeden Menschen als grundsätzlich wesenseins mit der Gottheit/Göttlichkeit beschreibt [„There is no part of me that is not of the

Gods"],[485] andererseits aber auch die Einmaligkeit jedes einzelnen Menschen bedingt.[486] Nach Crowley sind die einzelnen Unterschiede zwischen den Persönlichkeiten nur das Resultat von Sekundärprinzipien in der metaphysischen Struktur des Individuums. Das kabbalistische Prinzip Jechidah ist damit identisch mit dem originär thelemitischen Prinzip Hadit, dem „infinitely small yet supremely potent point or bindu which, in union with Nuit, generates the manifest Universe (Ra-Hoor-Khuit)",[487] der im Liber AL als einer der drei sich darin offenbarenden Götter sagt:

> I am the flame that burns in every heart of man and in the core of every star.
> I am Life, and the giver of life, yet therefore is the knowledge of me the knowledge of death.[488]
>
> In the sphere I am everywhere the centre, as she the circumference is nowhere found.[489]

Dies macht deutlich, daß der göttliche Kern jedes Menschen identisch ist mit dem aller Menschen, weil er den eigentlichen Grund der Existenz darstellt (giver of life, Life), aber durch die Tatsache, daß dieses göttliche Sein im absoluten Sinne das Zentrum von allem ist, bedingt sich auch die Einmaligkeit des Menschen, weil jeder für sich immer der Weltmittelpunkt ist [„Every man and every woman is a Star"[490] – i.e. Zentrum seines eigenen kosmischen Systems] – und die Bedingungen der ihn umgebenden Wirklichkeit von dieser Perspektive betrachtet reine Illusion sind (circumference is nowhere found).[491] Wird sich das Individuum einmal dieser Tatsache bewußt, was das eigentliche Ziel aller spirituellen Bemühungen im thelemitischen Sinne ist,[492] dann ist das Erlangen dieser Erkenntnis gleichzeitig auch das Wissen um, resp. das Erfahren des Todes, weil mit dieser Erkenntnis das illusionäre Ego „stirbt".

Jechidah/Hadit ist somit die göttliche Flamme, die die Essenz jedes Sterns bildet und die eigentliche Natur des Menschen darstellt. In dieser Qualität sind alle Menschen gleich, da sie auf einer sehr grundlegenden Ebene ihrer Existenz selbst

---

[485] Crowley, 1976, p. 360
[486] Auch wenn jeder Mensch wesenseins mit dem Göttlichen ist und damit im Kern ein non-duales absolutes Sein verkörpert, das mit der Natur aller anderen Menschen identisch ist, so drückt sich dieser Geistfunke trotzdem verschieden aus, da die Bedingungen in der irdischen Welt, wenngleich sie auch illusorisch sind, so aber dennoch Reaktionen provozieren. Alle Menschen sind also durch die ihnen zugrundeliegende Göttlichkeit eins mit allem, aber verschieden in ihrer vergänglichen Existenz – und deswegen einmalig. Wobei die Idee einer Einmaligkeit nur unterhalb des Abyssos in der Welt der Dualität überhaupt einen Sinn ergibt.
[487] Grant, 1973, p. 209
[488] Crowley, 1993, p. 162
[489] op. cit., p. 157
[490] op. cit., p. 72
[491] „(...) each human being is an element of the cosmos, self-determined and supreme, coequal with all other gods" [Crowley, 1973, p. 73]
[492] „It [das jeder Mann & jede Frau ein Stern ist; d. Vf.] means that in each person is the sublime starry nature, a consciousness to be attained by the prescribed methods" [op.cit., p. 72]

Gott sind: „There is no god but man."[493] Da sich der Mensch allerdings dieser fundamentalen Tatsache nicht bewußt ist und der Meinung ist, sein eigentliches Sein basiert auf dem Ego, ist es das Ziel der thelemitischen Lehre, ihm Mittel an die Hand zu geben, um durch die vordergründigen Schichten seines Wesens hindurchzudringen, um sich dieser göttlichen Quintessenz bewußt zu werden. Erst dann wird ihm bewußt werden, daß auch alle Unterschiede, Beziehungen, Prinzipien usw. zwischen den einzelnen Menschen, auf die das Ego sich im täglichen Leben bezieht, nicht wirklich sind. Hadit/Jechidah ist im kosmischen Koordinatensystem überall die Mitte, da sich in einem unendlichen Raum keinerlei Grenzen ziehen lassen, um eine Position in Relation zu einer anderen absolut bestimmen zu können. Jeder Punkt in einem unendlichen Raum ist die Mitte dieses Raumes, weil er nicht weiter oder geringer entfernt vom nicht-existierenden Rand dieses Raums ist als jeder andere Punkt. Dadurch und auch durch die Tatsache, daß der Mensch, der sein eigenes göttliches Selbst realisiert hat, d.h. der erkannt hat, daß die Wirklichkeit um ihn herum in dieser Form, wie sie das Ego der Menschen wahrnimmt, nicht existiert, alle Dinge, die sich um sein göttliches absolutes Selbst herum abspielen als bloße Reflexionen des Göttlichen wahrnimmt. In dieser Konsequenz weitergedacht, sind alle Aspekte der illusionären „Wirklichkeit" gleichermaßen eine Dimension, die das göttliche Selbst aus sich heraus emaniert. Es gibt also nur das Göttliche und dieses ist in allen Erscheinungen dasselbe, so daß jeder Mensch, der sich dessen bewußt ist, alles um ihn herum als Spiel in seiner Welt betrachten kann. D.h. alle Menschen um ihn herum sind nicht anders existent als in Form dieser Illusion und das, was tatsächlich in ihnen existiert, ist identisch mit ihm selbst. „Every number is infinite, there is no difference."[494] Wird dies erst begriffen, dann bekommt das göttliche Spiel, Lila, einen ganz neuen Aspekt, weil es dann tatsächlich auch genossen werden kann.[495]

„Remember all ye that existence is pure joy; that all the sorrows are but shadows; they pass & are done; but there is that which remains."[496]

Chiah

Chiah ist der schöpferische Impuls des Prinzips Jechidah, das die Welt geschaffen hat. Chiah ist sozusagen das kosmische Koordinatensystem, welches Jechidah auf die Welt projiziert hat, um Relationen in der Welt zu schaffen, die Bezugspunkte für die eigene Selbstbetrachtung bilden, um damit Selbsterkenntnis überhaupt realisieren zu können. Die Jechidah/Hadit immanente Unendlichkeit

---

[493] Regardie, 1989, p. 32
[494] Crowley, 1973, p. 75
[495] Das göttliche Spiel wird zuweilen von Crowley auch the *comedy of Pan* genannt, in Anlehnung an die Schauungen, die er in den Aethyren erfuhr, was den spielerischen Charakter des Lebens aufgrund des illusionären Charakters betont. [Crowley, 1998, p. 151]
[496] Crowley, 1985b, p. 34

und Vollkommenheit kann sich selbst nur entfalten, also in diesen Eigenschaften auch manifestieren, wenn es Erfahrungen mit diesem in sich selbst verborgenen unendlichen Potential machen kann. Um diese in sich selbst vorhandenen unendlichen Möglichkeiten auch tatsächlich erfüllen zu können, ist es unabdingbar, daß sich Jechidah selbst begrenzt. Diese Begrenzung aus der reinen Freude am Erfahren der so kreierten Möglichkeiten ist das göttliche Spiel, Lila. In diesem erfreut sich die Gottheit an den entstehenden und vergehenden Formen und sammelt Erfahrungen mit sich selbst. Diese Erfahrungen sind natürlich in seiner eigentlichen absoluten Qualität bereits existent, aber nur die tatsächliche Umsetzung macht es möglich, sich dieser Seinsqualität auch bewußt zu werden. Das Leben an sich hat also keinerlei höheren Sinn, es existiert ausschließlich, damit die Einheit sich an sich selbst in der Vielheit erfreuen kann. Die Gottheit tritt heraus aus ihrer unbewegten Sphäre der unendlichen Möglichkeiten und macht diese tatsächlich möglich – das ist der eigentlich schöpferische Impuls, der dem Absoluten immanent ist.

Und exakt dies ist die Qualität von Chiah, welches mit der Sephirah Chokmah korrespondiert, es ist der immerwährende Impuls innerhalb der Gottheit, der permanent dazu drängt, daß die vollkommene Unendlichkeit sich in die scheinbar unvollkommene Endlichkeit – die absolute Einheit, sich in die relative Vielfalt – hinein selbst begrenzt, um sich selbst begegnen zu können.

Neschamah

Der dritte Aspekt, der die Triade der Sephiroth im Lebensbaum innerhalb des Menschen reflektiert, ist Neschamah. Dieses Prinzip, welches mit der Sephirah Binah korrespondiert, ist das Vermögen, das zu erfassen, was Jechidah durch Chiah in sich selbst zu erfahren und zu entdecken wünscht. Man könnte Neschamah die dem Sein immanente Intuition nennen, die ahnt, was Jechidah durch Chiah verwirklichen möchte. Diese drei Prinzipien bilden laut Crowley die mikrokosmische Dreieinigkeit, und sind eine Reflexion der makrokosmischen Dreieinigkeit Kether, Chokmah und Binah. Sie liegen innerhalb des menschlichen Wesens verborgen und werden als völlig transzendentes, spirituelles Prinzip verstanden, was gleichzeitig das Absolute im endlichen Wesen des Menschen repräsentiert, wie auch die Möglichkeit zu seiner Bewußtwerdung.

> Diese drei Prinzipien bilden eine Dreieinigkeit; sie sind Eins, weil sie das Wesen und auch das Werkzeug darstellen, welches die Manifestation eines Gottes im Menschen erst möglich macht.[497]

---

[497] Crowley, 1955c, p. 15

Crowleys Lehre nun hat als Hauptziel, dem Menschen bewußt zu machen, daß sein eigentliches Wesen, das Element, was ihn im absoluten Sinne eigentlich erst ausmacht, in dieser spirituellen Triade verborgen liegt. Alles andere, was ihn als Menschen ausmacht, oder was die Realität bedingt, in der er sich wähnt, gehört zu untergeordneten Prinzipien, die nur temporären Charakter besitzen. Im mikrokosmischen Sinn liegt die Ratio in der untersten Sephirah Malkuth, wobei dies auch die eigentliche Sphäre ist, die die stoffliche Welt umfaßt. Malkuth ist die Basis der mittleren kabbalistischen Säule, die die Säule des Bewußtseins darstellt, während die beiden flankierenden Säulen die aktiven und passiven Kräfte symbolisieren, welche das Bewußtsein beeinflussen. Innerhalb der mittleren Säule gibt es also verschiedene Bereiche, die je einen Aspekt des menschlichen Bewußtseins beherbergen: Kether, als Sitz des göttlichen Funkens, dem der Mensch sich nicht bewußt ist, der ihn aber bedingt; Tiphereth als Schnittstelle zum Holy Guardian Angel und wichtigster Ebene der mittleren Triade im mikrokosmischen Lebensbaum Tiphereth – Geburah - Chesed, als solche Sitz des eigentlichen individuellen Bewußtseins, welches aber im Normalfall auch nicht bewußt erfahren wird. Die Ratio/das Ego als gefilterte Variante des Tiphereth-Bewußtseins, welches sich in der Verstrickung mit Malkuth - dem Reich, i.e. der irdischen (illusionären) Realität befindet.

Die oberste Triade ist von den unteren Ebenen durch den *Abyssos* getrennt, eine Sphäre, die alle Phänomene in Form von Possibilitäten enthält, aber diesen keine Form und Struktur vermittelt. Diese werden erst durch die Emanationen der schöpferischen Kraft in die unteren Ebenen projiziert, wo die chaotischen Kräfte, die innerhalb des Abyssos wirken, zielgerichtet manifest werden können.

Tiphereth hat in der spirituellen Evolution des Menschen eine besondere Bedeutung, da dies die Sphäre ist, in der die Qualitäten und Erfahrungen, die ein Mensch durch die Inkarnationen seiner Sankharas macht, gespeichert werden und aus Tiphereth gehen die dann neu geformten Persönlichkeiten hervor, die wiederum jene Erfahrungen und Qualitäten weitertragen und zur Basis von neuen Eindrücken werden lassen. Das Numinose, das in den Sphären oberhalb des Abyssos weilt, steht den chaotischen Eindrücken in diesem gegenüber und um diesen Pool der Möglichkeiten zu erforschen, hat die obere Triade nun quasi eine Maschine, ein Konstrukt gebildet, um sie ordnen und erfahren zu können. Dieses Konstrukt ist das vierte Prinzip im Menschen, Ruach.

Ruach

Ruach, das man mit Geist, Gemüt oder auch Intellekt übersetzen kann, ist selbst wieder ein Prinzip mit fünf Subkategorien. Man kann es sich vorstellen als eine enge Verflechtung von sittlichen und intellektuellen Elementen, welche um den

Kern der Sephirah Tiphereth[498] gruppiert sind. Ruach reflektiert die makrokosmischen Sephiroth Chesed, Geburah, Netzach und Hod in die menschliche Struktur hinein und ebenso wie diese Sephiroth um Tiphereth herum gelagert sind, stellen diese Prinzipien im Menschen die tastenden Fühler dar, mit denen das menschliche Bewußtsein (Tiphereth) die Welt um sich herum erkundet. Diese Prinzipien wiederum gipfeln in einem weiteren Bereich, Daäth, und finden dort einen scheinbaren Anker in all den Formen, die unterhalb des Abyssos wirken. Allerdings liegt dieser Punkt nicht wirklich innerhalb der Sphäre des Lebensbaumes, sondern direkt im Abyssos und ist deswegen auch von den dort herrschenden chaotischen Kräften erfaßt. Deswegen wird Daäth auch die falsche Sephirah genannt und im Gegensatz zur sonstigen kabbalistischen Interpretation von Daäth, die ihr durchaus sehr positive Züge zuschreibt,[499] gilt sie in Crowleys Doktrin als widersprüchlicher und beschränkter Aspekt des menschlichen Wissens, welches sich auf der Basis der Ratio (Malkuth) bis hin zum Abyssos erheben kann – aber dort seine natürliche Grenze findet und dann nur noch eine Karikatur der absoluten Erkenntnis (Kether) darstellt. „The mind is the great enemy."[500]

Die Prinzipien, die zusammen Ruach bilden, sind nun allerdings nicht, wie die obere Triade, transzendent, sondern sind bereits innerhalb der illusionären Strukturen angelegt. Ohne eine gewisse Verankerung in der dualen Wirklichkeit würden sie sich, wie letztlich alles in dieser Welt, auflösen und von wenig Nutzen sein.

> Um von Nutzen zu sein, bedürfen sie (die Prinzipien des Ruach; d. Vf.) einer Basis, durch welche sie Eindrücke empfangen, ungefähr so, wie eine Maschine Brennstoff und Rohmaterial braucht, ehe sie den Gegenstand herstellen kann, den zu machen sie bestimmt ist.[501]

Nephesch

Nephesch, das mikrokosmische Prinzip, das mit der Sephirah Jesod korrespondiert, ist der eigentliche Träger, die Basis des Ruach. Es ist die animalische Seele, über die die Prinzipien des Ruach, also die Fühler des Bewußtseins, mit der sie umgebenden Materie (Malkuth) in Verbindung treten können. Der Verstand z.B. ist nur über Nephesch in der Lage, die Materie zu analysieren, ebenso wie das Gemüt nur dann emotional auf die Umgebung reagieren kann, wenn es Eindrücke über dieselbe via Nephesch erhält. Nephesch selbst gehört allerdings nicht zur Materie und gilt deswegen, auch wenn es als

---
[498] i.e. in ihrer mikrokosmischen Entsprechung
[499] Daäth „(...) steht für die *Weisheit Gottes,* die *Macht* und *Liebe* in sich vereinigt." [Fortune, 1987, p. 362]
[500] Crowley, 1976, p. 20
[501] Crowley, 1955c, p. 16

Prinzip am engsten mit der malkuthischen Ebene interagiert, als spirituelles Prinzip. Der menschliche Körper gilt für Crowley als vollständig aus den malkuthischen Elementen bestehend und wird nur temporär als Organismus von den übergeordneten Prinzipien zusammengehalten, die ihn erschaffen haben, um in der materiellen Welt wirken zu können – sprich Erfahrungen sammeln zu können. Dadurch, daß Nephesch so eng mit der vergänglichen Materie zusammenarbeitet, hat es die Tendenz, an dieser Vergänglichkeit teilzuhaben und es besitzt eine gewisse Eigenständigkeit, da es nicht völlig in die eigentlich steuernden Elemente eingebunden ist. Es ist Nephesch, das die Instinkte bei Mensch und Tier bedingt, da es in seiner beschränkten Wahrnehmungsfähigkeit vor allem Freude und Schmerz unterscheiden kann. Es steuert den Körper innerhalb der materiellen Sphäre so, daß das eine erlangt und das andere vermieden wird. Je unentwickelter ein Mensch ist, desto stärker wird sein Leben vom Nephesch beherrscht, so daß es für eine spirituelle Evolution unabdingbar ist, daß das Nephesch einer strengen Zucht unterworfen wird, damit es seine Eigenständigkeit auf ein notwendiges Minimum reduziert und ansonsten als Diener der höheren Prinzipien fungieren kann und seiner eigentlichen Bestimmung nachkommen kann: Träger der höheren Prinzipien zu sein.

Allerdings sind auch die Elemente des Ruach nicht ganz frei von einer immanenten Tendenz zur Reaktion auf die Materie, wenngleich diese weniger stark ausgeprägt ist als beim Nephesch-Prinzip. Das Ruach tendiert dabei zu einer natürlichen Trägheit,[502] die, wenn sie nicht durch höhere Impulse negiert wird, dazu führen kann, daß das Ruach sich mehr nach dem richtet, was das Nephesch im Sinne einer Freude/Leid Auswahl an es übermittelt, anstatt eigenständig nach einer Bewußtwerdung der ihn umgebenden Wirklichkeit zu streben. Dies ist deshalb so schwierig, weil das Ruach von der sog. himmlischen Triade – Jechidah, Chiah, Neschamah – getrennt ist und sich der Existenz dieser oberen Triade nicht einmal bewußt ist. Dies bedingt auch die generelle Unterscheidung in Crowleys Lehre in den Wahren Willen, der seinen Ursprung in eben jener himmlischen Triade hat und den Willen des Menschen in seinem Normalbewußtsein, so daß einmal mehr deutlich wird, daß der Wahre Wille sich auf ein spirituelles Konzept bezieht, das dem Menschen zuerst einmal verborgen ist."[503]

Die Aufgabe des Menschen ist es jetzt also, sich eben dieser Abkapselung von der oberen Triade bewußt zu werden, und zu erkennen, daß die Materie, das Nephesch-Prinzip, welches die Wahrnehmung der Materie erst möglich macht und auch der gesamte Strukturenkomplex des Ruach einerseits, nicht das eigentliche Wesen des Menschen ausmachen und anderseits auch nicht

---

[502] *Inertia*
[503] Wem das dahinterliegende kabbalistische Konzept nicht bekannt ist, neigt somit zum Fehlschluß Do what thou wilt = Do as you like. Und es ist dieses schwerwiegende Mißverständnis, das Crowley irrtümlicherweise zum Anarchisten stempelt und in die Nähe zu einem profan-hedonistischen Satanismus rückt.

unendlich sind, sondern der Vergänglichkeit ebenso unterliegen wie der grobstoffliche Körper. Das Individuum soll mit Hilfe der Methodik, die Crowley zur Erlangung der Erleuchtung einsetzte, realisieren, daß das eigentliche Prinzip, das ihn als existierendes Wesen ausmacht, ein transzendentes Prinzip ist, welches in völliger Verborgenheit liegt. Solange der Mensch sich ausschließlich mit der Ratio resp. dem Ego identifiziert, wird er permanent in den Strudel der sich aneinanderreihenden Inkarnationen gezogen werden und seine Erkenntnisfähigkeit wird nicht über die Möglichkeiten Daäths hinausgehen. Der erste Schritt dabei ist die Bewußtwerdung, daß es eine weitere Ebene des Bewußtseins gibt, welche die Ratio, die das eigentliche Ego mitformt, übersteigt: das Bewußtsein in Tiphereth. Kann sich der Mensch mit diesem solaren Bewußtsein identifizieren, dann hat er die Möglichkeit – unter anderem durch die Vermittlung seines Holy Guardian Angels – sich auch der obersten Triade bewußt zu werden. Der letzte Schritt ist dann, sich mit dieser himmlischen Triade zu identifizieren, was dazu führt, daß das Bewußtsein weder von den Beschränkungen der Erkenntnismöglichkeiten des Ego (Ratio → Daäth), noch von den permanenten Auflösungen der Persönlichkeiten (Tiphereth) betroffen ist. Die Tatsache, daß nach diesem Konzept auch ein Tiphereth-Bewußtsein immer noch von den Inkarnationswechseln betroffen ist, macht deutlich, daß der zwar sehr stark betonte Kontakt zum Holy Guardian Angel in Crowleys Doktrin trotzdem nur ein Zwischenschritt ist. Bleibt es dabei, wird der Mensch erneut nach dem Tod in seine spezifischen Elemente zerfallen und wieder versuchen müssen, den Kontakt zu seinem Engel (dem solaren Bewußtsein) herzustellen.

Obwohl dies nun dem buddhistischen[504] Streben nach dem Nirvana, dem Beenden des samsarischen Kreislaufs sehr ähnelt, gibt es durchaus einen Unterschied in der Bewertung des erreichbaren Endziels. Das Nirvana wird durch Negationen beschrieben[505] und stellt sich dadurch zumindest scheinbar als statischer Zustand dar – wenngleich die Aussage, es sei statisch wieder nicht zutrifft, da dies eine Eigenschaft ist, die der Zustand der Eigenschaftslosigkeit nicht haben kann. Crowley sah jedoch in dem erreichbaren Endziel, wie auch im Weg, der zu seiner Erlangung führt, einen Zustand der ewigwährenden Dynamik, als permanenten Prozeß einer sich ewig sich selbst bewußten Seinsstufe, den er mit sehr positiven Worten beschrieb:

> Das Suchen nach dem Heiligen Gral, das Forschen nach dem Stein der Weisen – wie immer wir auch das Große Werk bezeichnen mögen – ist darum endlos. Erfolg eröffnet uns immer neue Wege zu glänzenden Möglichkeiten. Ja wahrlich und Amen! Die Aufgabe ermüdet nicht, und ihre Freuden sind ohne Grenzen, denn was ist das Universum und alles was darinnen ist, anderes, als der unendliche Tummelplatz des Gekrönten und

---

[504] Am prägnantesten im Theravada mit dem Ideal des *Arhats* zu finden.
[505] Weil man keine konkreten Aussagen über seine Natur machen kann. Beschreibt man die Eigenschaften, die es kennzeichnen („Es ist ..."), dann schafft man durch diese Beschreibungen wieder Gegensatzpaare – die aber *per definitionem* im Nirvana als solche ja nicht mehr existieren. Deswegen beschreibt man es negativ („Es ist nicht...") und umgeht damit dieses Problem.

Siegreichen Kindes, des unersättlichen, unschuldigen, des immer frohlockenden Erben von Raum und Ewigkeit, dessen Name M e n s c h ist.[506]

4.2 Yoga – keep still

Crowleys praktisches Ausbildungssystem, das dazu dienen soll, diese spirituelle Entwicklung durchzuführen, beruht im wesentlichen auf zwei traditionellen Herangehensweisen – einmal dem östlichen *Yoga* und zum anderen auf der westlich-hermetischen *Magie*. Beide Systeme werden von Crowley einerseits weitestgehend von ihren nativen religiösen Elementen befreit und auf die zugrundeliegende Technik reduziert und andererseits auf der Grundlage seiner eigenen thelemitischen Lehre wiederum in einem neuen System auf einer Ebene zusammengeführt. Beide Systeme, der Yoga ebenso wie die Magie, sind für Crowley ausgefeilte Methoden und Hilfsmittel, um mit dem menschlichen Geist umzugehen und diesen zu kontrollieren resp. letztlich zu transzendieren. Die Methoden des Yoga gelten dabei als Mittel zur inneren Arbeit in dem Sinne, daß die Aktivitäten des Geistes nach Möglichkeit ausgeschaltet werden, während die Methoden der Magie im Sinne einer angewandten Psychologie dem Menschen erlauben, innere Vorgänge und Impressionen nach außen zu verlagern, um sie dort besser beherrschen zu lernen.

> (...) the mind is a mechanism for dealing symbolically with impressions; its construction is such that one is tempted to take these symbols for reality. Conscious thought, therefore, is fundamentally false and prevents one from perceiving reality. (...)[507]

In diesem Sinne versteht Crowley den menschlichen Geist, wie er normalerweise arbeitet, nicht per se als etwas Negatives, sondern nur im Hinblick auf seine Limitierung, lediglich einen Ausschnitt der Wirklichkeit abbilden zu können und somit nicht das geeignete Werkzeug zu sein, die Realität ungefiltert zu erfassen. Losgelöst von ihrem religiösen Kontext erblickt Crowley im Yoga ein Mittel, um dieses höheren Zieles wegen „to acquire the knack of slowing down the current of thought and ultimately stopping it altogether."[508]

Dabei hielt er den Yoga an sich nicht für etwas außergewöhnliches oder originelles, sondern sah seinen Wert ausschließlich darin begründet, daß in diesem indischen System eine gewisse Präzision an Termini und Methoden entwickelt worden ist, die denen anderer Kulturen überlegen ist, wenngleich in allen Kulturen das zugrundeliegende System dasselbe ist. Im Vergleich der

---
[506] Crowley, 1955c, p. 18 (Hervorhebung findet sich im Original)
[507] Crowley, 1989c, p. 240
[508] ibid; eine Tatsache, die Crowley als absoute Neuerkenntnis wertete: „I believe I am entitled to the credit of being the first man to understand the true bearings of the question." [ibid]

verschiedenen Kulturen und ihrer jeweiligen spirituellen Übungen, sowie der dadurch erhaltenen Resultate, wurde es Crowley bewußt, daß alle Kulturen und Traditionen immer in der Methodik übereinstimmen, sowie in der Essenz des Ergebnisses. Die Unterschiede beziehen sich generell auf die Symbolik, die Bilder und die Art und Weise, wie das angestrebte Resultat sich letztlich darstellt respektive interpretiert wird. Da das Ergebnis der spirituellen Übungen offensichtlich eine Realität betrifft, die sich nicht deutlich formulieren läßt, greift der menschliche Geist auf eben die Termini und Symbole zurück, die er kulturell und religiös bedingt kennt, um auf diesem Wege das Erlebte zumindest ansatzweise erfassen zu können.

> (...) a Catholic repeats Ave Maria rapidly and continuously; the rythm inhibits the intellectual process. The result is an ecstatic vision of Mary. The Hindu repeats Aum Hari Aum in the same way and gets a vision of Vishnu. But I noticed that the characteristics of both visions were identical save for the sectarian terminology in which the memory recorded them. I argued that process and result were identical. It was a physiological phenomenon and the apparent divergence was due to the inability of the mind to express the event except by using the language of worship which was familiar.[509]

Durch diese Reduzierung spiritueller Traditionen auf den Status einer Quelle geradezu mechanisch wirksamer Techniken[510] zur Erreichung supranaturaler Eindrücke wurde es Crowley a) möglich, alle spirituellen Traditionen in diesem Sinne zu nutzen, b) einen gewissen „Streamlining" Effekt zu erzielen, der darin besteht, daß spirituelle Erlebnisse nicht mehr unbedingt besonders zeitaufwendig sind, einfach weil viele – in Crowleys Augen völlig sinnlose – Elemente, die sonst diese Techniken begleiten, wegfallen[511] und c) die Gefahr gebannt ist, daß diese Techniken eine angebliche Wahrheit bestätigen, die es abgesehen von einem fixierten Korsett einer einzigen Tradition und ihrer Interpretationen so gar nicht gibt.[512]

Yoga verstanden als ein „scientific system of attaining a definite psychological state"[513] besteht aus den sog. acht Gliedern: Yama, Niyama, Asana, Pranayama, Pratyahara, Dharana, Dhyana und Samadhi. Wie Crowley in einem Vortrag[514] anschaulich erklärte, sind auch alle diese einzelnen Abschnitte, die den yogischen Weg präzise beschreiben, im Laufe der Zeit durch religiöse Vorstellungen und

---

[509] Crowley, 1989c, p. 240
[510] „To get into a Trance is of the same order of phenomena as to get drunk. It does not depend on creed." [ibid]
[511] „I am proud of having made it possible for my pupils to achieve in months what previously required as many years." [ibid]
[512] „Also, of having saved the successful from the devastating delusion that the intellectual image of their experience is an universal truth." [ibid]
[513] Crowley, 1989c, p. 241
[514] Gehalten 1939 in London, später unter dem Originaltitel *Eight Lectures on Yoga* als Buch veröffentlicht.

„abergläubischen Unsinn"[515] nahezu völlig unverständlich geworden. Diese Loslösung von jedweden kulturellen Applikationen wurde für Crowley deswegen so leicht, weil er den Yoga ebenso wie die Magie als universal wirkende Prinzipien definierte, die weder ein Spezifikum einer bestimmten Kultur, oder auch Kulturstufe sind, noch in irgendeiner Weise etwas Übernatürliches an sich haben. Am Beispiel des Yoga definierte er diesen auf der Grundlage des Begriffes selbst: Vereinigung![516]

Dabei versteht er diesen Begriff im weitestmöglichen Sinne, so daß der Yoga als Prinzip zur Grundlage der Existenz wird, zum immanenten Impuls der im Universum vorkommenden Elemente, sich mit anderen Elementen zu vereinen, um etwas zu bilden, was über diese beiden ursprünglichen Einzelelemente hinausgeht. Wenn sich einfache Zellen zu einem höheren Organismus zusammenschließen, dann ist dies nach Crowley Yoga; wenn sich Atome miteinander verbinden, um komplexere Moleküle zu formen, ist auch dies Yoga. Auf einer geistigen Ebene bedeutet dies „Yoga ist zuerst die Vereinigung von Subjekt und Objekt des Bewußtseins; des Sehers mit dem Gesehenen."[517] Das bedeutet, daß laut Crowley jeder Mensch in jeder Sekunde seines Lebens den Yoga praktiziert, weil auch die Wahrnehmung der Welt um ihn herum ein yogischer Prozeß ist. Die materiellen Dinge, die der Mensch um sich herum wahrnimmt, besitzen keine Wirklichkeit an sich, sondern sind ein bloßer Eindruck und als solches Phantome, wie Crowley formuliert. Sie entstehen im Gehirn des Menschen, als Reaktion einer Vereinigung von äußeren Impulsen, die über die Vermittlung der menschlichen Sinne eben diesen Eindruck hervorrufen. Damit aber ist etwas neues entstanden, was sich sowohl von der Rezeption durch die Sinne, wie auch vom auslösenden Impuls grundsätzlich unterscheidet.

> All such phenomena or „point events" are equally „illusion"; Nothing is always Nothing; but the projection of Nothing on this screen of the phenomenal does not only explain, but constitutes, the universe.[518]

Insofern besteht zwischen dem normalen Leben des Durchschnittsmenschen und dem eines Adepten des Yoga grundsätzlich kein Unterschied, weil beide auf ihrer jeweiligen Ebene den Yoga praktizieren. Der Adept jedoch ist sich der Tatsache bewußt, daß er den Yoga praktiziert und darüber hinaus ist er in der Lage zu erkennen, daß dieses universale Prinzip auch zur Überwindung des Kreislaufs an sich benutzt werden kann, den es selbst konstituiert. Dadurch, daß sich durch die Sinneseindrücke permanent neue Vereinigungen ergeben, erscheint das Leben als aufeinanderfolgende Reihe von „point events" deren explizit illusorische Natur das Ganze zu einer unbefriedigenden Erfahrung werden läßt. Außerhalb dieser

---

[515] Crowley, 1989b, p. 18
[516] „(...) von derselben Sanskritwurzel abstammend wie das griechische Wort zeugma, das lateinische Wort jugum und das englische Wort yoke beziehungsweise das deutsche Joch." [op. cit., p. 16]
[517] op. cit., p. 19
[518] Crowley, 1991a, p. 41

Point Events gibt es nichts, was Substanz oder Dauer hätte, was zur Einsicht des Buddha führt, daß dieses Dasein Leiden ist - einfach weil der allem zugrundeliegende Drang nach Vereinigung ins Leere läuft und nicht befriedigt werden kann, da wie Crowley bildhaft formuliert "der Durst beim Trinken (wächst)."[519] Auf der Grundlage dieser Weltsicht wird deutlich, daß es nur einen Ausweg aus diesem Prozeß geben kann, daß nämlich sich das einzelne Element, das kleinste Element, auf dem sich das Dasein aufbaut, mit dem Größten vereinigt und eben dies ist das Ziel des Yoga als spirituellem Weg. „Alles, was wir tun müssen, um Befreiung, Befriedigung und alles, was wir wollen, zu erhalten, besteht darin, diese universale und unvermeidliche Vereinigung mit dem Absoluten selbst zu vollziehen."[520]

Der normale unbewußte yogische Prozeß, an dem die Menschen zu jedem Zeitpunkt ihres Daseins teilhaben, muß, um diesem Ziel dienen zu können, umgewandelt werden in eine bewußte und kontrollierte Abfolge präzise formulierter Techniken. Nur so kann man aus den gemachten Erfahrungen eine gewisse Kohärenz ihrer Bedeutungen und inneren Relationen ableiten, was notwendig ist, um verwertbare und wiederholbare Resultate zu erzielen, die es erlauben, eine strukturierte Methodik zu erarbeiten, mit der man die dem Sein zugrundeliegenden Mechanismen verändern kann.

Da Yoga ein allen Zellen zugrundeliegender Impuls ist, kann das Ziel der Vereinigung mit dem Absoluten nur dann erreicht werden, wenn zuerst die einzelnen Elemente der menschlichen Struktur kontrolliert und auf diesem Wege quasi gleichgeschaltet werden.

> Wenn wir also den völligen und endgültigen Yoga mit dem Absoluten vollziehen wollen, ist es unsere Pflicht, jedes Element unseres Wesens zu beherrschen, es gegen jeden inneren und äußeren Krieg zu schützen, jede Fähigkeit aufs höchste zu steigern, uns im Wissen und der Kraft und Macht aufs äußerste zu schulen.[521]

Der vom Yoga gelehrte Prozeß, dies zu erreichen, gliedert sich in acht Stufen, oder Abschnitte, die sich wie folgt skizzieren lassen:

1) Yama: Selbstbeherrschung –
Unter diesem Begriff gibt es in den traditionellen Yogaschulen[522] verschiedene Auflagen, moralische Weisungen, Verbote etc., welche die generelle Selbstbeherrschung und Zügelung der Begierden betreffen, oder aber so detailliert sind, wie etwa keine Geschenke annehmen zu dürfen. Crowley lehnt sich eng an den Begriff selbst an und definiert ihn als

---
[519] Crowley, 1989b, p. 24
[520] ibid.
[521] Crowley, 1989b, p. 27
[522] Bezieht sich für diese Betrachtung auf jene von Patanjali (ca. 400 n. Chr.) verfassten *Yoga-Sutras*, in denen die acht Glieder des Yoga beschrieben werden. Der Verfasser der Yoga-Sutras ist dabei nicht identisch mit dem Patanjali, welcher das *Mahabhashya* geschrieben hat und etwa um 200 v. Chr. gelebt hat. [cf. Drury, 1988, p. 473]

Beherrschung, ohne jedwede weitere moralische Andeutung, wobei er strikt alle Verallgemeinerungen in diesem Bereich ablehnt. Da der Mensch als Ganzes aus vielen einzelnen Elementen besteht, die alle unkontrolliert ihrem eigenen yogischen Impuls folgen, bedeutet Beherrschung nur, dieser chaotischen Entwicklung entgegenzutreten und das eigene System bewußt zu kontrollieren und zu fokussieren. „Wir zwingen damit dem vorhandenen Energiestrom Beschränkungen auf, ganz so, wie man einen Wasserfall in Turbinen zwingt, um die natürliche Schwerkraft des Stromes zu beherrschen und zu lenken."[523] Was der Schüler dafür als hilfreich betrachtet, obliegt seiner eigenen Einschätzung, nicht einem moralischen Katalog, der für eine andere Zeit und andere Bedingungen erstellt worden ist.

2) *Niyama:* Tugend –
Unter diesem Begriff werden fünf spezielle Tugenden aufgeführt, die für die yogische Praxis als unerläßlich gelten. *Shaucha* (Reinigung des Körpers), *Santosha* (Genügsamkeit), *Tapas* (Ertragen von Entbehrungen), *Svadhyaya* (Studium) und *Ishvara-Pranidhana* (Gottesbetrachtung). Crowley verbindet den Begriff Niyama, mit etwas, was dem westeuropäischen Denken eingängiger ist als die indischen Bezüge und deutet die den yogischen Prozeß begünstigenden Tugenden als die positiven Eigenschaften der astrologischen Planeten: Saturn vermittelt Durchhaltevermögen und Geduld; Jupiter steht für Vitalität und Freude; Mars ist „als die Tugend oder Fähigkeit aufzufassen, mit den physischen Schwierigkeiten des Werkes zu ringen und sie zu überwinden."[524] Die Sonne vermittelt die nötige Harmonie, um sich dem Yoga hinzugeben, während Venus die Annahme der Erfahrungen, die er in der Praxis erfährt, fördert. Merkur vermittelt Indifferenz dem Erfolg gegenüber und der Mond steht für die Reinheit des Strebens, Uranus[525] steht für den Wahren Willen selbst, Neptun für die spirituelle Intuition und Pluto wurde von Crowley in diesem astrologischen Tugendkatalog ausgespart, „weil man nicht das geringste über ihn weiß."[526] Auch dies war von dem Gedanken getragen, daß den verschiedenen traditionellen Ratschlägen der Yoga-Sutras nichts Heiliges *per se* anhaftet, sondern daß sie allgemeingültige Bedingungen des Erfolges beschreiben, die man jedoch einem Europäer anders erläutern kann und muß.

3) *Asana:* Körperhaltung –

4) *Pranayama:* Atemkontrolle -
Beide Übungselemente dienen zur Kontrolle der äußeren resp. inneren Dynamiken des Übenden und sind die Voraussetzung des Erfolges im Yoga. „Das wahre Ziel von Asana ist die Beherrschung des Muskelsystems, des bewußten, wie des unbewußten, damit keinerlei Botschaft vom Körper zum Geist gelangen kann. (...) Das Ziel des Yogaprozesses besteht darin, alle Prozesse, einschließlich des Yogaprozesses selbst, zum Stillstand zu bringen."[527]

---

[523] Crowley, 1989b, p. 44
[524] op. cit., p. 50
[525] Von Crowley noch *Herschel* genannt, nach dem Entdecker Friedrich-Wilhelm Herrschel (1738 – 1822), der den, später in *Uranus* umbenannten, Planeten im Jahre 1781 entdeckte.
[526] Crowley, 1989b, p. 58
[527] Crowley, 1989b, p. 67

5) Pratyahara: Innenschau –
Die bezeichnet die Übungen, die dazu dienen, sich der gedanklichen Strömungen bewußt zu werden, die permanent im Bewußtsein zirkulieren. Es ist ein unspezifisches „Hintergrundrauschen", welches unabhängig von den bewußten Gedanken, die ein Mensch verfolgt, mal mehr, mal weniger bemerkt im Geist aktiv ist. Der Yogi soll sich bewußt machen, daß durch seinen Geist ständig Gedanken wandern und realisieren, daß nur völlige Indifferenz ihnen gegenüber ermöglicht, sich von ihnen zu befreien, da er den Effekt selbst nicht verhindern kann. Der Sinn der vorbereitenden yogischen Übungen besteht eben darin, die Selbstdynamik des Körpers und des Geistes zu minimieren und wo dies nicht gelingt, zumindest den Störungsgehalt, der durch diese evoziert wird, zu reduzieren. Während Asana die Muskelbewegungen auf ein Mindestmaß reduziert, Pranayama die Verbindung derselben mit den Gedanken lockert, so dient Pratyahara dazu, die dann noch aufkommenden Reflexionen zu relativieren, „to appreciate the unimportance and equivalence of all thoughts (...)"[528]

6) Dharana: Konzentration –
Nachdem der Yogi sowohl Körper als auch Geist durch die vorhergehenden Übungen vorbereitet hat, bei den eigentlich relevanten Exerzitien keinerlei Störungen mehr zu produzieren, befaßt sich der Yogi in dieser Übung damit, den Geist auf einen Punkt, einen einzigen Gedanken zu fokussieren. Allerdings geschieht dies nicht im Sinne der Meditation, um den Gedanken an sich zu analysieren, oder den Gegenstand der Betrachtung zu begreifen, sondern es geht ausschließlich darum, den Geist zu befähigen, aus der Vielzahl der Gedanken, bei denen er gelernt hat, indifferent zu bleiben, einen herauszusuchen und ihn wahrzunehmen. „We therefore, make a definite attack on the multiplicity of thoughts by fixing the mind on one."[529]

7) Dhyana: 1. Stufe der Versenkung –
Der Konzentration auf einen Punkt folgt die erste tiefe Versenkungsstufe, von Crowley als Trance bezeichnet,[530] die dem Yogi eine Ahnung von seinem Ziel, Samadhi, vermittelt, da es diesem in vielerlei Hinsicht ähnelt. Dhyana transzendiert das Raum-Zeitgefüge für den Yogi, so daß sich das Gefühl des Seins im Hier und Jetzt einstellt. Gleichermaßen erfährt er eine Verschmelzung seines Ego mit dem Nicht-Ego und diese Erfahrung „usually takes place with explosive violence."[531] Das Erlebnis selbst tendiert jedoch dazu, in der Erinnerung zu verschwinden, „because his mind lacks the machinery of translating it into normal thought."[532] Dadurch entsteht eine Sehnsucht im Übenden, die dazu führt, diese Erlebnisse zu wiederholen, was auch durchaus angestrebt ist, da das endgültige Ziel Samadhi ist. Die Problematik besteht allerdings darin, daß diese Vorstufe des Samadhi emotional sehr aufgeladen ist und der Übende sehr leicht dem Irrtum erliegt, die Erfahrung des Dhyana mit seinen religiösen Ideen und Symbolen zu verbinden, so daß diese durch das Erlebnis bestätigt zu werden scheinen.

---

[528] Crowley, 1989c, p. 241
[529] op. cit, p. 242
[530] „Dhyana is the name of the first trance. By trance I mean a state of consciousness definitely distinct from the normal." [Crowley, 1989c, p. 242]
[531] ibid
[532] Crowley, 1989c p. 243

Geschieht dies, verliert der Yogi jedoch den Antrieb, seine Anstrengungen über Dhyana hinauszugehen, zu verstärken. Und genau diesen Punkt der Stagnation will Crowley auf jeden Fall vermeiden:

> They (die Erinnerungen an das Dhyana ; d. Vf.) seem to him to have become a fanatic or a megalomaniac. In my system the pupil is taught to analyse all ideas and abolish them by philosophical scepticism before he is allowed to undertake the practices which lead to Dhyana.[533]

8) *Samadhi:* „*Union with the Lord*"[534] –
Dies ist die höchste Stufe der Trance, die der Yogi erreichen kann und ist laut Crowley eher eine Serie von aufeinander aufbauenden Trancen als ein fixierter Zustand. Es besitzt die gleichen Eigenschaften wie der Zustand des Dhyana, ist aber im Gegensatz zu jenem nicht partiell sondern allumfassend und vermittelt eine tiefere Erfahrung. Die erste Trance des Samadhi entspricht der Erfahrung der Einheit mit dem Universum. Entgegen derselben Erfahrung, die man im Dhyana macht, die aber die Vorstellung der Vereinigung zwischen Ego und Universum als solche noch reflektiert, erlebt man diese Vereinigung ohne Reflexion darüber. Die nächste Trance des Samadhi vernichtet dann auch diese Einheit und läßt den Yogi diesen Zustand ohne Attribute erleben.

Wichtig ist zu bemerken, daß Crowley im Gegensatz zum traditionellen Yoga, welcher den Samadhi-Zustand als Endziel der Selbstverwirklichung preist und als heilige Erfahrung und Wert an sich betrachtet, den tatsächlichen Wert dieser Erfahrung abhängig macht von der Qualität des philosophischen Denkens, das der Übende mit in die Praxis einbringt. „The Samadhi of an ignorant and shallow thinker who has failed to co-ordinate his conceptions of the cosmos will not be worth very much."[535]

Für Crowley ist der Yoga die Disziplin, die der Aspirant benötigt, um sich auf die wirkliche spirituelle Arbeit einzulassen, es ist die Grundausbildung, der sich aber dann die eigentliche Arbeit erst anschließen muß und dies ist die Magie. Die Gefahren des Yoga, die dazu verleiten können, daß sich der Übende mit bestimmten Erlebnissen zufrieden gibt und die Tatsache, daß die eigentlichen Erfahrungen den Geist selbst betreffen, lassen ihn für Crowley als nicht unbedingt geeignet erscheinen, als Weg an sich verfolgt zu werden, zumal nicht für westliche Menschen:

> (...) the whole subject of Yoga leads to constantly increasing confusion. The fineness of the analytical instrument seems to defeat its own purpose and it is perhaps because of that confusion that I have always felt in my deepest consciousness that the method of Magick is on the whole less dangerous than that of Yoga. This is particularly the case when discussing these matters with a Western mind.[536]

---

[533] Crowley, 1989c, p. 243
[534] ibid
[535] ibid
[536] Crowley, 1991a, p. 505

4.3 Magick: travel beyond the world of the senses

Neben der eher vorbereitenden Disziplin des Yoga, stellt die Magie das zentrale Element der crowleyschen Schulung dar. Dabei definiert Crowley Magie auch wieder in einem ganz spezifischen Sinne: „Magick is the Science and Art of causing Change to occur in conformity with Will."[537] Durch diese Definition erreicht Crowley, ähnlich wie bei seiner Definition des Yoga, daß Magie zu einem Grundprinzip des Lebens selbst wird. Jeder Wechsel, der in Übereinstimmung mit dem Willen hervorgerufen wird, ist ein Akt der Magie.

> It is my Will to inform the World of certain facts within my knowledge. I therefore take „magickal weapons", pen, ink, and paper; I write „incantations" – these sentences – in the „magickal language", i.e. that which is understood by the people I wish to instruct; I call forth „spirits", such as printers, publishers, booksellers, and so forth, and constrain them to convey my message to those people."[538]

Damit hat Crowley zwei grundlegende Prinzipen des Daseins definiert, einerseits den Impuls zur Vereinigung (yogischer Prozeß) und andererseits willentliche Impulse zur Veränderung (magische Akte), die für alle Menschen Gültigkeit besitzen und eine Schablone formen, die jedem Menschen potentiell die Fähigkeit verleiht, das eigene Leben aktiv zu gestalten, also vom nur unbewußten Reagieren zum bewußten Agieren zu gelangen. Seine Definition hat dabei im wesentlichen das Ziel, Yoga und Magie von den Vorurteilen zu befreien, mit denen man ihnen gemeinhin begegnet. Einerseits der Ruch des Obskurantismus, der darin besteht, daß man in ihnen überholte Lehren und Praktiken sieht, die in moderner Zeit keine Daseinsberechtigung mehr besitzen und andererseits der Nimbus des Elitarismus, bei dem die Praktiker dieser Lehren sich als Eingeweihte vom Rest der Welt zu isolieren trachten.

Auf der Basis dieser von ihm gegebenen Neudefinition steht auch die selbstgewählte Mission Crowleys. Die Propagierung, daß jeder Mensch einen ihm immanenten Wahren Willen besitzt, der einen Lebensweg definiert als „course, depending partly on the self, and partly on the environment which is natural and necessary",[539] den es zu erkunden gilt, wobei die notwendige Selbsterkenntnis gefördert wird durch den Yoga (als bewußten Akt des ansonsten unbewußt ablaufenden yogischen Existenzprozesses) und die aktive Umsetzung und Steigerung des menschlichen Potentials durch die Magie (verstanden als geschulte und bewußte Agierung innerhalb eines Lebenskontextes, der *per definitionem* als magisch betrachtet wird) ermöglicht wird. Soll dies jedoch als Möglichkeit für alle Menschen offenstehen, muß der Yoga radikal von allen sekundären – sprich kulturellen, religiösen, zeitlichen etc.- Elementen befreit

---
[537] Crowley, 1976, p. XII
[538] op. cit., p. XIII
[539] op. cit., p. XIV

werden und die Magie ihren Status als Scharlatanerie oder aber esoterische Mysterienlehre verlieren.

> But Magick is for ALL. I have written this book[540] to help the banker, the Pugilist, the Biologist, the Poet, the Navvy, the Gocer, the Factory Girl, the Mathematician, the Stenographer, the Golfer, the Wife, the Consul – and all the rest – to fulfill themselves perfectly, each in his or her own proper function.[541]

Einer der Gründe, warum Crowley die Schreibweise Magick statt Magic wählte, ist eben diese Notwendigkeit, sich von dem traditionellen – sprich korrumpierten – Bild der Magie zu lösen und einen neuen Begriff zu finden, der einerseits der Herkunft dieser speziellen Doktrin treu bleibt und anderseits der zugrundeliegenden Neudefinition Rechnung trägt.[542]

Magick in diesem Sinne scheint zwar dieselben Rituale und Konzeptionen der traditionellen Magie zu benutzen und deswegen den eigentlichen Unterschied nicht offenbar werden zu lassen, steht aber auf demselben Boden wie die gesamte Lehre Crowleys: dem Versuch, spezifischen Praktiken, die empirisch gesehen bestimmte Wirkungen entfalten können, eine rationale Erklärung und damit ein wissenschaftliches Fundament zu geben. Auch in Crowleys Magick evoziert der Magier vordergründig Dämonen oder andere Entitäten, rezitiert er unverständlich klingende Litaneien und benutzt magische Stäbe, Pantakel und Räucherungen etc. Aber was Crowley und in seinem Gefolge den thelemitisch orientierten magischen Praktiker von traditionellen Geisterbeschwörern und einem Weltbild auf der Basis einer christlich begründeten Dämonologie oder eines animistischen Verständnisses strikt unterscheidet, ist die Interpretation dessen, was sich dabei tatsächlich abspielt. Am klarsten hat Crowley sein Konzept in einem Vorwort zu einer Veröffentlichung des berühmtesten Grimoire[543] - der Goetia[544] - formuliert, was er „Initiated Interpretation of Ceremonial Magic" nannte.[545] Damit drückt er bereits deutlich aus, daß die eingeweihte Deutung der magischen Mysterien sich eben von dem unterscheidet, was man gemeinhin in ihnen zu finden glaubt und in der Folge aber auch nicht mit dem konform geht, was man oftmals in okkulten Kreisen darunter versteht.

---

[540] Meint Crowleys Hauptwerk *Magick in Theory and Practice*.
[541] Crowley, 1976, p. XI
[542] Ein anderer Grund bezieht sich speziell auf die Sexualmagie, da „K" als griechischer Buchstabe *Kteis* für das weibliche Geschlechtsorgan steht.
[543] Bezeichnung für ein „Zauberbuch", also ein Anleitungsbuch zur Evokation infernalischer Entitäten.
[544] Auch *Clavicula Salomonis* genannt.
[545] Crowley, 1989a, p.1

4.3.1 Zeremonialmagie am Beispiel der Goetia

Die Goetia bietet eine detaillierte Anweisung, wie der Magier Dämonen zu sichtbarer Erscheinung beschwören kann. Es werden die Namen, Beschreibungen, Aufgabenbereiche und Siegel[546] von 72 infernalischen Wesenheiten wiedergegeben, die der Tradition nach „King Salomon Commanded into a Vessel of Brass, together with their Legions."[547] Gemäß einer strikt traditionell okkultistischen Deutung würde dies bedeuten, daß es diese in der Goetia beschriebenen Dämonen auf einer bestimmten astralen Sphäre als Persönlichkeiten, als diskarnierte Intelligenzen, tatsächlich gibt und sie durch die langen Litaneien, in denen der Magier sie zu zwingen sucht, den oft zitierten Namen Gottes zu gehorchen und ihm zu Diensten zu sein, Folge leisten. Als Beispiel sei der erste in der Goetia erwähnte Dämonen – König Bael angeführt:

> Bael. – The First Principal Spirit is a King ruling in the East, called Bael. He maketh thee to go Invisible. He ruleth over 66 Legions of Infernal Spirits. He appeareth in divers shapes, sometimes like a Cat, sometimes like a Toad, and sometimes like a Man, and sometimes all these forms at once. He speaketh hoarsly (...)[548]

Dies wäre der Geist, den der Magier aus der Liste der angegebenen Wesenheiten aussuchen würde, wenn er aus irgendeinem Grunde wünschen würde, unsichtbar zu werden. Angenommen, die Operation wird korrekt durchgeführt, so ist es relativ wahrscheinlich, daß die Person, die sie durchführt, wegen der generellen Erwartungshaltung ihrerseits und dem emotional aufgeladenen Ambiente, in dem diese Prozedur stattfindet, auf dem Zenit der Evokation tatsächlich vor sich im Dreieck[549] ein Bild „sieht", das der vorher gegebenen Beschreibung von Bael entspricht. Dies würde als Erfolg der Operation gewertet werden und gleichzeitig auch subjektiv die Wahrheit der okkultistischen Weltanschauung belegen, die hinter der Prozedur steht. Geht man nun davon aus, daß der Magier z.B. Unsichtbarkeit erreichen wollte, um sich in einem bestimmten Bereich unbemerkt bewegen zu können und er dies im Anschluß an die Evokation auch tut, so würde die Tatsache, daß er – gleich aus welchen Gründen – vielleicht wirklich von niemandem bemerkt wird, resp. sich keiner für ihn interessiert, sein Weltbild stützen. Der Magier würde in seiner Erwartungshaltung, unsichtbar zu sein, den

---

[546] D.h. spezielle Zeichen, die einem Dämon zugeordnet sind und zu seiner Beherrschung benötigt werden.
[547] Crowley, 1989a, p. 31
[548] op. cit., p. 13
[549] Es gehört zur Standardprozedur in der zeremoniellen Magie, daß der Magier einen Schutzkreis um sich zieht, der ihn von den evozierten Kräften schützen soll und die evozierte Entität in einem ebenfalls auf dem Boden gezogenen Dreieck erscheint. Dieses Dreieck ist auch durch heilige Namen begrenzt und stellt so etwas wie ein Fenster in die Sphäre der beschworenen Intelligenz dar. Es ist dabei üblich, im Dreieck ein Räuchergefäß zu plazieren, da das traditionelle Verständnis der Magie davon ausgeht, daß der Geist die Rauchpartikel benutzt um einen sichtbaren Körper formen zu können. Räucherungen dienen dabei bereits als Substitut, da anderseits Blut, welches ein sog. Plasma freisetzt, benutzt wird, um der Wesenheit die Materialisierung zu ermöglichen.

Umstand, daß er offenbar von niemandem groß wahrgenommen wird, so deuten, er sei *de facto* unsichtbar. Wie der Dämon die Unsichtbarkeit nun verliehen hat, bleibt entweder ungefragt, oder wird in einem übernatürlichen Sinne gedeutet.

Nimmt man nun einmal einen thelemitischen Magier zum Vergleich, der evtl. ebenfalls Bael evozieren möchte, um sich in einem bestimmten Umfeld einmal unbemerkt bewegen zu können, so würde er exakt die gleiche Operation ausführen und bei Erfolg der Beschwörung auch das gleiche Erfolgserlebnis haben. Was ihn aber von dem traditionell orientierten Magier, der an die Existenz von übernatürlichen Dämonen glaubt, fundamental unterscheidet, ist Crowleys Interpretation dessen, was bei einer goetischen Evokation wirklich geschieht.

Crowley geht zuerst einmal davon aus, daß die Beschreibungen durch die Jahrhunderte hindurch, welche davon sprechen, daß man auf diesem Wege dämonische Wesenheiten in das magische Dreieck bannen kann, wo diese visuell wahrnehmbar erscheinen, die Wahrheit sagen. Das, was der Magier im Dreieck letztlich sieht, ist für Crowley allerdings nicht ein Dämon, sondern erst einmal eine Illusion. Dies ist allerdings eher ein Terminus, den er verwendet, um möglichst akkurat in seiner Beschreibung zu bleiben, weniger um damit eine Nichtexistenz des Gesehenen zu proklamieren. Dies ist der Ausgangspunkt seiner Betrachtungen und er fragt: „Now, this fact is our base. What is the cause of my illusion of seeing a spirit in the triangle of Art?"[550]

Aufgrund seiner skeptischen (in Crowleys Sinne *wissenschaftlichen*) Herangehensweise nimmt er nun aber nicht den traditionellen Ansatz und erklärt das Gesehene zu einer externen Erscheinung, sondern bestimmt eindeutig: „That cause lies in your brain."[551] Auf einer tieferen Ebene wiederum ist dies für Crowley aber auch kein wirklicher Gegensatz, da das materielle Universum für ihn nur eine Aneinanderreihung von sog. *point events* ist, d.h. eine Kombination aus Gesehenem und Sehendem, wobei beide gleichermaßen subjektiv sind. Auf der Grundlage nun, daß „the phenomenal Universe is the creation of the Ego",[552] lokalisiert Crowley die Illusion des Dämons als ursächlich im menschlichen Gehirn:

> This being true for ordinary Universe, that all sense-impressions are dependent on changes in the brain, we must include illusions, which are after all sense-impressions as much as „realities" are, in the class of „phenomena dependent on brain-changes."[553]

Allerdings sind magische Phänomene wiederum eine besondere Art von sensorischen Eindrücken, da es bewußt evozierte Erscheinungen sind, die in einem spezifischen Ambiente entstehen. Die Goetia beschreibt in diesem Sinne

---
[550] Crowley, 1989a, p. 1; Magie wird oft auch als die *Schwarze Kunst* bezeichnet.
[551] Crowley, 1989b, p. 2
[552] ibid
[553] ibid

eine Vorgehensweise, um eine Atmosphäre zu schaffen, die erfahrungsgemäß bestimmte Phänomene begünstigt. Die Elemente dazu bestehen aus:

1. Sight (The circle, square, triangle, vessels, lamps, robes, implements, etc.),
2. Sound (The invocations),
3. Smell (The perfumes),
4. Taste (The sacraments),
5. Touch (As under 1.),
6. Mind (The combination of all these and reflection on their significance).

These unusual impressions (1-5) produce unusual brain-changes; hence their summary (6) is of unusual kind. Its projection back into the apparently phenomenal world is therefore unusual.[554]

Damit ist für Crowley unzweideutig, daß die Illusionen an sich, die der Magier auf dem Zenit seiner Operation wahrnimmt, ausgelöst durch die besonderen Reize, die auf seine Sinne einwirken, „real" sind, also im subjektiven Universum des Magiers erscheinen. Weiterhin akzeptiert Crowley auch die dann möglicherweise folgenden „Effekte" der magischen Beschwörung als für den Magier subjektiv real, also die Gespräche mit dem Dämon, manchmal beschriebene "übernatürliche" Phänomene im Raum, wenn der Dämon sich zu widersetzen sucht, bis hin zu möglichem Schock oder gar Tod des Praktizierenden. Während im klassischen Sinne all dies tatsächliche Handlungen eines getrennt vom Magier real existierenden höllischen Wesens wären, das sich dem Zwang des Magiers zu entziehen sucht, deutet Crowley diese Dinge als subjektiv erfahrene Wirkungen aus der emotional aufgeladenen Situation heraus, etwa als kanalisierten Ausbruch einer latent vorhandenen Psychose oder ähnliches. Die eigentliche interessante Frage ist für Crowley aber „But can any of the effects described in this our book Goetia be obtained, and if so, can you give a rational explanation of the circumstances?"[555] Und die Antwort, die er auf diese selbstgestellte Frage gibt, konkretisiert seine Interpretation der zeremoniellen Magie als Form einer Art nach außen projizierten psychologischen Selbstinduktion zur Potenzmaximierung des menschlichen Geistes. In diesem Sinne sind für Crowley die Dämonen der Goetia bestimmte Bereiche des menschlichen Gehirns. Die ihnen zugeschriebenen Siegel stellen dabei geometrische Formen, i.e. optische Reize dar, welche eben jene Bereiche des Gehirns stimulieren können. Die Litaneien, Beschwörungen und Rezitationen sind akustische Reize, mit deren Hilfe das Gehirn in spezifischer Weise angesprochen wird und die detaillierte Auflistung und Zuordnung der evozierten Entitäten nach Rang und Namen einer dämonischen Hierarchie dient quasi der Feinjustierung geistiger Funktionen.

---

[554] Crowley, 1989a, p. 2
[555] op. cit., p. 3

> The names of God are vibrations calculated to establish:
> (a) General control of the brain (Establishment of functions relative to the subtle world)
> (b) Control over the brain in detail. (Rank or type of the Spirit)
> (c) Control of one special portion. (Name of the Spirit)[556]

Um bei dem oben angegebenen Beispiel zu bleiben, ist die Interpretation Crowleys, daß der Magier sich durch den goetischen Ritus in einen Zustand besonderer Empfänglichkeit versetzt und einen Mechanismus in Gang setzt, der über visuelle, akustische, emotionale etc. Reize dazu führt, daß sich die Qualität des „Unsichtbarseins", i.e. die – natürliche (!) - Fähigkeit des Menschen, sich sehr leise und unauffällig bewegen zu können, vom Magier einsetzen läßt. Dies wäre dann keine übernatürliche Qualität, die zur tatsächlichen Unsichtbarkeit führt, sondern eine rationale Deutung dessen, was man durchaus auch als Unsichtbarkeit ansprechen kann. Bewegt man sich so geschickt, daß man *de facto* nicht gesehen wird, ist man vom Ergebnis her durchaus unsichtbar. Ein anderes Beispiel führt Crowley selber an.

> If, then, I say, with Solomon: „The Spirit Cimieries teaches logic," what I mean is:
> „Those portions of my brain which subserve the logical faculty may be stimulated and developed by following out the process called 'The Invocation of Cimieries'"[557]

Ein ähnliches Beispiel wäre z.B. die Evokation eines Dämons, der die „Macht" hat, den Magier in bestimmte Reiche und Welten zu bringen. Geht man davon aus, daß bestimmte Talente in den Menschen und auch in den Kulturen unterschiedlich ausgeprägt sind, wie etwa das sich unauffällig bewegen, was man den Indianern nachsagt, oder auch die bekannte Fähigkeit zur komplexen und farbenfrohen Visualisierung der Angehörigen der indischen Kultur, wie man sie z.B. in manchen mythischen Darstellungen und Sutren (z.B. über das Reine Land des Buddha Amithaba) belegt findet, wäre diese Art der Magie ein psychologisches Mittel, natürliche Potenzen des menschlichen Geistes quasi ad hoc zu aktivieren. Ein Europäer, der nach der Beschwörung des Dämons farbenfrohe und detaillierte Welten in seinem Geiste bereist, hätte damit eben diese besondere Fähigkeit bei sich aktiviert, die ihm sonst verschlossen bliebe.

In diesem Sinne interpretiert Crowley alle *dienstbaren Geister* resp. die Fähigkeiten, die sie der Goetia nach dem Magier verleihen können und demystifiziert damit die sog. Schwarze Kunst, stellt sie eben damit aber auch in einen rational-psychologischen Kontext, der sie auch in moderner Zeit als effektive Methode zur Stimulierung der menschlichen Fähigkeiten und Möglichkeiten gelten läßt. Wenn die Goetia davon spricht, daß die Dämonen

---

[556] Crowley, 1989a, p. 3
[557] op. cit., p. 4

helfen können 1) Informationen zu erlangen, 2) die Feinde zu vernichten, 3) die Stimme der Tiere zu verstehen, 4) Schätze zu finden, 5) Krankheiten zu heilen etc. sieht Crowley darin den Fakt, daß es z.B. möglich ist, 1) Zugang zu verborgenen Bereichen des eigenen Unterbewußtseins zu bekommen, was wiederum Informationen liefern kann, die einem vorher „unbekannt" waren; 2) auf seine Umgebung besänftigend einwirken zu können, so daß „Feinde" nicht mehr feindlich gesonnen sind;[558] 3) empfänglich zu werden für die Deutung der Verhaltensmuster der Tiere;[559] 4) die geschäftlichen Fähigkeiten zu stimulieren, was zu Wohlstand („Schätzen") führt und 5) die Selbstheilungskräfte des Körpers zu aktivieren etc..

Diese Deutung der, der zeremoniellen Magie zugrundeliegenden, Mechanismen gilt bei Crowley für alle sog. magischen Praktiken und zeigt deutlich seinen rational-empirischen Ansatz, den er in den praktischen Okkultismus eingebracht hat und der die eigentliche Innovation seines persönlichen Beitrages in diesem Bereich ist. Auch wenn Aleister Crowley augenscheinlich im althergebrachten Kontext eines prämodernen, unaufgeklärten magischen Denkens agierte, macht der nähere Blick auf seine Lehre, die dahinter steht, deutlich, daß er darin weit eher ein – durchaus sehr modern anmutendes – Konzept einer dramaturgisch gestalteten psychotherapeutischen Methodik sah, mit deren Hilfe das Individuum eigene Defizite ausgleichen, oder aber verborgene Talente wecken kann. In einer so verstandenen „Magie" ist wenig Platz für abgehobene Spekulationen über real existierende Geister oder moralische Komplikationen aufgrund religiöser Anschauungen.[560]

> So for all other phenomena. There is no effect which is truly and necessarily miraculous. Our Ceremonial Magic fines down, then, to a series of minute, though of course empirical, physiological experiments, and who so will carry them through intelligently need not fear the result.[561]

---

[558] „To destroy our enemies is to realize the illusion of duality, to excite compassion" [Crowley, 1989a, p. 4]
[559] „Even a child knows the difference of a cat's miauling and purring. The faculty may be greatly developed." [ibid]
[560] Damit wird aber auch deutlich, daß Crowley diese praktische Evokationsmagie als auf gänzlich anderer Ebene angesiedelt sah, als etwa die Kontaktherstellung mit göttlichen Kräften oder den *Secret Chiefs*. Sein Konzept übernimmt dabei ebenfalls die traditionelle Differenzierung in die *niedere-* und die *Hohe Magie*, aber im Gegensatz zur Trennung von der Evokation niederer und/oder infernalischer Geister und der Invokation göttlicher Mächte, ist es bei Crowley eher der Gegensatz praktischer Psychologie vs. mystisch-spiritueller Erkenntnis, welche dabei zum Tragen kommt.
[561] Crowley, 1989a, p. 4

4.3.2 Sexualmagie: Energized Enthusiasm

Aleister Crowleys eigene magische Ausbildung war, bedingt durch seine Mitgliedschaft im Golden Dawn, am Anfang rein zeremonialmagisch ausgerichtet und seine diesbezüglichen Experimente und magischen Operationen spiegeln diese Herkunft konkret wieder. Allerdings machte sich Crowley, auch bedingt durch seine Reisen in verschiedenste Länder der Erde, bereits früh mit Ideen und Techniken vertraut, die auf einem anderen Konzept der Bewußtseinserweiterung beruhen, dem Gebrauch sexueller Techniken. Letztlich ist die von ihm praktizierte und gelehrte Sexualmagie, welche man auch *Tantra des Westens* genannt hat, nicht nur der Grund für seine schlechte Reputation, sondern berührt den eigentlichen Kern seiner Lehre.

Die Tatsache, daß Crowley im viktorianischen England einen äußerst libertären Lebenswandel führte und in einer Zeit des gesellschaftlichen Tabus, was Sexualität generell betraf, diese nicht nur in einem spirituellen Kontext als sakrosankt erklärte, sondern ihren ungezwungenen Genuß auch öffentlich auszuleben schien, machte ihn schon früh zur Zielscheibe von Vorwürfen, die in ihm einen Propheten des Verfalls der „guten Sitten" vermuteten. Bis heute haftet Crowley diese Einschätzung an und verhindert, daß man sich objektiv mit seinem Anliegen und seiner Lehre in diesem Bereich auseinandersetzt.[562]

Basierend auf dem kabbalistischen Grundmodell, welches bei der Lehre Crowleys tragend ist, geht es ihm generell darum, die verschiedenen Möglichkeiten zu nutzen, die der psycho-spirituellen Struktur im Menschen immanent sind. Während die Übungen des Yoga im Grunde so etwas darstellen wie die Eichung der Instrumente, die der Adept bei seiner Erforschung der Wirklichkeit(en) benutzt, die Zeremonialmagie die Methoden zur Verfügung stellt, vor allem mit dem Reservoir des Unbewußten aktiv arbeiten zu können, um somit eine Maximale Potenzierung der menschlichen Fähigkeiten zu erreichen, so stellt die Sexualmagie die Kunst dar, die stärkste Kraftquelle, die dem Menschen zur Verfügung steht, anzuzapfen und aus ihrem natürlich gebundenen Prozeß der Arterhaltung herauszulösen, um mit ihrer Hilfe die Grenzen des Nur-Menschlichen zu sprengen.

Sexualität ist für Crowley die Kraft, die die Grenze zwischen magischer/spiritueller Ebene und materieller Ebene überschreitet, weil sie die konkrete Manifestation des *Chiah* ist.

---

[562] Es ist sicherlich ein Kuriosum, daß bis in unsere „aufgeklärte" und „sexuell selbstbewußte" Zeit hinein der schlechte Ruf von Crowley tradiert wird, obwohl kaum etwas von dem, was ihm zu seiner Zeit vorgeworfen wurde, heute sonderlich viel Aufsehen erregen würde. D.h. obwohl auf gesamtgesellschaftlicher Ebene christlich induzierte Prüderie und sexuelle Tabus nicht mehr (sichtbar) aktiv sind, ist auch heute den meisten Menschen der Name Aleister Crowley ein Synonym für Ausschweifung, Perversität und Satanismus – dieselben Leute würden allerdings das zuweilen sehr freizügige und unangepasste Leben eines Rockstars heute eher als nebensächlich betrachten.

> For us, Sex is the first unconscious manifestation of Chiah, the Creative
> Energy; and although (like everything else) it is shown both on the spiritual
> and the physical planes, its most important forth-showing is on the „Magical"
> plane because it actually produces phenomena which partake of all these.[563]

Durch die Sexualität hat der Mensch Teil an der schöpferischen Kraft, die das Universum hat entstehen lassen und es liegt an ihm, sie in einer profanen Weise als vorgegebenen Mechanismus zur Manifestation von Inkarnationen zu nutzen, oder aber sich bewußt zu werden, daß diese Kraft, die die Realität, wie der Mensch sie wahrnimmt, schafft, auch dazu in der Lage ist, sie zu transzendieren. Deshalb gehört der zweite Teil des Gesetzes von Thelema „Love is the law, love under will" zum zentralen Konzept von Crowleys Lehre. „Love under will – no casual pagan love, ; nor love under fear, as the Christians do. But love magically directed, and used as a spiritual formula."[564]

Es ist interessant, daß Crowleys rigide Einstellung in diesem Punkt auch in thelemitischen Kreisen manchmal übersehen oder in hedonistischer Weise fehlinterpretiert wird. Im *Book of the Law* spricht die Göttin Nuit zu den Menschen: „(...) Also, take your fill and will of love as ye will, when, where and with whom ye will! But always unto me."[565]
Crowley nimmt diese Worte zum Anlaß, die thelemitische Einstellung zur Sexualität im allgemeinen zu definieren und kommt zu dem Schluß, daß die Sexualität generell als schöpferische Kraft innerhalb jedes Menschen an sich zu wertzuschätzen ist. Er sieht keinen Anlaß, die Sexualität zu verteufeln, also zu fürchten, wie dies zuweilen etwa im Christentum geschehen ist, noch sie in abgehobener Weise zu romantisieren. Jede Annäherung an die Sexualität, die nicht in der Lage ist, sie als konkrete Kraft innerhalb eines natürlichen existentiellen Kontextes zu begreifen, basiert für Crowley eben auf einer irrationalen Furcht vor ihr. Ein strenger Asketismus, der versucht, den Geist vom Körper zu trennen und diesen in seiner sexuellen Ausdrucksform als widerspenstiges animalisches Subjekt zu betrachten, das gezähmt werden muß,[566] ist dabei ebenso eine ersonnene Methode mit dieser selbstinduzierten Furcht umzugehen, wie auf der anderen Seite die Sublimierung der Sexualität etwa im Minnesang.[567] Für diese furchtsame Betrachtung der Sexualität macht Crowley in erster Linie das Christentum verantwortlich, dem alleine deshalb der Status einer zu überwindenden, nicht mehr zeitgemäßen Ausdrucksform menschlichen Selbstverständnisses zukommt.

> The act of love is to the bourgeois (as the „Christian" is called nowadays) a
> gross animal gesture which shames his boasted humanity. The appetite drags

---

[563] Crowley, 1991a, p. 473 s.
[564] Crowley, 1993, p. 141
[565] Crowley, 1985b, p. 24
[566] „They tell him not to be a gibbering coward, but to learn to ride it." [Crowley, 1993, p. 108]
[567] „He calls it love, denies ist strength and truth and worships this wax figure of him with all sorts of amiable lyrics and leers." [ibid]

him at its hoofs; it tires him, disgusts him, diseases him, makes him rediculous even in his own eyes. It is the source of nearly all his neuroses.[568]

Dieser freudschen Erkenntnis gemäß, propagiert Crowley als Bezugspunkt für das normale Leben eine rationale Einschätzung der Sexualität, die in ihr eine natürliche Ausdrucksform des Individuums sieht, der keine andere Einschränkung auferlegt werden darf, als daß sie verantwortlich ausgeübt werden muß. Diese Verantwortung basiert aber auf keinerlei moralischer Konvention, sondern einfach darauf, daß man in seiner autonomen Umgangsweise mit der eigenen Sexualität nicht die Rechte anderer Menschen verletzt:

> The Beast 666 ordains by His authority that every man, every woman, and every intermediately sexed individual, shall be absolutely free to interpret and communicate self by means of any sexual practices whatsoever, whether direct or indirect, rational or symbolic, physiologically, legally, ethically, or religiously approved or no, provided only that all parties to any act are fully aware of all the implications and responsibilities thereof, and heartily agree thereto.[569]

Durch diese thelemitische Grundsatzerklärung, bei der Crowley sich auf seine Autorität als Prophet beruft, wird der gesamte mögliche Rahmen abgesteckt, in der sich menschliche Sexualität als zu akzeptieren manifestieren kann. Vom promiskuitiven Transsexuellen bis hin zum asketischen Mystiker, der seine Sexualität in symbolisch-religiöser Weise sublimiert, ist alles als rechtmäßige Ausdrucksform dieser kreativen Kraft sanktioniert. Durch die Rückführung der Sexualität in den Verantwortungsbereich des Individuums wird eine thelemitische Ethik zum Rahmen der Handlungen erhoben, die keine irgendwie geartete gesellschaftliche Moral gelten läßt,[570] und die gänzlich auf Crowleys Credo beruht: „Collison is the only crime in the cosmos."[571]

Auf der Grundlage dieser nüchternen Einschätzung der Sexualität und der auf ihr beruhenden Weisung an die Menschen, sich von jedem Neurosen evozierenden Zwang zu befreien, entsteht weiterhin eine Atmosphäre, in der Crowley auf den nächsten – und in seiner Konsequenz wichtigeren – Aspekt des Sexuellen zu sprechen kommt.

---

[568] Crowley, 1993, p. 108
[569] Crowley, 1985b, p. 24
[570] Was in thelemitischer Betrachtung dabei wie ein großer Schritt nach vorne erscheint, bedingt naturgemäß die Ablehnung der Gesellschaft, in der sich Crowley bewegte und deren christliche Moralvorstellungen auch heute zumindest unterschwellig richtungsweisend sind. Dabei wird allerdings übersehen, daß Crowley davon ausging, daß eben solange kein Schaden für das Individuum wie für die Gesellschaft daraus entsteht, wie sich die Menschen ihrer Verantwortung bewußt sind und niemals Zwang ausgeübt wird. Eine christliche Basiseinstellung sieht aber in den möglicherweise in Erscheinung tretenden Praktiken *eo ipso* bereits zu verurteilende Handlungen, zu deren Verhinderung moralische Restriktionen notwendig sind.
[571] Crowley, 1993, p. 113

Der sexuelle Impuls im Menschen ist, wie alle in ihm wirkenden Impulse, nicht nur Ausdruck seines eigentlichen menschlichen Wesens, sondern darüber hinaus auch ein Pool an Möglichkeiten, den er zu seiner eigenen Befreiung, seiner spirituellen Entwicklung nutzen kann. „But also love is a sacrament of transsubstantiation whereby we initiate our own souls; it is the wine of intoxication as well as the bread of nourishment."[572] Und jetzt erst wird in Crowleys Diskussion des Themas langsam deutlich, daß er die offensichtliche Freiheit des Menschen, sich in jeder erdenklichen sexuellen Form zu erfüllen, die die Göttin Nuit als Maxime offenbart, nicht nur eingeschränkt sieht, daß niemandem daraus ein Zwang und Schaden entstehen darf, sondern er fragt: „We are permitted to take our fill and will of love as we will, when, where, and with whom we will, but there is nothing said about why we will."[573]

An dieser Stelle wird für Crowley der kleine Nachsatz im *Book of the Law* zentral, der der Aufforderung Nuits nachfolgt *But always unto me*.
Daraus leitet er eindeutig ab, daß ein sexueller Akt nur rechtmäßig ist, wenn er eben nicht im rein animalischen Sinne vergeudet wird, sondern wenn er spirituell ausgerichtet ist. Nuit erscheint als Legitimation einer ungezwungen ausgelebten Sexualität und gleichzeitig als Ziel, als Fokus, einer bewußt eingesetzten sexuellen Kraft. Gerade in dieser Einstellung wird deutlich, daß Crowley in keinster Weise einen platten Hedonismus predigte, sondern sexuelle Aufklärung deswegen in aller Klarheit und Konsequenz forderte, damit den Menschen überhaupt erst bewußt wird, das ihnen in der Sexualität ein Talisman, ein magisches Machtmittel an die Hand gegeben ist:

> Man is in actual possesion of this supreme talisman. It is his „pearl of great price," (...) It is his prime duty to preserve the integrity of his substance. He must not allow its quality to be impaired either by malnutrition or by disease. He must destroy it like Origen and Klingsor. He must not waste it like Onan.[574]

> *From* Nuit we perceived this talisman, which conveys our physical identity through the ages of time. *To* Nuit, therefore, we owe it; and to defile any portion of that purest and divinest quintessence of ourselves is evidently the supreme blasphemy.[575]

> Therefore, the love that is Law is no less love in the petty personal sense; for love that makes two one is the engine whereby even the final two, self and not-self, may become one, in the mystic marriage of the bride, the soul, with Him appointed from eternity to espouse her; yea, even the the Most High, God All-in-All, the Truth.[576]

---

[572] Crowley, 1993, p. 109
[573] op. cit., p. 122
[574] op. cit., p. 121
[575] op. cit., p. 122
[576] op. cit., p. 136

Nachdem die Sexualität definiert worden ist als natürliches Ausdrucksmittel eines sich selbst verantwortlichen Individuums, sie befreit worden ist von Einschränkungen moralischer Art, d.h. von der Bevormundung durch die Bewertung anderer Personen und anderer Zeiten, wird die Sexualität von Crowley als magisches Mittel, als Kraftquelle, beschrieben, die bei korrekter Umsetzung zur Verwirklichung des Großen Werkes führen kann.
Auf diesen Gedanken nun basiert das gesamte Arsenal magischer Methoden und Praktiken, die die Bewußtseinserweiterung durch Nutzung der sexuellen Kraft erreichen helfen sollen und die von Crowley selbst praktiziert, wie auch gelehrt worden sind. Eingebunden in seine Ordensstrukturen werden dabei den Schüler nach eingehender Vorbereitung sukzessive diese sexualmagischen Techniken gelehrt. Die Praxis der Sexualmagie ist dabei weniger von der spezifischen Technik oder Praktik abhängig, sondern viel eher von der Intention und der inneren Verfassung, in der ein sexueller Akt vollzogen wird.

Das generelle Schema einer sexualmagischen Operation ähnelt am Anfang erst einmal einer rein zeremonialmagischen Arbeit. Es wird durch äußere Reize eine Atmosphäre geschaffen, die den Praktikanten in eine empfängliche Stimmung versetzt und eine Orientierung auf das zu erreichende Ziel erleichtert. Ab einem bestimmten Zeitpunkt beginnt der oder die Teilnehmenden dann damit, eine sexuelle Erregung hervorzurufen, wobei sich die dazu verwendeten Techniken an den spezifischen Gradarbeiten orientieren. Dies kann durch masturbatorische Praktiken bei einer Solitaire Operation ebenso geschehen, wie durch partnerschaftliche Stimulation. Alle Teilnehmenden sollen sich dabei von Anfang an über das zu erreichende Ziel bewußt sein und beginnen ein Bild des gewünschten Zustandes, also nach Erreichen des Erfolges der Arbeit, zu visualisieren. Durch solche geistigen Bilder, die von magisch geschulten Personen visualisiert werden, denkt man, daß sich das Astrallicht, also die der irdischen Wirklichkeit zugrundeliegende astrale Matrix, an diese Bilder anpaßt. Ist nun durch längere gemeinsame Imagination im Astrallicht ein solches Bild verankert worden, beginnen die Teilnehmer, die sexuelle Erregung langsam zu steigern, wobei um so mehr geistige Energien freigesetzt werden, je länger der Anbahnungsprozeß dieser Erregung dauert. Auf dem Zenit der Operation kommt es zur direkten Umsetzung des sexuellen Aktes, der abhängig von sekundären magisch relevanten Faktoren von der Masturbation, über den Koitus bis hin zum Oralverkehr und anderer hetero- und homosexueller Praktiken gehen kann, der zum Orgasmus führt. Der Orgasmus setzt einerseits die über die ganze Zeit hinweg langsam angesammelte geistige Energie in einem einzigen Ausbruch frei und schafft andererseits im Bewußtsein des Magiers eine Leere, einen Zustand, in dem kein bewußter Gedanke auftritt und damit quasi ein Fenster geöffnet wird, durch das die unbewußten Kräfte, welche ebenfalls magisch geschult wurden, wirksam werden können, ohne daß der Filter des Normalbewußtseins

zwischengeschaltet ist. „The sexual act, even to the grossest of mankind, is the agent which dissipates the fog of self for one ecstatic moment."[577]
In diesem Moment hat der Magier einen temporären Kontakt zu seinen inneren Ebenen und es ist notwendig für den Erfolg der Operation, daß das geistige Bild des gewünschten Effektes im Augenblick des Orgasmus klar und deutlich visualisiert wird. Gelingt dies, dann wird dieses in das Astrallicht projizierte Bild mit der schöpferischen Kraft Chiahs aufgeladen und damit dauerhaft im astralen Bereich verankert. Da alle Dinge, die im materiellen Bereich entstehen oder Wirkung entfalten, ein astrales Abbild besitzen, durch das sie erst ins Dasein gerufen werden, geht der Gedanke dahin, daß die Realität sich automatisch diesem astralen Abbild anzupassen versucht, d.h. der gewünschte Effekt der magischen Prozedur wird verwirklicht.[578]
Neben dieser auf das Materielle bezogenen Sexualmagie, besteht allerdings auch die Möglichkeit, die sexuelle Energetisierung für die spirituelle Entwicklung einzusetzen, wobei es letztlich zu einer Überschneidung von Sexualmagie und Sexualmystik kommt.

Das diesen Praktiken zugrundeliegende Konzept bezeichnete Crowley als *Energized Enthusiasm* und er sah in der Kombination eines magisch geschulten Bewußtseins mit Techniken, die Trance und Ekstase hervorrufen, den Schlüssel zur Erreichung eines transpersonalen Zustandes. Als konkretes Beispiel für die konsequente Anwendung dieses Konzeptes wäre der Zustand der sog. *erotokomatösen Luzidität* zu nennen. Dieser von Crowley beschriebene Zustand wird hervorgerufen, indem eine gruppenmagische Sexualoperation durchgeführt wird, bei der eine Person im Mittelpunkt steht. Alle Teilnehmer dieser Arbeit haben die einzige Aufgabe diese Person langsam auf jede erdenkliche Art und Weise sexuell zu erregen, ohne daß es zum Orgasmus kommen darf. Zeigt der Betreffende Zeichen eines nahenden Orgasmus werden alle Stimulierungen eingestellt und alles dafür getan, daß die Erregung wieder abklingt. Im Idealfall zieht sich die Prozedur über Stunden hin und die permanente Abwechslung zwischen sexueller Erregung, die durch die Anzahl der Teilnehmer nicht auf eine einzige Person konzentriert werden kann, und Entspannung, soll letztlich dazu führen, daß das Bewußtsein in einen Zustand verfällt, der es erlaubt, durch die auf ein Maximum gesteigerte sexuelle Energie, für eine sehr lange Zeit in Kontakt zu den inneren Ebenen zu verbleiben. In diesem Zustand wären dann magische Akte, hellsichtige Visionen und dergl. kontrolliert möglich.

Aus dem Verständnis Crowleys heraus, der die Trance, die Überschreitung der normalen Bewußtseinsgrenzen, als zentralen Weg betrachtete, die Grenzen des Egos zu sprengen und dadurch zum Wahren Selbst, dem tatsächlichen Kern des

---

[577] Crowley, 1993, p. 123
[578] An dieser Stelle wird auch deutlich, daß diese *göttlichen Orgien*, wie Crowley sie nannte, für Außenstehende durchaus wie ein normales Gruppensexgeschehen aussehen, da das, was sie davon fundamantal unterscheidet, sich im Geiste der Teilnehmer abspielt.

Menschen vorzustoßen, leitet sich im übrigen sein Gebrauch von bewußtseinsverändernden Drogen ab. Wichtig ist die Tatsache, daß Aleister Crowley nach dem Erkennen der Möglichkeit, das Normalbewußtsein zu transzendieren, dieses Konzept in absoluter Konsequenz ausformulierte und, was seine eigene Person angeht, auch umsetzte. Es war nur naheliegend, daß in seinen Augen für ein solches Ziel, die stärkste Kraft im Menschen nutzbar gemacht werden muß: die Sexualität.

Da der von ihm gelehrte Weg die totale Überwindung der Persönlichkeit zum Ziel hatte, die absolute Transzendierung dessen, was der Mensch sein *Ich* nennt, und die völlige Neuorientierung auf ein non-duales Sein hin, war er sich der Tatsache bewußt, daß ein solcher Weg nur ganz oder gar nicht gegangen werden kann, wie Crowley einer Schülerin gegenüber deutlich machte: „And do not forget the old and well–worn saw: „Drink deep, or taste not the Pierian spring! – A little learning is a dangerous thing."""[579]

Zu dieser spezifischen Einstellung Crowleys paßt es auch, daß er ein ganz entschiedenes Raster an jedwede magische Handlung anlegte, um die rechtmäßige Ausübung der magischen Kunst zu verifizieren. Obgleich auch hier seine Reputation die eines „Schwarzmagiers" ist, sind Crowleys eigene Worte völlig unzweideutig und machen seine strikte Ausrichtung der Magie auf die spirituelle Höherentwicklung des Aspiranten glasklar:

> As was said at the opening (...), the Single Supreme Ritual is the attainment of the Knowledge and Conversation of the Holy Guardian Angel. *It is the raising of the complete man in a vertical straight line.*
> **Any deviation from this line tends to become black magic. Any other operation is black magic.**[580]

4.4 Astrum Argenteum – die Große Weiße Bruderschaft

Aleister Crowley erhielt seine spirituelle Grundausbildung im Golden Dawn und behielt zeit seines Lebens eine enge Bindung an die dort gelehrten Ideen und rituellen Formen. Dies basierte vor allem darauf, daß er sich, neben seiner propagierten Mission als Prophet des neuen Zeitalters, in einem bestimmten Ausmaß vor allem als Erneuerer einer alten Tradition verstand und weniger als Bringer einer neuen Idee und der Golden Dawn in der Tradierung des alten Weisheitsstroms, dem er sich verpflichtet sah, eine besondere Rolle einnahm. Als Crowley begann, seine eigene Lehre systematisch zu entwickeln, wurde schnell deutlich, daß viele Dinge, die im Golden Dawn gelehrt wurden, in dieser Form keine Validität mehr hatten, da sich die spirituelle Basis der Doktrin geändert

---

[579] Crowley, 1991a, p. 396
[580] Crowley, 1976, p. 190; Hervorhebungen finden sich im Original.

hatte. In diesem Sinne gestaltete Crowley seinen eigenen Orden der A.A. nach derselben Struktur, wie sie auch dem Golden Dawn zugrundelag und paßte weniger die Formen, als vielmehr den geistigen Inhalt der einzelnen Grade seiner Doktrin entsprechend an. Für ihn war es die *Große Weiße Bruderschaft*, die sich im Laufe der Jahrhunderte immer wieder in Gestalt irdischer Organisationen manifestiert, welche sich im Golden Dawn wirkend zeigte, so daß sein eigener Orden als Verkörperung – wenn auch gleichzeitig in reformierter und weitergehender Form – derselben geistigen Bruderschaft aufgefaßt werden muß. Dergestalt stellt sich bis heute seine Lehre dar, als ein aufeinander aufbauendes System von Ordensgraden, die einen exakt vorgeschriebenen Lehrinhalt haben, also dem Schüler vom untersten bis zum höchsten Grad eine Richtschnur an die Hand geben, die einerseits die Entwicklung fördert, durch die sinnvolle Interaktion der relevanten Methoden, wie auch eine klare Analyse erlaubt, inwieweit der Aspirant auf diesem Weg Erfolge erzielt. Aufgrund dieser Neuausrichtung änderte sich der grundlegende Charakter in dieser Entwicklung Golden Dawn → A.A., da die alte logenhafte Orientierung des Golden Dawn in Crowleys Augen keinen Sinn mehr ergab, weil die Bedingungen im Neuen Äon gänzlich andere sind.

> One of the reforms I introduced into the A.A. was the abolition of all obligations of secrecy. They were never useful except as temptations to people to break them. The secret knowledge has quite adequate warders. I have learnt that I have only to tell the truth about almost anything to be set down at once as a liar. It is far better to throw dust in the eyes of the animals whose faces are turned to the ground, by casual frankness. If you have a secret, it is always dangerous to let people suspect that you have something to hide.[581]

Neben dieser Relativierung des in esoterischen Gruppen üblichen Geheimhaltungs-Codes, welcher den Mysteriencharakter dieser Organisationen sichert, kamen weitere Veränderungen, wie etwa die völlige Ausklammerung von Gruppenritualen zum Zwecke dramatisch-ritueller Initiation und eine Dezentralisierung, die nicht mehr ein Logensystem als Grundlage der Organisation sah, sondern eine Vernetzung einzelner Individuen, die ausschließlich zu ihrem eigenen Lehrer und ihrem eigenen Schüler Kontakt haben sollten. Auf der anderen Seite verschärfte Crowley jedoch die Anforderungen, die in den einzelnen Graden an die Ordensmitglieder gestellt wurden. Dies geht soweit, daß jeder Anwärter auf einen spezifischen Ordensgrad die geistigen und technischen Bedingungen des zu erlangenden Grades perfekt erfüllen muß und zurückgewiesen wird, wenn ihm dies nicht gelingt – wobei der Grund, warum das anvisierte Ziel nicht erreicht werden kann, keine Rolle

---

[581] Crowley, 1989c, p. 592 s.

spielt.⁵⁸² Liegt irgendeine natürliche Schwelle vor, die ein Aspirant nicht überwinden kann, so bietet der Orden keine Erleichterungen an:

> In solchen Fall würde die A.A. es ablehnen, von ihrem System abzuweichen. Der Kandidat würde genötigt sein, an der Barriere zu verweilen, bis es ihm gelänge, sie niederzubrechen, obgleich dafür eine neue Inkarnation nötig sein könnte, die ihm erst erlauben würde, dies zu tun.⁵⁸³

Dies hat sich bis heute nicht geändert. Die A.A.⁵⁸⁴ wird streng nach den Richtlinien Crowleys geführt und selbst die Tatsache, daß es z.Z. nur Mitglieder in englischsprachigen Ländern gibt, so daß die manchmal notwendigen persönlichen Treffen zwischen Schüler und Lehrer etwa nicht in Deutschland abgehalten werden können, da es keine Mitglieder vor Ort gibt, veranlaßt den Orden nicht, Zugeständnisse an mögliche deutsche Aspiranten zu machen. Man erwartet, daß der Anwärter sich auf die Reise begibt, um seinen Lehrer zu treffen:

> (...) Upon successful completion of the exam, we will have to set a time and place for you to meet a Neophyte of the Order if you wish to advance to Probationer. Much of the following work can be carried on via correspondence, but in the course of one's advancement one would be required to have periodic meetings with one's Superior as well as partake in the Initiations (...).⁵⁸⁵
> (...) If you don't like the structure, there's nothing that forces you to participate in it, but the Order does not swerve from its program (...).⁵⁸⁶

Es wird deutlich, daß hier eine bestimmte Integrität des Ordens gewahrt bleiben soll, von der auch um den Preis einer Nichtnutzung vorhandenen Interessenpotentials, nicht abgerückt wird. Treffenderweise kann man die A.A. mit den Worten charakterisieren: „It is a testing Order, not a teaching Order."⁵⁸⁷

Neben der streng esoterischen Natur der A.A., die sich mehr wie ein loses, von den USA aus koordiniertes, Netzwerk von individuellen Aspiranten, die der Verwirklichung des Großen Werkes nachstreben, präsentiert, gilt auch heute die von Crowley formulierte Relativierung seines Ordens. Aleister Crowley sah in seiner thelemitischen Doktrin die dem neuen Zeitalter adäquate Religion und in dem, innerhalb seines Ordenssystems gelehrten, praktischen Weg die perfekte

---

⁵⁸² Bei einer yogischen Übung etwa, die totale Körperbeherrschung demonstrieren soll, wird sowohl jemand zurückgewiesen, der in seinem Bestreben noch nicht soweit ist, wie auch jemand, dem ein körperlicher Defekt es unmöglich macht, diese Bedingungen zu erfüllen.
⁵⁸³ Gregorius, 1980, p. 45 s.
⁵⁸⁴ Die A.A., welche die höchste Präsenz innerhalb der thelemitischen Bewegung hat, wird heute geleitet von Martin P. Starr, der in Chicago in seinem Teitan Press Verlag [www.teitanpress.com (Stand: 12.09.04)] Crowley Literatur veröffentlicht und als Koryphäe auf dem Gebiet „Crowley" gilt. [cf. König, 1994b, p. 194]
⁵⁸⁵ Brief von Martin P. Starr (10.10.1993) an d. Vf..
⁵⁸⁶ Brief von Martin P. Starr (14.11.1993) an d. Vf.. Zumindest was die Starr A.A. anbelangt, so hat sich nach Wissen d. Vf. die Situation in punkto deutsche Mitglieder nicht geändert.
⁵⁸⁷ DuQuette, 1993, p. 216

Umsetzung eines auf neuesten spirituellen Erkenntnissen basierenden eklektischen Systems, welches alle Traditionen harmonisiert und dementsprechend den Menschen einen möglichst geradlinigen Pfad zur Erreichung des propagierten Heilsziels bietet. Allerdings war damit keinerlei Verabsolutierung verknüpft und Crowley sprach sich durchaus für die Möglichkeit aus, daß man auf anderem Wege ebenso das Ziel erreichen könne:

> I begann to see that one might become a Master of the Temple without necessarily knowing any technical Magick or mysticism at all. (...) Many people may go through the ordeals and attain the degrees of the A.A., without ever hearing that such an Order exists.[588]

> In allen Religionssystemen ist ein System der Initiation zu finden, das als der Vorgang bezeichnet werden kann, durch den ein Mensch zur Kenntnis dieser unbekannten Krone kommt.[589]

Damit schuf er die Möglichkeit, daß heute die A.A. erneut ganz im Sinne einer geistigen Bruderschaft verstanden wird, die somit auch nicht unter eher irdischen Querelen zu leiden hat, die in der thelemitischen Bewegung zu erheblicher Inkonsistenz geführt hat, was Autorität und Organisation anbelangt.

Ebenso wie bei den verschiedenen O.T.O. Gruppierungen, ist auch die Anerkennung einer Gruppe, die sich als A.A. bezeichnet, abhängig von der Autorität desjenigen, auf den sie sich in ihrer Sukzession bezieht.
Als kurze Skizze der äußerst komplexen Situation seien an dieser Stelle der Vollständigkeit halber nur die wichtigsten A.A. Gruppen angeführt:

1.) A.A. unter der Leitung von Martin P. Starr –

Ist die einflußreichste Gruppe, bedingt durch Starrs Tätigkeit als Verleger, in der er rare Crowleyana[590] publiziert, seine weithin akzeptierte Stellung als „Crowley Gelehrter" und die Tatsache, daß dies die einzige A.A. Gruppe ist, die von der größten O.T.O. Gruppe, dem „Caliphat" [C.O.T.O.] als solche anerkannt ist. Starr war früher der Meisterschüler von Marcello Motta und gehörte ursprünglich der Societas Ordo Templi Orientis [S.O.T.O.] an, führte dort als Direktor[591] einen der S.O.T.O Zweige, bevor er sich von Motta ab – und dem Caliphat zuwandte, welches mit seiner Zeugenaussage einen Copyright-Prozeß gegen Motta gewann. Obwohl Starr durch die Anerkennung durch den C.O.T.O. sicherlich profitiert, agiert er selbst in traditioneller A.A. Manier und sagt, daß er keinerlei Verwendung für den O.T.O. habe, wobei er dem O.H.O. des C.O.T.O auch die Berechtigung abspricht, als offizielles Oberhaupt des O.T.O. aufzutreten.[592]

---

[588] Crowley, 1989c, p. 657
[589] Crowley, 1957a, p.15
[590] Übliche Bezeichnung für das literarische Werk Crowleys.
[591] Spezifische Bezeichnung für ein nationales Oberhaupt, der nur im S.O.T.O. verwendet wird.
[592] Gemäß Starr ist der Schweizer O.T.O. in der Nachfolge Hermann Josef Metzgers der rechtmäßige Nachfolger im Sinne der ursprünglichen O.T.O. Linie. Zu Starr v. König, 1994b, p. 194

2.) A.A. in der Linie von Jane Wolfe –

Jane Wolfe[593] (1875-1958) war eine Schülerin Crowleys, Mitglied der Abbey of Thelema in Sizilien und bis zum Ende ihres Lebens dem Erbe Crowleys verbunden. Crowley erlaubte 1915 in Vancouver, Canada die Gründung der sog. Agape Lodge no. 1 und um das Jahr 1930 wurde ein Mitglied dieser Gruppe, Wilfred Talbot Smith[594] (1885-1957), auf Anweisung Crowleys nach Californien geschickt, wo er mit Jane Wolfe in Los Angeles die Agape Lodge no. 2 gründete, die später als *Church of Thelema* offiziell registriert wurde.[595] In späteren Jahren wurde die Agape Lodge no. 2 nach Pasadena verlegt und arbeitete dort unter der Leitung von John W. "Jack" Parsons[596] (1914 – 1952). Jane Wolfe agierte als direkte A.A. Vermittlerin, da die Agape Lodges O.T.O. Gemeinschaften waren und wurde später die Soror Superior von Phyllis Seckler,[597] die später die Ehefrau von Grady McMurtry, dem OHO des C.O.T.O. wurde.[598]

3.) A.A. unter der Leitung von W.R. Barden –

Diese A.A. Gruppe ist quasi identisch mit der S.O.T.O. Gruppe in Australien und führt sowohl die AA, wie auch die O.T.O. Nachfolge auf Marcellos R. Motta zurück.

4.) The Outer College Curriculum Resources –

Ist eine Gruppe, die sich als eine Art Vorhof zur A.A. begreift und ihre Sukzession auf die Frau von J.W. Parsons - Helen Smith-Parsons[599] -, die ebenfalls Mitglied der Agape Lodge war, zurückführt.

5.) College of Thelema –

Wurde von Phyllis Seckler gegründet und ist der äußere Hof der Jane Wolfe A.A. Linie.

6.) Ethos Gemeinschaft Thelema –

Dies ist die Neugründung der ehemaligen *A.A. Thelema*, die von M.D. Eschner geleitet wurde. Eschner behauptet, daß seine Gruppe auf einer – in keiner Weise belegbaren – von Crowley in Berlin gegründeten kleinen A.A. Gruppe beruht. Eschner hat auch unter dem neuen Namen seiner Gruppe keinerlei Verbindungen zu thelemitischen Organisationen im Ausland und

---

[593] Die Ordensnamen von Jane Wolfe in der A.A. waren: *Soror Metonith*, *Soror Estai* und *Soror Fiat Yod*.
[594] *Frater Ramaka*
[595] Trotz diesem „Kirchen-Status" schien Crowley diese Gruppe eher an der Peripherie zu sehen, da er sie als bloße „fans" titulierte [Grant, 1991, p. 21] und die Agape Lodge no. 2 auch keine gültigen Einweihungen im zeremoniellen Rahmen durchführen konnte. [cf. König, 1994b, p. 173]
[596] *Frater Belarion* ; Parsons war ein begabter Ingenieur, der einen großen Anteil hatte am Aufbau des *California Institute of Technology's Jet Propulsion Laboratory* und von *Aerojet General*. Er kam bei einem Unfall in seinem Labor ums Leben.
[597] *Soror Meral*, Biographin von Jane Wolfe.
[598] Bouchet gibt unsinnigerweise Grady McMurtry als Frau aus. [cf. Bouchet, 2000, p.121]
[599] *Soror Grimaud*

wird von diesen, wenn er überhaupt zur Kenntnis genommen wird, abgelehnt.[600]

Die Tatsache, daß Crowley mit der A.A. Tradition eine neue, vom alten freimaurer-ähnliche System abweichende, Organisationsstruktur schaffen wollte und gleichzeitig immer betonte, daß die A.A. die Manifestation der Großen Weißen Bruderschaft sei, wird nun von allen Gruppen, die sich als die A.A. ansehen, dahingehend ausgelegt, daß überall dort, wo sich Eingeweihte zusammenfinden, um nach den Richtlinien der A.A., die von Crowley niedergelegt wurden, zu lernen und vor allem zu lehren, sich diese Große Weiße Bruderschaft manifestiert.[601]

Problematisch ist allerdings, daß manche A.A. Organisationen[602] Gebühren erheben, um zu erlauben an ihren Kursen teilzunehmen, was in einem strengen thelemitischen Kontext[603] Beweis genug ist, daß sie eben nicht die Große Weiße Bruderschaft verkörpern, da Crowley in diesem Punkt unmißverständlich war:
> There is however an absolute prohibition to accept money or other material reward, directly or indirectly, in respect of any service connected with the Order, for personal profit or advantage. The penalty is immediate expulsion, with no possibility of reinstatement on any terms soever.[604]

Die Gruppen, welche Gebühren verlangen, weisen im allgemeinen daraufhin, daß Crowley nur die persönliche Bereicherung verboten hat, nicht aber die Annahme etwa von Geldern zur Unterstützung der Bewegung an sich, aber dies wird oft zumindest mit Skepsis betrachtet.[605]

---

[600] „(...), but I am aware of some of the disgusting nonsense that has been done in abuse of the name THELEMA; none of those people have the slightest connection with the movements initiated by Crowley" [Brief von Martin P. Starr vom 15.08.1993 an d. Vf. bezüglich seiner Meinung über Eschner und seine Gruppe]
[601] Es bleibt zu fragen, inwieweit sich Crowley dieser völligen Relativierung jeglicher echten Sukzessionslinien bewußt war, oder ob die heutige Situation vielleicht tatsächlich seiner Vorstellung der sich auf diese Weise fortsetzenden A.A. Idee, entspricht. Immerhin betonte er die Wichtigkeit der Initiation an sich, die durch die A.A. vermittelt werden soll: „ The A.A. is for personal initiation; O.T.O. is for groups, & not nearly as important." [Grant, 1991, p. 7]
[602] Martin P. Starr betont für seine A.A. Gruppe ausdrücklich: „There are no dues whatsoever in the A.A. (...)" [Brief von Martin P. Starr (10.10.1993) an d. Vf.]
[603] Der von *Gary Martin Kelly*, einem der schärfsten Kritiker innerhalb der thelemitischen Bewegung, immer wieder gegen die bestehende Situation der verschiedenen sog. Autoritäten und „rechtmäßigen" Organisationen ins Feld geführt wird. Kelly versteht sich als Reformer, der seinen Wahren Willen darin gefunden zu haben glaubt, gegen die Verdrehungen der Lehre Crowleys von außen, wie von innen, vorgehen zu müssen und er prangert vor allem die persönliche Bereicherung des OHO Willam Breeze des C.O.T.O. an, den er als Organisation abwertend einfach nur „the gang" nennt. Zu Kellys „Holy War" v. Kelly, http://www.geocities.com/Athens/Parthenon/7069/aboutgmk.html (Stand 12.09.04)
[604] Crowley, 1976, p. 240
[605] „As Crowley stressed the privacy of the system, and particularly prohibited the exchange of any money (on pain of immediate expulsion) in connection with the A.A., I tend to view such groups with a level of scepticism." (DuQuette, 1993, p. 217] Es wäre auch anzumerken, daß nach Wissen d. Vf. Crowley nie Geld in Verbindung mit der A.A. angenommen hat, sondern jegliche Unterstützung immer nur im Namen des O.T.O. oder als persönliches Geschenk akzeptierte.

Mit dieser Situation kongruent gehen die meisten Autoren, wenn sie in thelemitischer Literatur die Notwendigkeit von Organisationen und Orden ansprechen und als Voraussetzung der Initiation entweder sehr relativieren, oder gar verneinen.

> One does *not* have to join any organisation, society, order, club, association, fraternity, collegium, lodge, chapter, temple, coven, tribe, party, league, fellowship, union, guild, team, troop, or pact to be a Thelemite or practice Thelemic Magick.[606]

Neben der Möglichkeit, sich bei spezifischen Organisationen Hilfestellungen zu holen, bleibt die A.A. somit als geistiges Band all derer, die das von Crowley in ein detailliertes Gradsystem inkorporierte, praktische System zur Erreichung der Vollendung befolgen. Da die einzelnen Ordensgrade keine Einweihungen im Sinne der Golden Dawn, des O.T.O. oder der Freimaurer sind, sondern mehr Prüfungen, inwieweit jemand die seinem Grad zugewiesenen Aufgaben gemeistert hat, fällt der sonst übliche dramaturgische Rahmen weg. Durch präzise Richtlinien kann jeder selbst seinen eigenen Fortschritt überprüfen und damit ein Bild seiner spirituellen Entwicklung zeichnen.

Bevor in den folgenden Kapiteln die einzelnen Hauptabschnitte des praktischen Weges diskutiert werden, soll vorab eine Betrachtung dieser Gradsystematik gegeben werden, innerhalb derer sich die dann dargestellten spirituellen Wegmarken lokalisieren lassen. Das vorangestellte Diagramm soll dabei die folgenden Ausführungen veranschaulichen helfen.

---

[606] DuQuette, 1993, p. 216; vor dem Hintergrund seiner Funktion als Logenmeister einer der größten O.T.O. Körperschaften weltweit und *National Administrative Officer* des Caliphats O.T.O, ein interessanter Standpunkt.

Diagramm 2: Die Entwicklung

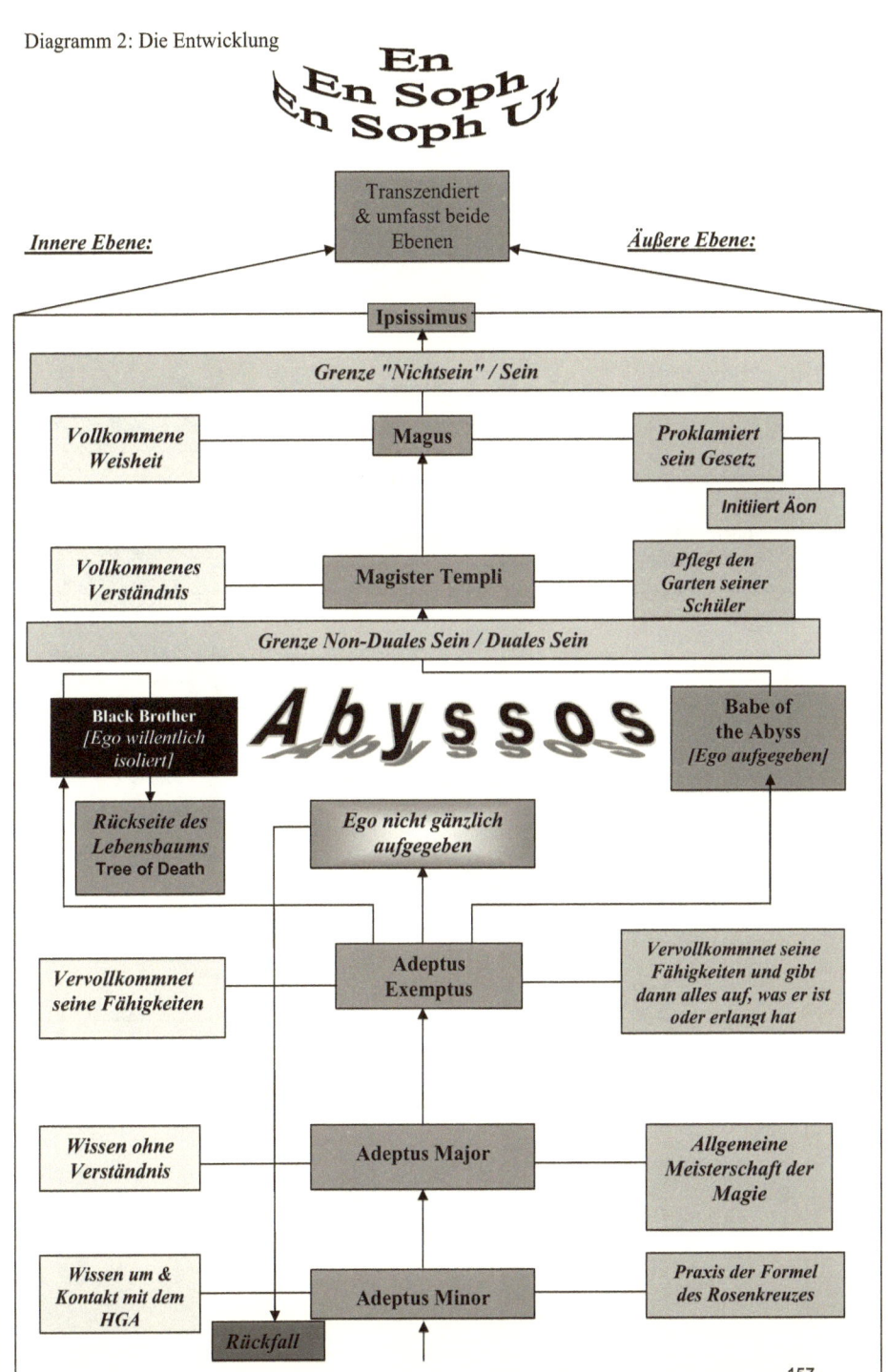

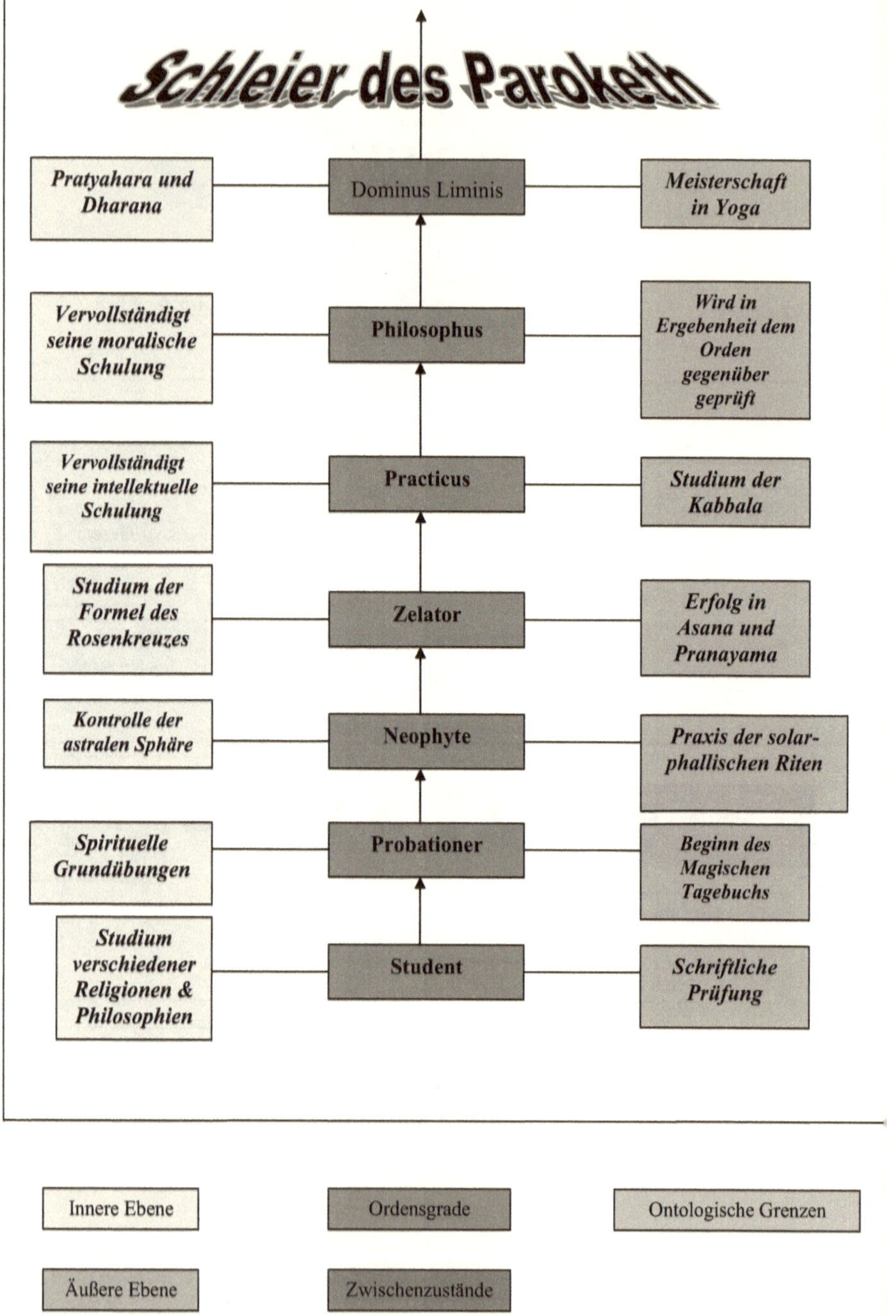

Schleier des Paroketh

Innere Ebene	Ordensgrade	Ontologische Grenzen
Äußere Ebene	Zwischenzustände	

Oberhalb des Schleiers:

- Pratyahara und Dharana — **Dominus Liminis** — Meisterschaft in Yoga
- Vervollständigt seine moralische Schulung — **Philosophus** — Wird in Ergebenheit dem Orden gegenüber geprüft
- Vervollständigt seine intellektuelle Schulung — **Practicus** — Studium der Kabbala
- Studium der Formel des Rosenkreuzes — **Zelator** — Erfolg in Asana und Pranayama
- Kontrolle der astralen Sphäre — **Neophyte** — Praxis der solar-phallischen Riten
- Spirituelle Grundübungen — **Probationer** — Beginn des Magischen Tagebuchs
- Studium verschiedener Religionen & Philosophien — **Student** — Schriftliche Prüfung

4.4.1 Die Ordensgrade – Stufen zur Vollendung[607]

Die unterste Stufe, die in Crowleys Initiationssystem allerdings noch kein Grad an sich ist, ist der *Student*.

Dies ist generell die Bezeichnung für alle Interessenten, die sich entweder an eine der bestehenden A.A.-Organisationen wenden, oder aber aufgrund eigener Motivation den thelemitischen Weg für sich beschreiten wollen. Die Aufgabe auf dieser Stufe ist es, ein vorgegebenes Curriculum ausgewählter Literatur durchzuarbeiten, um ein allgemeines Verständnis der verschiedensten Religionen und Philosophien zu erlangen. Dieser Lesekurs soll mindestens 3 Monate dauern und wird mit einer schriftlichen Prüfung abgeschlossen, die zeigen soll, inwieweit der Aspirant sich über die betreffenden Themen Einsicht verschafft hat und „what sort of intellect you bring to the work."[608] Bemerkenswert ist dabei, daß Crowley vor dem Studium der eigenen Lehre den Interessenten erst durch eine Schulung gehen läßt, die ihm ein generelles Verständnis und eine Kenntnis über bereits bestehende Traditionen zukommen läßt - eine Vorgehensweise, die selbst jenen, die keinerlei Kenntnis in diesem Bereich haben, die Möglichkeit eröffnet, vor einem soliden Hintergrundwissen Crowleys Doktrin vergleichend einzuschätzen.

Hat der Aspirant die Prüfung bestanden, dann steigt er auf in den Rang eines *Probationer*. Dieser hat die Aufgabe, sein magisches Tagebuch zu beginnen und dort diszipliniert alle Übungen, die er durchführt, aufzuzeichnen. Dabei wird ihm keine spezielle Übung zugewiesen, sondern er kann Übungen wählen, die ihn persönlich interessieren. Dies sind in der Regel anfängliche Meditationsübungen, oder kleinere Rituale, wie die Pentagramm- und Hexagrammriten, da der Hauptaspekt des Probationer-Rangs nicht so sehr die eigentliche Übung ist, sondern vielmehr die Notwendigkeit, sich an die in Crowleys System nötige Disziplin zu gewöhnen. Dem Probationer ist das *Holy Book* Liber LXV [Liber Cordis Cincti Serpente] zugeordnet und es wird von ihm erwartet, daraus mindestens ein Kapitel auswendig zu lernen.[609] Die Aufzeichnungen über die gewählten Übungen werden konstant über ein Jahr geführt, so daß nach Ablauf dieser Zeit entschieden werden kann, ob der Aspirant die nötige Selbstdisziplin aufbringen kann, das Große Werk überhaupt zu beginnen. Ist dies der Fall, dann wird er in den untersten Grad des Ordens aufgenommen, den Neophyten.

---

[607] Das dieses System darstellende Werk ist *One Star in Sight* [Crowley, 1976, p. 229 ss.]
[608] Martin P. Starr, Brief an d. Vf.. [10.10.1993]
[609] Anzumerken ist allerdings, daß diese explizite Anweisung die Holy Books betreffend nur in der Ausgabe der *Holy Books* aus dem Jahre 1909 zu finden ist, soweit es die Editionen betrifft, die zu Lebzeiten Crowleys veröffentlicht wurden. Die Anweisung gilt jedoch bis heute. [Crowley, 1990a, p. XXXV]

Der *Neophyt* beginnt nun mit einer magischen Grundausbildung, die ihn Übungen und Riten lehren, welche zur Kontrolle der astralen Ebene dienen. Das sind vor allem Schutzrituale, sowie die religiösen Riten zur Ausrichtung auf das solar-phallische Bewußtsein, so daß der Kandidat eine Einführung sowohl in den praktischen, wie den weltanschaulich-religiösen Kontext bekommt. Diesem Grad ist das zu den *Holy Books* gehörende Liber VII [Liber Liberi vel Lapis Lazuli] zugeordnet und es wird vom Neophyten erwartet, daß er zumindest ein Kapitel daraus auswendig lernt.

Nachdem er die Grundausbildung abgeschlossen hat, steigt der Kandidat in den Grad des *Zelator* auf, der sich in erster Linie mit yogischen Grundübungen wie Asana und Pranayama, also Körperhaltung und Atemschulung, beschäftigt und in zweiter Linie mit Divination.[610] Neben dieser praktischen Ausbildung studiert er die Formel des Rosenkreuzes, i.e. die theoretischen Aspekte der sexualmagischen Lehren,[611] und lernt ein Kapitel des *Liber AL vel Legis* auswendig.

Nach diesen Studien kann der Kandidat sich zur Prüfung anmelden, die seine yogischen Fähigkeiten unter Beweis stellen soll. Dabei handelt es sich um einen standardisierten Test, der darin besteht, daß dem Kandidaten eine bis zum Rand mit Wasser gefüllte Schale auf den Kopf gestellt wird, während er sich in seinem ausgewählten Asana befindet und ihm geboten wird, in einer vorgegebenen Zeit keinen Tropfen dabei zu verschütten.[612] Schwappt das Wasser auch nur geringfügig über, wird er zurückgewiesen. Hat er die Prüfung bestanden, gilt er als aufgenommen in den nächsthöheren Grad, den Practicus.

Der *Practicus* studiert neben allgemeiner Geistesschulung vor allem die Kabbala und ist gehalten, den Inhalt des Liber XXVII [Liber Trigrammaton] zu memorieren. Als Abschluß seiner Studien steht eine kabbalistische Prüfung an, bei der ihm eine Zahl zugewiesen wird, die vor ihm noch niemand analysiert hat und deren kabbalistische Merkmale er exakt bestimmen muß. Nach Erfolg wird er zum Grad des Philosophus zugelassen.

Der *Philosophus* vertieft seine philosophischen Studien und sein „moral training"[613] und er wird weniger in praktischen Dingen getestet, als vielmehr in Bezug auf seine Ergebenheit dem Orden gegenüber. An dieser Stelle erfolgt also eine Abschätzung, inwieweit der Kandidat sich, neben seiner persönlichen spirituellen Ausbildung, mit der Initiation des Äons identifiziert und in welchem

---

[610] Dies ist nicht in *One Star in Sight* vermerkt, sondern von Crowley an anderer Stelle als Prüfung des Zelators erwähnt [Crowley, 1989c, p. 693]
[611] Das Rosenkreuz gilt dabei als allegorische Darstellung der sexualmagischen Mysterien, wobei die um das Kreuz geschlungene Rose die Vereinigung zwischen *Lingam* und *Yoni*, also dem männlichen und weiblichen Geschlechtsteil, symbolisiert.
[612] Gregorius, 1980, p. 43
[613] In der Literatur wird nicht deutlich, um was es sich dabei nun genau handelt, aber es liegt nahe, dies als Umschreibung dessen zu betrachten, was zur erwünschten Einstellung dem Orden gegenüber führt.

Maße er sich in die Etablierung des Gesetzes von Thelema einbringt, da für alle Mitglieder der A.A. gilt:

> They must accept the Book of the Law as the Word and the Letter of Truth, and the sole Rule of Life. They must acknowledge the Authority of the Beast 666 and of the Scarlet Woman as in the book it is defined, and accept Their Will as concentrating the Will of our Whole Order. They must accept the Crowned and Conquering Child as the Lord of the Aeon, and exert themselves to establish His reign upon earth.[614]

Nachdem sein Engagement[615] für ausreichend befunden wurde und er ein Kapitel aus dem Liber DCCCXIII [Vel Ararita] auswendig gelernt hat, wird er zugelassen zum Grad des Dominus Liminis.

Der *Dominus Liminis* ist ein Zwischengrad, welcher den äußeren Orden [Golden Dawn] vom inneren Orden [Order of the Rosy Cross] trennt und der sich vor allem mit Pratyahara und Dharana, i.e. Gedankenkontrolle und Konzentration auf einen Punkt, als Vorstufe für tiefere Versenkungszustände, befaßt. Er erhält eine besondere esoterische Interpretation des Liber CCCLXX [Liber A'Ash vel Capricorni Pneumatici] über das Crowley sagt: „(it) contains the true secret of all practical magick"[616] Nachdem der Kandidat dergestalt in die Mysterien eingeweiht worden ist und die geistigen und körperlichen Übungen gemeistert hat, wird er zum Grad des Adeptus Minor zugelassen.

Der *Adeptus Minor* ist unterteilt in zwei Stufen, einmal den Adeptus Minor (*without*) und den Adeptus Minor (*within*). Dies hat mit der Schlüsselrolle dieses Grades in Crowleys Initiationssystems zu tun, da der Adeptus Minor die Hauptaufgabe der A.A. behandelt – dem Kandidaten zu ermöglichen, seinen eigenen Holy Guardian Angel zu erfahren. Wenn der Kandidat alle vorigen Grade durchlaufen hat und zum Adeptus Minor ernannt worden ist, dann ist er dies erst einmal im Äußeren, da er sich von denen getrennt sieht, die ihren Holy Guardian Angel bereits erfahren haben und die deshalb Adeptus Minor - im Inneren, genannt werden. Die Aufgabe, seinen *Augoides* zu erfahren, den persönlichen Schutzgeist, der auf einer höheren Stufe die Führung des Aspiranten übernehmen soll, ist eine ganz und gar persönliche. Obwohl Crowley mit dem Liber Samekh ein Ritual verfaßt hat, das als Modell[617] dienen soll, wie man

---

[614] Crowley, 1976, p. 241
[615] Zu der angesprochenen Ergebenheit dem Orden, der Lehre und Crowley gegenüber merkte Crowley selbst an: „This is not in contradiction with the absolute right of every person to do his own true Will. But any True Will is of necessity in harmony with the facts of existence; and to refuse to accept the Book of the Law is to create a conflict within Nature; (...)" [Crowley, 1976, p. 240] Der Wille des Tiers 666 und der Scharlachfrau als Wille des Ordens, bezieht sich ebenfalls auf deren Wahren Willen – die Etablierung des Äons. „Their Will" – not, of course, their wishes as individual human beings, but their will as officers of the New Aeon." [op. cit., p. 241]
[616] Crowley, 1990a, p. xxxiii
[617] Das *Liber Samekh* hatte Crowley auf Bitten seines Schülers Frank Bennet (1867 – 1930) verfasst, um ihm eine Hilfestellung beim Großen Werk zu geben. Nachdem sich herausstellte, daß es eine geeignete Basis für die individuelle Arbeit war, fand das Bennet gewidmete (unter seinem Ordensnamen *Frater Progradior*) Liber Samekh Aufnahme in die offiziellen A.A. Instruktionen.

seinen *Holy Guardian Angel* evozieren kann, so gilt dennoch die Arbeit dieses Grades als eine sehr intime Angelegenheit, bei der der Orden nur begrenzte Unterstützung geben kann:

> It is impossible to lay down precise rules by which a man may attain to the knowledge and conversation of His Holy Guardian Angel; for that is the particular secret of each one of us; a secret not to be told or even devined by any other, whatever his grade. It is the Holy of Holies, whereof each man is his own High Priest, and none knoweth the name of his brother's God, or the Rite that invokes Him.[618]

Hat der Adeptus Minor diese Erfahrung dann gemacht, so gilt er als Adeptus Minor (within), gilt als aufgenommen in das *College of the Holy Ghost* und widmet sich auf der neu gewonnenen Basis unter der Führung seines *Augoides* den weiteren Studien, wobei das Hauptthema die sexualmagischen Mysterien in der Praxis sind. Als Zelator hat der Aspirant sich mit der Theorie der Formel des Rosenkreuzes vertraut gemacht und nun widmet er sich der Ausübung der stärksten magischen Formel, welche dem Menschen zur Verfügung steht. Da dieser Grad deshalb eine besondere Verantwortung mit sich bringt, ist es dem Adeptus Minor aufgetragen, all seine Erlangungen und erworbenen Fähigkeiten zu betrachten als „property of those less advanced aspirants who are confided to his charge."[619] Damit soll der Entwicklung des spirituellen Stolzes vorgebeugt werden, einer der größten Gefahren, die Crowley den Aspiranten bedrohen sah und ihn in stärker in die Ausbildungsverantwortung, die der Orden generell gegenüber seinen Schülern hat, einbinden. Die nächste Stufe auf dem Weg ist der Adeptus Major.

Der **Adeptus Major** vervollkommnet seine Fähigkeiten und erreicht die Meisterschaft in praktischer Magie, allerdings ohne tieferes Verständnis.[620] Seine Hauptaufgabe besteht darin, als Medium seines Superiors, also eines Adeptus Exemptus zu fungieren, der innerhalb des bisher dargestellten Systems als „Teaching and Governing Adept"[621] zu betrachten ist, also eine Schlüsselstellung innehat. Crowley betont auch hierbei wieder, daß dies nicht zu verwechseln ist mit einer Hörigkeit oder auch nur Loyalität seinem Oberen gegenüber, sondern ebenfalls gänzlich im Lichte der Verantwortung zu betrachten ist, die ein Adeptus Major für seine ihm untergeordneten und damit anvertrauten Schüler hat. Letztere sind darauf angewiesen, daß ein Adeptus Major das Wissen eines ihm übergeordneten Adeptus Exemptus adäquat für die unteren Ränge umsetzt. Nachdem er dergestalt seine Fähigkeiten unter Beweis gestellt hat, erreicht der Aspirant den nächsten Grad.

---

[618] Crowley, 1976, p. 238 s.
[619] op. cit., p. 239
[620] Deshalb nennt Crowley die so erhaltenen Kräfte auch „Magical Powers (strictly so-called) of the second rank." [Crowley, 1976, p. 237]
[621] ibid.

Der *Adeptus Exemptus* besitzt die Autorität, die Orden des Golden Dawn und des Rosenkreuzes zu führen.[622] Dieser Grad stellt einen besonderen Rang innerhalb des Entwicklungsweges dar. Die Aufgabe ist erneut, alle bisherigen Erlangungen bis zur Perfektion zu führen und damit eine stabile Grundlage für die weiteren Schritte zu schaffen. Es wird vom Adeptus Exemptus erwartet, daß er eine These veröffentlicht, die sein Verständnis des Universums und seine bisherigen Erkenntnisse darlegt. Das ist durchaus gedacht als ein an die Öffentlichkeit treten, so daß die Publikation eines Buches im Sinne dieser These diese Bedingung erfüllt. Durch diese These zeigt der Kandidat auf der einen Seite, was er aus der vergangenen Arbeit gelernt hat, welche Früchte das bisherige System gezeitigt hat und auf der anderen Seite soll der Aspirant sich damit als Individuum präsentieren, welches nicht in der Uniformität eines Ordens oder einer Bewegung untergeht, sondern im Gegenteil Profil zeigt und in Eigenverantwortung erreicht, daß „he will be known as the leader of a school of thoughts."[623] Seine Ergebenheit dem Großen Werk gegenüber soll auch und gerade auf dieser Stufe darin Ausdruck finden, sein ganzes Streben auf die Unterstützung jener auszurichten, die ihm untergeordnet sind – die ihm aber auf demselben Weg nachfolgen.

Sein persönlicher Fokus auf dieser Stufe ist dabei die Realisierung der bevorstehenden Krise – die Überquerung des Abyssos. Der Adeptus Exemptus hat bis zu diesem Grad eine karmische Kraft erzeugt, die es ihm unmöglich macht, an der Schwelle zu verharren, so daß er sich gezwungen sieht, auf diesen Umstand zu reagieren. Der vorgesehene Weg ist dabei, daß der Aspirant die Kraft findet, aufgrund des bisher erreichten spirituellen Verständnisses, alles was er erreicht hat und alles, was ihn als Persönlichkeit ausmacht, aufzugeben – sein Blut (Leben) in die Schale seiner Herrin Babalon zu gießen und sich der Stille der *Night of Pan* hinzugeben.[624]

Geht er dieses Wagnis ein und springt er in die vor ihm liegende Dunkelheit, dann findet er sich wieder als **Babe of the Abyss**, welches ebenso wie der Dominus Liminis kein eigentlicher Ordensgrad ist, sondern spezifisch auf eine spirituelle Bewußtseinsstufe und einen dadurch initiierten Zustand bezogen ist.[625] Der hohe Adept, der auf seinem Weg alles erreicht hat, wird wieder zum Säugling, schutzlos, machtlos und umfangen von einer Welt, die er nicht kennt. Er reift in diesem Sinne bildlich gesprochen zu einem völlig neuen Wesen heran,

---

[622] Bezieht sich hierbei wieder auf die innere Aufteilung der A.A. [G.D. – R.C. – A.A.]
[623] Crowley, 1976, p. 236
[624] Eine Formulierung, die im thelemitischen Verständnis dem entspricht, was *Johannes von Kreuz* (1542-1591) die *dunkle Nacht der Seele* nannte, also die Überschreitung des Bewußtseins, um sich ganz Gott hinzugeben und die neben der Schau Gottes aber auch dazu führt, daß der Mensch sich gänzlich von der ihm umgebenden Welt entfremdet. Pan interpretiert als der All-Gott, das sich in allem reflektierende und manifestierende Göttliche.
[625] „The Grade of the Babe of the Abyss is not a Grade in the proper sense, being rather a passage between the two Orders. (...) It is an annihilation of all the bonds that compose the self or constitute the cosmos (...)" [Crowley, 1976, p. 236]

er wird im dritten Orden – der eigentlichen A.A. – neugeboren als Magister Templi, dessen erwachtes Selbst keinerlei Irritationen eines Egos erleidet.

Findet sich der Aspirant jedoch an der erwähnten Schwelle und schafft er es nicht, sich vom Ego zu lösen, bringt er nicht die Kraft – und das Vertrauen – auf, all seine Erlangungen aufzugeben, so treiben ihn die Kräfte, die seine bisherige Evolution erzeugt hat, trotzdem in den Abyssos. Anstatt nun aber als *Babe of the Abyss* seiner Neugeburt zu harren, findet sich das Ego in der zersetzenden Umgebung des Abgrundes wieder, in dem alle Formen zerreißen und ineinanderfließen, wo die zerstörerische Macht *Choronzons* alles aufzulösen sucht. Adepten, die keine Kraft haben, dieser geistigen Erfahrung standzuhalten, werden durch diese Kräfte, die das Ego vernichten, zerstört, weil sie sich mit diesem Ego nach wie vor identifizieren.[626] Dies führt im günstigsten Fall zum Rückfall auf spirituell sehr niedrige Ebenen und generell zum Wahnsinn in der aktuellen Inkarnation. Crowley beschreibt es als quasi mechanische Kraft, die den Adepten in den Abyssos treibt, so daß er keine Wahl an der Schwelle hat, d.h. er kann nicht etwa ewig an ihr verharren, noch sich willentlich zurückziehen:

> The Abyss is passed by virtue of the mass of the Adept and his Karma. Two forces impel him: (1) the attraction of Binah, (2) the impulse of his Karma; and the ease and even the safety of his passage depend on the strength and direction of the latter.[627]

Es gibt jedoch einige wenige Adepten, die auf dem bisherigen Wege enorme Kräfte erworben haben und deren Ego nicht nur völlig bewußt vor dieser Erfahrung des Abyssos steht, sondern auch absolut beherrschend ist.

Dies sind die sog. **Black Brothers**, die zwar in den Abgrund springen, aber alles daran setzen, das Ego vor den dort herrschenden Kräften zu schützen. In ihrem Bestreben, nichts mehr anzuerkennen, was größer ist als sie selbst, sind sie blind geworden gegenüber den höchsten Sephiroth, die es eigentlich zu erreichen gilt und betrachten nun die Sephirah, die sie innerhalb des Abyssos finden, als die höchste überhaupt – *Daäth*. Diese für Wissen im Gegensatz zu Weisheit stehende, deswegen auch *falsche* Sephirah genannte, Sphäre liegt ebenso im Bereich der Kräfte Choronzons und symbolisiert damit, daß bloßes Wissen dem ständigen Verändern unterworfen ist und nicht die Ruhe wahrer Weisheit besitzt. Da die Weisheit der oberen sephirothischen Triade für sie nicht mehr erkennbar, oder zumindest nicht mehr erreichbar ist, „have the Black Brotherhood declared him (Choronzon; d.Vf.) to be the child of wisdom and Understanding (...),"[628] und erliegen der Illusion, sie hätten in ihrem Zustand das Ziel erreicht. Laut Crowley kann sich jedoch nichts und niemand gegen die Kräfte des Abyssos ewig behaupten und so verlieren diese Schwarzen Brüder immer mehr Substanz, bis

---
[626] Zur Erfahrung des Abyssos ausführlich in Kapitel 4.5.6 der vorliegenden Arbeit
[627] Crowley, 1976, p. 415
[628] Crowley, 1991a, p. 117

auch sie von Choronzon verschlungen werden. Dabei ist von besonderer Wichtigkeit, daß diese Wesenheiten völlig isoliert vom Rest des Universums sind und letztlich, wenn ein neues Äon initiiert wird, ihre Macht verlieren, da sie das *Wort* des Magus, der damit das Äon und sein Gesetz proklamiert nicht hören können und ihre Macht somit noch weniger gegen den Abyssos bestehen kann, da sie mit einer veralteten *magischen Formel* arbeiten.

Es wird zuweilen auch davon gesprochen, daß diese Black Brothers nicht nur ebenso der Zerstörung anheimfallen, wie jene Adepten, die ihr Ego nicht haben ganz aufgeben können und deswegen den Sprung über den Abyssos nicht geschafft haben, sondern daß sie durch die Kräfte des Abyssos zu seelenlosen Entitäten werden, zu bloßen Hüllen und dadurch von den *Qlipoth* angezogen werden. „Each sephira of the Tree of Life has its corresponding *qlipoth* which is the reflection of the energy which it represents, and these averse sephiroth form what is known as the Tree of Death."[629] Damit sind sie völlig aus dem Kreislauf herausgefallen, der eine spirituelle Entwicklung überhaupt erst erlaubt und sie gehören somit einer vom Rest des Universums getrennten Twilight Zone an: „It is the region of vampires, ghouls, demons, and evil spirits, as well as being the habitation of the phantom forms generated by sexual desires and morbid cravings constantly produced by dwellers on earth."[630]

Gelingt jedoch der Sprung, findet das *Babe of the Abyss* sich wieder in der *Stadt der Pyramiden*, wird der Adept in der Sephirah Binah wiedergeboren als Magister Templi.

Der **Magister Templi** hat erfolgreich seine egoverhaftete Persönlichkeit von den damit einhergehenden Beschränkungen abgestreift und ist im Bewußtsein seines Wahren Selbst erwacht. Sein Wissen unterscheidet sich von den unterhalb des Abyssos existierenden Stufen durch völliges Verständnis in die Natur dieses Wissens und durch das völlige Fehlen jeglichen Widerspruchs innerhalb seines Begreifens. Dadurch, daß er das ihn umgebende Universum als in Übereinstimmung mit seinem Wahren Selbst erkennt, gibt es für ihn auch keinerlei Reibungspunkte zwischen seiner inneren und der äußeren Realität, was dazu führt, daß er betrachtet wird als „Master of the Law of Sorrow (Dukkha)."[631] Auch auf dieser Stufe gilt die Verantwortung für die niederen Grade, so daß der Magister Templi den „Garten seiner Schüler pflegt."[632]

Eine interessante Bedeutung hat die Verbindung Neophyt – Magister Templi, denn Crowley lehrte, daß jeder Mensch im Grade des Neophyten das absolute Recht habe, den Grad des Magister Templi zu beanspruchen, indem er den Eid

---

[629] Grant, 1973, p. 222 ; cf. Crowley, 1976, p. 416
[630] Crowley, 1976, p. 416
[631] op. cit., p. 235
[632] cf. op. cit., p. 232

dieses Grades leistet, was den Sprung über den Abyssos mit einschließt. Daß dies in den seltensten Fällen von Erfolg gekrönt ist,[633] spielt dabei nur vom praktischen Standpunkt aus eine Rolle, wichtig ist die damit gemachte Aussage, daß jedermann das in ihm schlummernde Wahre Selbst trägt und niemand – keine Religion, keine Organisation, keine Ordensoberen und auch nicht das völlige Unvorbereitetsein, i.e. die absolute Gewißheit des Versagens – dem Menschen den Anspruch, aus diesem Selbst heraus zu existieren, streitig machen kann.

Der nächste Grad ist der des *Magus*. Hierbei ist eine bestimmte Differenzierung zu beachten, da es im strengen Sinne immer nur einen Magus pro Äon geben kann. Das besondere Merkmal dieses Grades ist es, daß der Adept alle Kräfte als solche erlangt hat, daß er die Einsicht in die Natur der Dinge gewonnen hat, sein Ego hinter sich gelassen hat und sowohl in den Versenkungszuständen, als auch in der praktischen Magie vollkommene Meisterschaft erlangt hat. Da der Magus dergestalt die Illusionen des Universums realisiert hat, gilt er als „Master of the Law of Change (Anicca)",[634] wenngleich er die Dinge noch nicht völlig transzendiert hat. Seine eigentliche Aufgabe ist es, ein *Magisches Wort* auszusprechen, das die Welt auf eine neue evolutionäre Stufe führt, „which transforms the planet on which he lives by the installation of new officers to preside over its initiation."[635] Dieses jedoch kann immer nur geschehen, wenn ein Äon zu Ende geht und erneut ein *Equinox of the Gods* ansteht. Geht ein Äon zu Ende, erschöpft sich also seine zugrundeliegende magische Formel, dann ist es an dem Individuum, das die notwendige Reife erlangt hat, das Wort auszusprechen, welches Ausdruck der neuen *magickal formula* ist, um damit das Rad der Evolution wieder neu anzustoßen. Damit wird dieser Magus zum *Logos des Äons*, sprich zur Verkörperung des ihm zugrundeliegenden schöpferischen Wortes.

Dieser Umstand bedingt aber nicht, daß es in einem Äon immer nur einen Adepten im Grade des Magus gibt, da ein Individuum, welches sich soweit entwickelt hat, daß es den Grad des Magus beanspruchen kann, das Recht dazu hat. „A man can make personal progress equivalent to that of a „Word of an Aeon"; but he will identify himself with the current word, and exert his will to establish it, lest he conflict with the work of the Magus who uttered the Word of the Aeon in which he is living."[636] Da dem Äon eine - zumindest temporär gültige - Wahrheit zugrundeliegt, kann ein Individuum im Grade eines Magus gar nicht anders, als sich selbst als mit diesem Kraftstrom in Einklang zu sehen, so daß die Identifizierung mit dem *Logos des Äons* eine Konsequenz aus der gesamten Entwicklungssystematik darstellt, aufgrund derer ein Mensch überhaupt bis zu dieser Bewußtseinsstufe vorgedrungen ist. Um den letzten

---

[633] *Frater Achad* hatte den Eid des Magister Templi abgelegt, als er sich noch im Grad des Neophyten befand – was für Crowley seinen Verfall und Wahnsinn hinreichend erklärte.
[634] Crowley, 1976, p.235
[635] ibid
[636] ibid

Schritt zu vollziehen, um den Eid eines Ipsissimus abzulegen, muß der Magus die Realisierung der Illusion durch sein Verweilen in der non-dualen Welt permanent machen, indem er alle Dinge transzendiert und sich damit auch über die Trennung Non-duale Existenz/duale Existenz, die ja in sich selbst immer noch begrifflich eine Zweiteilung impliziert, zu erheben. Um dies zu erreichen, „he must accomplish three tasks, destroying the Three Guardians (...); Madness, and Falsehood, and Glamour, that is Duality in Act, Word and Thought."[637] Diese auch als „three great delusions"[638] bezeichneten Guardians sind für Crowley die Gegenkonzepte von drei der menschlichen Seele immanenten wichtigen Eigenschaften: „*aleph*, the inspiration of the Soul in ecstasy; *beth,* the virtue of Truthfulness without care of other issues; and *gimel,* the direct link of the Human with the Divine Consciousness."[639]

Der *Ipsissimus* ist der Grad, der dem Adepten zusteht, wenn er diese letzten Wächter einer verborgenen Wahrheit zerstört hat. Dies ist das eigentliche Heilsziel der thelemitischen Religion, zu dessen Erreichung Crowley sein System des Scientific Illuminism entwickelt hat. Dies ist die Stufe, die auch *dance without motion*[640] genannt wird, die alles transzendiert, was sich beschreiben läßt; das Verweilen im Schrein der Lampe des unsichtbaren Lichtes.[641]

4.5 Die Struktur des Weges

Neben der Einbindung des Aspiranten in ein Ordenssystem, welches eine in sich geschlossene Studien- und Entwicklungsmöglichkeit erst ermöglicht, gehört zur spirituellen Schulung nach Crowley eine ebenso klare Struktur des praktischen Weges an sich. Es war im Sinne von Crowleys wissenschaftlichem Erkenntnisweg, daß der Schüler nicht nur in beständigem Austausch mit seinen Lehrern und, in den späteren Graden, seinen eigenen Schülern bleibt, was ihn zu permanenter Selbstreflektion zwingen soll, sondern daß er eine klare Vorstellung davon hat, wo er sich gerade auf der Entwicklungsleiter befindet. Dies läßt sich einerseits an den Ordensgraden ablesen, andererseits aber auch an der inneren Struktur des Weges, die auf einander bedingenden Elementen aufbaut und im Folgenden näher betrachtet werden soll.

---

[637] Crowley, 1976, p. 235
[638] Crowley, 1998, p. 214
[639] ibid
[640] Crowley, 1998, p. 248
[641] *Lamp of the Invisible Light*, nicht nur Name des von Crowley zuerst gegründeten Ordens, sondern auch der Name des 1. Aethyrs (L.I.L.), der den Zustand des Ipsissimus beschreibt. Zum Ipsissimus ausführlicher in Kapitel 4.5.9

4.5.1 Das Magische Tagebuch – Disziplin & Selbstschau

Neben der ausgefeilten Struktur der verschiedenen Grade, die gleichermaßen Indikator für eine erreichte spirituelle Evolutionsstufe sind, wie auch die jeweiligen Mittel und Methoden lehren, eine solche spezifische Bewußtseinsstufe zu erreichen, wurde Crowley nicht müde, jedem seiner Schüler deutlich zu machen, daß all dies nur auf einer einzigen Basis Früchte tragen kann – Selbstdisziplin.

Deshalb ist der erste Schritt auf dem Weg für denjenigen, der sich den Instruktionen Crowleys anvertraut, sich ein persönliches magisches Tagebuch anzulegen. Dies ist im Idealfall ein kleineres Buch, welches man problemlos überall mitnehmen kann und in dem all das notiert wird, was in irgendeiner Weise mit dem Großen Werk zu tun hat.[642] Träume, persönliche Gedanken, spirituelle Zweifel, Erfolge und Niederlagen in der Praxis, Protokolle meditativer Sitzungen oder von rituellen Arbeiten, Wirkung von Nahrungsaufnahme, Alkohol etc. auf die spezifischen Arbeiten, Wetterbedingungen etc..

Crowley selbst gibt ein geradezu penibles Beispiel für den Gebrauch des eigenen magischen Tagebuchs, da er zeit seines Lebens ein solches führte. Die Einträge, die nicht nur jeden Tag erfassen, sondern häufig auch im Minutenabstand protokollieren, was er an einem bestimmten Tag getan oder gedacht hat, ergeben ein Bild erstaunlicher Selbstüberwachung, der nur sehr wenig zu entgehen schien. Aber gerade diese Herangehensweise ist das, was Crowley als das Ideal ansieht, keine Minute des Lebens soll also unbeabsichtigt verfliegen, Gedankensplitter, die vielleicht zu einem gegebenen Zeitpunkt unwichtig erscheinen, können sich nach Monaten als bedeutende Einsicht oder als Markstein der langsam voranschreitenden Entwicklung herausstellen.[643]

Das magische Tagebuch entspricht in Crowleys System durchaus einem wissenschaftlichen Protokoll einer Versuchsanordnung, das sicherstellen soll, daß die Ergebnisse nicht durch Zufall generiert wurden, sondern aufgrund einer gewonnenen Einsicht in einen spezifischen Sachverhalt. In diesem Sinne sollten magische oder spirituelle Ergebnisse nicht nur einschätzbar, oder gar meßbar werden, sondern ebenfalls reproduzierbar sein.

Crowley war sich der Tatsache mehr als bewußt, daß allem, was mit „Magie" zu tun hat, vor allem deswegen der Ruf der Scharlatanerie anhaftet, da viele

---

[642] Obwohl auch das Computerzeitalter schon eine Weile Einzug in die okkult-magische Szene gefunden hat, was man an den Angeboten der verschiedenen computer assisting programs mit entsprechendem Inhalt erkennen kann und auch manch moderner Schüler arkaner Traditionen sein magisches Tagebuch als data file führt, hat sich dies jedoch nicht allgemein als usus durchgesetzt.
[643] „From one point of view, magickal progress actually consists in deciphering one's own record" [Crowley, 1976, p. 141]

Menschen wissenschaftlich geschult oder zumindest orientiert sind. In moderner Zeit gelten gewisse Standards, die einzuhalten sind, um den Geheimnissen der Welt um uns herum auf gesicherte Weise auf die Spur zu kommen und die Menschen haben sich in der Regel an eine bestimmte Dichotomie gewöhnt – auf der einen Seite wissenschaftliche Normen und Regeln, die sicherstellen, daß Erkenntnisse gewonnen und nutzbar werden, auf der anderen Seite Religion als private Angelegenheit, von der man nicht erwartet, daß sie im wissenschaftlichen Sinne Ergebnisse liefert, deren Richtlinien aber dennoch das eigene Leben bestimmen. Religion und Spiritualität allgemein waren für Crowley zu sehr im Nebel persönlicher Wünsche und emotionaler Einflüsse gefangen, als daß in ihrem Bereich gemachte Erfahrungen wirklich aussagekräftig oder im Sinne eines wirklichen Erkenntnisgewinns verwertbar wären. Da bei Religion immer auch ein essentieller Hoffnungs- und/oder Angstfaktor eine Rolle spielt, tendiert der Mensch dazu, religiöse Erfahrungen - besonders im Nachhinein – so zu memorieren, daß die Erfahrung zu seiner Hoffnung paßt, oder aber mit dem übereinstimmt, was ihm eine bestimmte Angst nehmen würde. „(...) and so, even in religion, when we are dealing with our own souls, we try to cheat."[644] Und genau dies soll das magische Tagebuch verhindern helfen. „This by the way, is the supreme use of a record like this. It makes it impossible to cheat oneself."[645]

Das Tagebuch wird einseitig beschriftet geführt und wenn der Aspirant, was er im Idealfall tun sollte, mit einem persönlichen Lehrer arbeitet, diesem in regelmäßigen Abständen zur Einsicht vorgelegt. Der Lehrer begutachtet aufgrund der ihm nun zugänglichen Informationen den Fortschritt seines Schülers und kommentiert diesen ebenfalls im magischen Tagebuch, so daß über die Jahre eine Sammlung von persönlichen Erfahrungen in Kommunikation mit dem Lehrer zustande kommt, welche eben nicht nur die eigene Einsicht und Praxis dokumentiert, sondern auch Korrekturen, Verifikationen etc.. durch verschiedene andere Personen, die denselben Weg gehen, aber dem Tagebuchschreiber immer zumindest einen Schritt voraus sind. Obwohl man manchmal den Vorwurf laut werden hört, daß damit eine totale Kontrolle ausgeübt werden soll, da sich durch die Bekanntgabe intimster Geheimnisse diese sehr leicht gegen den Betreffenden verwenden lassen, ist dies nicht der tatsächliche Grund, auch wenn Mißbrauch damit nicht ausgeschlossen werden kann.[646] Crowley sah darin die einzige Möglichkeit, daß die Erfahrungen, die ein Mensch auf seinem spezifischen spirituellen Pfad macht, herausgelöst werden aus dessen persönlicher Erwartungshaltung und der Lehrer ist nur dafür da, einen möglichst objektiven Bezugspunkt zu liefern, aufgrund dessen man solche Erfahrungen bewerten kann. Wie durchaus treffend bemerkt worden ist, versuchte Crowley einen Mittelweg

---

[644] Wassermann, 1993, p. xxii
[645] ibid
[646] Dasselbe gilt allerdings z.B. auch für die katholische Ohrenbeichte, ohne daß dabei verstärkt die Mißbrauchsmöglichkeit in den Vordergrund rückt. In den USA kommt es vor, daß das Magische Tagebuch in der thelemitischen Religion von Gerichten als Teil der religiösen Praxis im Sinne des First Amendment der U.S. Constitution als geschützt gilt. [cf. Wasserman, 1993, xxxiii]

einzuschlagen zwischen zwei Extremen, die in diesem Bereich immer wieder auftreten. Einerseits die Gefahr der totalen Kontrolle eines Menschen, die Ausnützung seiner spirituell motivierten Offenheit gegenüber anderen Menschen, die sich ihm als Lehrer präsentieren und auf der anderen Seite die Gefahr von sich völlig isolierenden Personen, die sich wegen eines Mangels an objektiven Bezugspunkten im Laufe der Zeit immer mehr in ihren eigenen Illusionen verfangen.[647]

Crowleys Sorge galt denn auch der permanenten Gefahr, die durch halbgare Erkenntnisse und Wirrköpfe, die diese in Umlauf bringen, ausgehen und dem Ansehen der okkulten Traditionen geschadet haben. Für ihn war es wichtig, daß seine strikten Methoden nur geeignete Personen für das Große Werk anzog und die weniger geeigneten dadurch ferngehalten wurden:

> However, there are none of these half-baked lunatics connected with the A.A., because the necessity for hard work, for passing examinations at stated intervalls, and for keeping an intellegible account of what they are doing, frightens away the unintelligent, idle and hysterical.[648]

Zusammengefaßt hat ein Magisches Tagebuch die folgenden Aufgaben:

- es gewöhnt den Aspiranten an die für den Weg erforderliche Selbstdisziplin
- es dient der ungeschönten Selbstbetrachtung und damit der Selbsterkenntnis
- es dokumentiert den persönlichen Fortschritt und gibt den Anreiz dazu
- es bildet die Basis für eine objektive Einschätzung subjektiver Daten
- es hilft, magische Effekte von Zufällen zu unterscheiden
- es erlaubt anderen auf dem gleichen Weg von den Erfahrungen zu lernen
- es kann in Zeiten persönlicher Krisen diese überwinden helfen[649]

Da alle magische Praxis, jedwede spirituelle Erfahrung oder mystische Erkenntnis für Crowley solange wertlos ist, wie derjenige, der sie macht, sie nicht korrekt protokolliert, d.h. sich ihr möglichst objektiv nähert, meint er konsequenterweise: „Verily, it is better to fail in the magickal ceremony than to fail in writing down an accurate record of it."[650]

---

[647] cf. Wasserman, 1993, p. xxv ; Ein Beispiel für die Nutzung eines magischen Tagebuchs zur Kontrolle von Anhängern einer Lehrerpersönlichkeit wären die Vorgänge im ehemaligen Ordo Thelema/Netzwerk Thelema um M.D. Eschner, während die in der thelemitischen Szene gehäuft auftretenden „Crowley-Reinkarnationen" ein Beispiel sind für eine Selbststilisierung aufgrund fehlender objektiver Korrekturen bei der Interpretation spiritueller Erfahrungen.
[648] Crowley, 1976, p. 142
[649] „This could be called biblio-therapy" [Wasserman, 1993, p. xl]
[650] Crowley, 1976, p. 140

4.5.2 Vergangene Leben – Wer bin ich?

Das magische Tagebuch ist auch für den zweiten wichtigen Schritt in der Anfangsphase unerläßlich, der darin besteht, daß der Schüler sich darüber klar werden muß, an welchem Punkt im Leben er aktuell steht. Er soll sich über seine Motivation ebenso bewußt sein wie über die Details, die sein persönliches Leben ausmachen. Aus diesem Grund soll er möglichst zu Beginn seines magischen Tagebuchs eine Beschreibung all seiner Eigenheiten, Interessen, Zweifel, Hoffnungen, Ziele etc. geben, um sich selbst, sowie seinem Lehrer die Möglichkeit zu geben, sich ein Bild über seine Persönlichkeit zu machen. Die Aufrichtigkeit, welche vom Schüler dabei verlangt wird, soll nicht nur gleich zu Anfang des Weges der Versuchung entgegenwirken, daß man sich selbst immer in einem besseren Lichte darstellen möchte, als es die tatsächliche Situation üblicherweise erlauben würde, sondern vor allem auch dem Lehrer die Mittel an die Hand geben, für jeden Schüler einen spezifischen Schulungsplan zu entwerfen. Crowley machte Schülern immer wieder klar, daß der Lehrer sich nicht auf Mutmaßungen verlassen kann, will er dem Schüler ein guter Lehrer sein. „I am not a guesser; and I cannot judge you, or advise you, or help you, unless and until I know the facts as thoroughly as you are able to allow me to do."[651]

Nachdem der Aspirant dergestalt einen *status quo* seiner selbst gegeben hat, soll er versuchen, seinen Geist zu schulen, sich zu erinnern. Dazu wird dem Schüler das Liber Thisharb empfohlen, dessen Praxis, obgleich es *de facto* ein Übungsbuch für den Grad des Adeptus Exemptus ist, von Crowley jedem Schüler bereits sehr früh nahegelegt wird. Dazu ist anzumerken, daß Aleister Crowley den menschlichen Geist, resp. seine Erinnerungsfähigkeit als eine Art biologisch-mentaler Aufzeichnung betrachtete und ohne die Erinnerung „the mind were but a blank sheet on which shadows are cast."[652] Diese Aufzeichnung ist eine Funktion des Ruach-Prinzips im Menschen und die Qualität, wie auch die Quantität der Erinnerung bedingt sich deswegen primär aus der Fähigkeit des menschlichen Bewußtseins,[653] dieses Ruach anzuziehen und zu stärken. „If there is not enough Ruach to ensure an adequate quota of Memories, one could never become conscious of the continuity between one life and the next."[654] Das von Crowley empfohlene Liber Thisharb zeigt Methoden auf, wie der Schüler es lernt, den permanent aufgezeichneten Erinnerungsfilm an einem spezifischen Punkt anzuhalten und rückwärts ablaufen zu lassen. Um dies möglich zu machen, widmet der Aspirant sich speziellen körperlichen Übungen, die den Geist zwingen sollen, entgegen seiner eigenen biologischen Aufzeichnungsspur zu laufen.

---

[651] Crowley, 1991a, p. 491
[652] Crowley, 1976, p. 416
[653] Tiphereth
[654] Crowley, 1991a, p. 297

Crowley erwähnt zu lernen, rückwärts zu schreiben, rückwärts zu gehen, sich Filme rückwärts laufend anzuschauen, oder akustische Aufnahmen rückwärts anzuhören,[655] rückwärts zu sprechen, zu lesen etc..[656] Dadurch wird das Gehirn mit einer völlig ungewohnten Arbeitsweise konfrontiert, was zuerst einmal zur völligen Konfusion führt. Diese wird das Gehirn dadurch zu umgehen versuchen, daß es nur vortäuscht, rückwärts zu arbeiten, obwohl dies nicht der Fall ist, „(...) an illusion which close analysis will dispel."[657] Hat der Schüler es dann geschafft, den Geist nach Belieben entweder vorwärts oder rückwärts arbeiten zu lassen, baut er in seine täglichen Meditationen ein Übungselement ein, in dem er sich selbst in rückwärts ablaufender Weise bis zu dem Punkt vorstellt, wo er sich zur Meditation niedergelassen hat. Er versucht also nicht, sich einfach der einzelnen zeitlichen Abläufe zu erinnern, sondern er vergegenwärtigt sich diese Abläufe in seiner Imagination wie einen rückwärts laufenden Film. Dabei ist es das vorläufige Ziel in der Meditation, auf diese Weise den eigenen Lebensfilm immer wieder bis zum Punkt der eigenen Geburt zurückzuspulen.[658] „Having allowed the mind to return for some hundred times to the hour of birth, it should be encouraged to endeavor to penetrate beyond that period."[659] Der durch das Freudsche Vergessen zuerst im Dunkeln liegende Erfahrungspunkt des Schocks des zuletzt erfahrenen Todes, soll laut Crowley auf diese Weise wieder erinnert werden können. Ist erst einmal die natürliche Schutzgrenze zwischen den Erinnerungen der vergangenen Inkarnation und dem aktuell Erinnernden gefallen, dann läßt sich dieses Programm über alle erlebten Inkarnationen hinweg ausdehnen und erlaubt es dem Aspiranten, die Erinnerungen der vergangenen Inkarnationen mit der Situation der aktuellen Persönlichkeit zu vergleichen. „Every incarnation that we remember must increase our comprehension of ourselves as we are. (...) In one form or another, everything that exists is derived from some previous manifestation."[660]

---

[655] Nebenbei bemerkt basiert auf diesen Übungen die in der apologetisch-populärwissenschaftlichen Literatur [cf. Bäumer, 1984] kolportierte Mär, Crowley sei der Erfinder des sog. „Backward Masking". Angeblich sind dies bei manchen Langspielplatten bestimmter sog. satanistischer Musikgruppen aus dem Black-Metal Bereich aufgenommene Botschaften, die zum Mord, zur Kirchenschändung etc. aufrufen und nur hörbar werden, wenn man die Platte rückwärts abspielt. Das Unterbewußtsein könne diese Botschaften jedoch immer hören und so würde eine kriminelle Konditionierung der Hörer vollzogen. Diese Behauptung ist selbstverständlich absolut unsinnig und die Geschichte wird auch dadurch nicht gehaltvoller, daß nun einige Gruppen tatsächlich versuchen, solche Tonspuren zu erzeugen, indem in den normalen Gesang einfach rückwärts formulierte Textelemente eingebaut werden, die rückwärts abgespielt zu verstehen sind. Es ist jedoch ein gutes Beispiel dafür, wie Crowleys Techniken aus einem völlig anders gearteten Kontext herausgenommen werden, um irgendeine, auch noch so abwegige, Verbindung zu dem herzustellen, was christliche Apologeten als satanistische Gefahr hochstilisieren.
[656] cf. Crowley, 1976, p. 417
[657] op. cit., p. 418
[658] Interessant ist Crowleys spezifische Vorstellung der Erinnerung und der Möglichkeit eines willentlichen Vor- und Zurückspulens derselben, vor allem vor dem Hintergrund der bekannten Behauptung mancher Personen, die eine Nahtoderfahrung hatten, daß ihr gesamtes Leben wie ein Film vor ihrem geistigen Auge rückwärts ablief.
[659] Crowley, 1976, p. 419
[660] op.cit., p. 58 s.

Crowley hatte auf diese Weise für sich selbst etliche Inkarnationen aus seinen geistigen Aufzeichnungen abrufen können, wie er sagte, aber er vermied es unter allen Umständen, irgendeine spezifische Erklärung zum Thema Reinkarnation zu geben, die über mehr als bloße Theorie hinausging. Reinkarnation war für ihn eine reale Gegebenheit weil er a) sich persönlich mehrerer Inkarnationen erinnerte, b) weil ihm sein inneres Gefühl sagte, daß diese Theorie stimmig ist und c) weil sie quasi zum globalen Glaubensgut der religiösen Traditionen gehört, entweder ex- oder implizit.[661] Für ihn waren solche Erinnerungen Teil des persönlichen Erfahrungshorizontes und als solche legitime Aspekte der individuellen Selbstbetrachtung und spirituellen Schulung. Vor dem Hintergrund seines wissenschaftlichen Ansatzes jedoch machte er deutlich, daß man diese persönlichen Erinnerungen nicht verallgemeinern kann und auf ihnen nicht wirklich eine fundierte Aussage zu treffen ist, d.h. ihren Wert haben solche Erlebnisse nur zur Eichung des eigenen Lebenskompasses, nicht als Grundlage, um weltanschaulich-philosophische Lehrgebäude zu errichten:

> Now (...) what is evidence for me, is hearsay for you; so forget it![662]
>
> Most of this is the merest speculation, useless and possibly harmful; (...) For most of these statements are insusceptible of proof.[663]

4.5.3 Der Body of Light – die magische Persönlichkeit

Zu den wichtigsten Aufgaben des Aspiranten nach crowleyscher Schulung gehört die frühzeitige Entwicklung des sog. *Body of Light*, auch Astralkörper genannt.[664] Crowleys System basiert weitgehend auf der okkultistischen Annahme, daß die körperliche Welt nichts weiter als ein Abbild einer Sphäre ist, die der materiellen Realität zugrundeliegt und Astralsphäre genannt wird. Diese Sphäre nimmt dabei denselben Raum wie die körperliche Welt ein, existiert jedoch auf einer weniger materiellen Ebene, d.h. sie wird als höherschwingende Dimension aufgefaßt, was auch erklärt, daß sie mit den normalen Sinnen, die auf niedrigere Schwingungen eingestellt sind, nicht erfaßt werden kann. In Crowleys Verständnis bedeutet dies jedoch, daß diese Sphäre „wirklicher" ist, als die materielle Welt, da letztere ja so etwas wie die maximale Verdichtung der verschiedenen Emanationen der schöpferischen Kraft darstellt, so daß man sagen kann, daß obwohl diese Sphäre mit dem normalen Auge nicht zu erkennen ist, sie ist trotzdem „made of a subtler and less illusory material."[665] Die Astralebene ist dabei, neben ihrer Funktion als

---

[661] cf. Crowley, 1991a, p. 296
[662] op. cit., p. 297
[663] ibid
[664] *Body of Light* deswegen, weil dieser feinstoffliche Körper nach den Beschreibungen hellsichtiger Personen angeblich als leuchtend oder strahlend wahrgenommen wird.
[665] Crowley, 1976, p. 143

Matrix für die Formen und supernaturalen Einflüsse, auch wieder nur eine Ebene unter vielen, die sich mit zunehmender Verfeinerung wie eine Zwiebelschale um die irdische Ebene herum gruppieren.

> There is also the Magical Plane. This touches the material, and even includes a portion of it. It includes the Astral, chiefly a full-blooded type of the Astral. It reaches to and includes most, if not all, of the spiritual planes. The Magical plane is thus the most comprehensive of all. Egyptian Gods are typical inhabitants of this plane and it is the home of every Adept.
> The spiritual planes are of several types, but all are distinguished by a reality and intensity to be found nowhere else. Their inhabitants are formless, free of space and time, and distinguished by incomparable brilliance.
> There are also a number of sub-planes, as for example, the Alchemical. (...); its images are usually those of gardens curiously kept, mountains furnished with peculiar symbols, hieroglyphic animals (...)[666]

Damit wird deutlich, daß das magische Weltbild Crowleys das Universum, wie wir es üblicherweise kennen, als ein *Multiversum* begreift, welches sich aus verschiedenen übereinandergelagerten Dimensionen aufbaut, die allesamt von bestimmten Wesenheiten bewohnt sind und sich in einem abstrakt-surrealen Raum aufzuhalten scheinen, da ihre Natur für den menschlichen Begriffsapparat anders als in Form von Symbolen und archetypischen Bildern gar nicht zu erfassen wäre.

Als interessanten Punkt könnte man an dieser Stelle vielleicht auf die moderne Naturwissenschaft hinweisen, die in der heute aktuell diskutierten *String Theorie* davon ausgeht, daß die Welt aus unzähligen winzigen Energiefäden besteht, welche in ständiger Interaktion miteinander stehen und in einem Raum aus elf Dimensionen agieren.[667] Neben diesem multidimensionalen Raum, der wie eine schwingende Membran gedacht wird, auf der sich die Strings bewegen, geht man davon aus, daß es eine Art Meta-Raum gibt, der unzählige solcher Membrane enthält und ständig neu erschafft. Damit stellt sich auch die Theorie des *Big Bang* in neuem Lichte dar, weil dieser nunmehr nicht als Anfang aus dem Nichts gilt, sondern als Explosion gedacht wird, die entsteht, wenn zwei dieser schwingenden Membrane in dem erwähnten Meta-Raum zusammenstoßen – die entstehenden Kräfte wirken nach außen und schaffen in einer Membran ein neues Universum. Die moderne Wissenschaft geht also heute nicht nur von, dem Menschen unbegreiflichen, elf Dimensionen aus, sondern auch von unzähligen Raummembranen, die in sich wiederum unzählige Universen entstehen lassen, was einerseits abenteuerlicher klingt, als alles, was es im magischen Weltbild Crowleys gibt, andererseits aber auch zeigt, wie sehr sich moderne theoretische Erkenntniswege eben diesem Weltbild anzunähern scheinen.

---

[666] Crowley, 1976, p. 150
[667] Das es elf Dimensionen geben *muß*, läßt sich mathematisch beweisen, denn die String Theorie erklärt alle bekannten Phänomene der Welt korrekt, kann aber nur der Wirklichkeit entsprechen, wenn es elf Dimensionen (statt der uns bekannten vier – drei räumliche und eine zeitliche) gibt.

Diese Ebenen sind es, die der Magier mit seinen erworbenen Fähigkeiten erforschen und nutzen möchte. Dies ist generell möglich, weil auch der irdische Körper jedes Menschen nur das Abbild[668] eines anderen Körpers ist, der quasi die Blaupause für diesen darstellt und die eigentliche Lebensfunktion aufrechterhält. Nur durch die Sinne des *Body of Light*, des Astralkörpers, kann der Mensch die entsprechenden Ebenen über der irdisch-materiellen Sphäre erfassen und beeinflussen.

Nach Crowleys Verständnis ist der Astralkörper das Instrument, mit dem der Erforscher besagter höherer Sphären, i.e. der Wirklichkeit, die Welt in der er sich befindet, analysiert.[669] Da adäquate Ergebnisse nur mit geeichten und genauen Instrumenten möglich sind, ist es in Crowleys Augen essentiell, daß der Aspirant seinen *Body of Light* nicht in der normal entwickelten Form benutzt, sondern daraufhin arbeitet, daß er zu einem nützlichen Werkzeug wird. Es ist nötig, daß der Schüler sich in seinem Astralkörper ebenso bewegen kann, wie in seinem körperlichen Vehikel und daß der Body of Light für ihn ebenso bewußt ist.

> Develop the body of Light until it is just as real to you as your other body; teach it to travel to any desired symbol, and enable it to perform all necessary Rites and Invocations. In short, educate it.[670]

Crowley selbst hat viele der erforderlichen spirituellen Übungen und ganze Ritualabfolgen, die normalerweise im Tempel des Magiers vollzogen werden, ausschließlich in seinem astralen Körper, oder einem astralen Tempel durchgeführt,[671] oder nutzte laut eigenen Angaben den Astralkörper, um mit Schülern über große Entfernungen hinweg zu kommunizieren.[672]

Die Natur des sog. Astrallichtes ist eine sehr rezeptive, d.h. man nimmt an, daß diese feinstoffliche Materie sehr schnell Formen annimmt, die auf sie projiziert werden. Dies ist ein wesentliches Element nicht nur des praktischen Okkultismus, da auf diese Weise viele sog. paranormale Erscheinungen erklärt werden, sondern auch eine Basis, auf der etwa Crowley alle denkbaren religiösen Traditionen und deren Bilder in seinem eklektizistischen System inkorporieren konnte. Diesem Verständnis gemäß sind alle Götter und alle spirituellen Welten, in denen diese sich bewegen, durchaus real, da eine religiöse Tradition von einem pragmatisch-okkultistischen Standpunkt aus nichts weiter ist als eine Kraftquelle, die spezifische Bilder in die astrale Sphäre projiziert, wo sie dann eine eigene Existenz entwickeln und durch die emotionale Aufladung des jeweiligen Kultes

---

[668] „Within the human body is another body of approximately the same size and shape; (...)" [Crowley, 1976, p. 150]
[669] „To begin with we must build up an apparatus of examination, and this we do by discovering and developing qualities in our own structure which are suitable for the purpose." [Crowley, 1991a, p. 501]
[670] Crowley, 1991a, p. 146
[671] cf. Crowley, 1989c, p. 517
[672] op. cit., p. 521

permanent gestärkt werden.⁶⁷³ Auf diese Weise wird es nicht nur möglich, mit verschiedenen religiösen Traditionen im thelemitischen Kontext zu arbeiten, sondern es stellt sich auch nicht die Frage nach einer religiösen Wahrheit, die eventuell von einer dieser spezifischen Traditionen selber beansprucht wird.

Der Schüler unterzieht sich den vorbereitenden mentalen Übungen, die darauf abzielen, ihm diesen Astralleib bewußt zu machen und ist am Ende in der Lage, sich in diesem ebenso zu bewegen, wie auf der grobstofflichen Ebene. Durch die Möglichkeit, sich seinen astralen Leib selber zu formen, ihn mit bestimmten Attributen zu versehen und damit ein Abbild einer Wunschpersönlichkeit zu erschaffen, kommt es dabei zu einer gewissen Zweiteilung des Aspiranten: einerseits existiert er als Persönlichkeit auf der materiellen Ebene und andererseits besitzt er eine magische Persönlichkeit, die Ausdruck seiner magischen Fähigkeiten ist und ihn auf den geistigen Ebenen als Eingeweihten erkennbar werden lassen, so daß sich daraus ein gewisser Autoritätsanspruch ableitet, der es z.B. ermöglicht, niedere astrale Wesen zu beherrschen. Die Entwicklung dieser magischen Persönlichkeit ist essentiell sowohl für die allgemeinen Operationen der Magie, wie auch für die generelle spirituelle Entwicklung des metaphysischen Kerns des Schülers, für das Große Werk selbst:

> Astral travel – development of the Astral Body is essential to research; and, above all, to the attainment of „the Knowledge and Conversation of the Holy Guardian Angel."⁶⁷⁴
> The work of the Body of Light – with the technique of Yoga – is the foundation of the whole. One's apprehension of the Astral Plane must be accurate, for Angels, Archangels, and Gods are derived there from by analysis. (...) If one has an incomplete and incorrect view of the universe, how can one find out its laws?⁶⁷⁵

---

⁶⁷³ Im magischen Verständnis wird dabei ein sog. *Egregor*, ein Gruppengeist, evoziert, i.e. ein Gedankengebilde auf der Matrix der emotional aufgeladenen Gedanken einer Gruppe von Menschen, welches als semi-bewußte Wesenheit mit dieser Gruppe interagiert. Vom magischen Standpunkt aus besteht zwischen einem Gott eines religiösen Kultes und dem Egregor, der etwa bei einem Fußballspiel von emotional aufgebrachten Fans erzeugt wird, nur ein Unterschied in der Langlebigkeit und Stärke des Egregors, nicht seiner Natur nach.
⁶⁷⁴ Crowley, 1991a, p. 19
⁶⁷⁵ Crowley, 1976, p. 254

4.5.4 Der Wahre Wille – das Potential

Do what thou wilt shall be the whole of the Law – dies ist der oft von Crowley zitierte Kernsatz seiner Lehre, die Essenz des Gesetzes von Thelema. Die Problematik dieses thelemitischen Credos liegt nun allerdings darin, daß nicht jedermann die notwendigen Hintergründe kennt und dieses Credo deshalb nicht in den übergeordneten Kontext eingliedern kann. Dieses *Do what thou wilt* wird nur allzu oft als *Do as you like* mißverstanden und das hat dazu geführt, daß man in Crowley und der thelemitischen Religion einen anarchischen Impuls zu finden glaubt, der zusammen mit der ebenso verbreiteten Vorstellung, daß Crowley zuvorderst einen hemmungslosen Hedonismus predigte, zu einer totalen Negativeinschätzung führte, die nicht unbedingt kongruent mit der Wirklichkeit ist.[676] Um zu verstehen, was Crowley mit dem oben angegebenen Satz meinte, muß man sich im folgenden die eben dargestellte metaphysische Struktur des Menschen vergegenwärtigen, die zentral für Crowleys Doktrin ist.

Gemäß thelemitischer Doktrin besitzt jeder Mensch drei Impulse, die in ihm wirken und die man als „Wille" bezeichnen kann. Jeder dieser drei Impulse ist mit einer bestimmten Ebene innerhalb der psycho-physischen Struktur im Menschen verbunden, die sich aus dem Zusammenspiel der bereits beschriebenen Prinzipien (Jechidah, Ruach, etc.) aufbaut. Diese Impulse lassen sich benennen als:[677]

1) der *bewußte Wille* (Impuls des Wachbewußtseins)
2) der *unbewußte Wille* (Impuls des Unterbewußtseins)
3) der *Wahre Wille* (Impuls der *himmlischen Triade*)

Der **bewußte Wille** ist der Hauptimpuls des menschlichen Egos, der seinen Antrieb aus der Interaktion des Ruach mit der ihn umgebenden materiellen Welt bezieht. Er existiert ausschließlich im Wachzustand des Bewußtseins, d.h. er wird temporär in seinen Aktionen unterbrochen – immer dann, wenn der Mensch in Schlaf versinkt. Dieser Willensimpuls ist dabei auf die körperliche Verfassung des Menschen angewiesen und ist von den körperlichen Aktionen des Menschen am stärksten betroffen. Die Idee eines „Ich", die Persönlichkeit eines Menschen als zeitweiliger Träger des karmischen Musters, kristallisiert sich in und durch

---

[676] Diese angenommene Mischung aus Anarchismus und Hedonismus ist es, die vor dem Hintergrund der magischen Orientierung von Crowley, den Boden bereitete, in ihm den Vater des *Neo-Satanismus* zu sehen. Zum Vergleich einer [sehr vagen] Definition des Neo-Satanismus vs. Satanismus v. Haack, 1991, p. 125

[677] Bis auf den Wahren Willen sind dies die Bezeichnungen d. Vf., die helfen sollen, das zugrundeliegende Konzept zu verdeutlichen. Die gewählten Termini für die Aspekte der Willensimpulse sind jedoch bei Crowley grundsätzlich angelegt: „Every intentional act is a Magickal act. By „intentional" I mean „willed". But even unintentional act so-seeming are not truly so. Thus breathing is an act of the Will-to-Live." [Crowley, 1976, p. XIII]

den bewußten Willen.[678] Zur Veranschaulichung lassen sich diese Willensimpulse in zwei unterschiedliche Aspekte einteilen:

a) *positiver bewußter Wille*:

Das ist die Erscheinungsform des Ego-Impulses in all seinen aktiven Formen, d.h. als direkte Willensäußerung zur Veränderung / Beeinflussung der ihn umgebenden Wirklichkeit. Dies ist der eigentliche kreative Geist der inkarnierten Persönlichkeit.

b) *negativer bewußter Wille:*

Dieser Aspekt des bewußten Willens ist nur in seiner polaren Ausrichtung auf die ihn umgebende Wirklichkeit vom positiven Aspekt desselben unterschieden. Er bezieht sich auf Taten und Vorstellungen, die zwar auch die Wirklichkeit verändern/beeinflussen, aber die nicht direkt originär sind, weil die Aktionen, die auf diesem Willensimpuls beruhen, durch bereits existierende Zustände initiiert werden. Eine Kreativität nicht aus sich selbst heraus, sondern durch den Anstoß der äußeren Realität. Jemand, der z.B. aufhören möchte zu rauchen, oder abnehmen will, zeigt eine Äußerung des negativen bewußten Willens.

Der **unbewußte Wille** gehört ebenfalls zum Ego und reagiert auf die körperliche Verfassung und auf die umgebende Realität, ebenso wie der bewußte Wille. Im Unterschied zu diesem ist er nicht nur temporär aktiv, sondern permanent, d.h. obwohl er im Schlafzustand aktiver scheint, weil der bewußte Wille ausgeschaltet ist, bezeichnet er einen Willensimpuls, der die Aktionen der Persönlichkeit immer beeinflußt, manchmal ohne vom bewußten Willen wahrgenommen zu werden, manchmal sogar in Gegensatz zu dessen Intentionen wirkend. Der unbewußte Wille steht allerdings auch in Verbindung mit dem Tiphereth-Bewußtsein und kann als Medium für den das Ego übersteigenden Bewußtseinslevel dienen z.B. um in Kontakt zum *Holy Guardian Angel* zu kommen.

Er gliedert sich ebenfalls in zwei Aspekte auf:

a) *positiver unbewußter Wille:*

Dies bezeichnet den ordnenden Aspekt des unbewußten Willensimpulses, also die Steuerungsmechanismen, die dem vegetativen Nervensystem zugrunde liegen, oder kreative Ideen, Träume, stimulierenden Sehnsüchte, positiven Emotionen etc.

---

[678] Die Tatsache, daß z.B. durch Krankheiten oder äußere Verletzungen sich oft auch die Persönlichkeit ändert, zeigt nach thelemitischem Verständnis, daß die Persönlichkeit als solche keine ewige Substanz hat. Sie ist eine kurzfristig wirkende Zusammenstellung verschiedener Elemente.

b) *negativer unbewußter Wille:*

Unter diesen Aspekt fallen alle chaotischen und destruktiven Regungen und Einflüsse des Unterbewußtseins. Also zerstörerische Triebe, negative Emotionen, Alpträume, Geisteskrankheiten wie Schizophrenie etc.. – alles, was sich der bewußten Kontrolle entzieht und in seinen Auswirkungen negativ für die Persönlichkeit und die sie umgebende Wirklichkeit ist.

Der **Wahre Wille** bezeichnet den Impuls, den die Persönlichkeit von der oberen Triade vermittelt bekommt. Da diese jedoch im Normalzustand dem Ego nicht bekannt ist, weil diese Ebene den unteren Prinzipien transzendent ist, muß dieser Wahre Wille erst entdeckt werden, d.h. dem bewußten Willen offenbart werden, um wirksam werden zu können. Auch dieser Willensaspekt hat eine bipolare Erscheinung als:

a) *allgemeiner Wahrer Wille:*

Dieser Willensimpuls ist für alle Menschen gleich. Er bezeichnet den dem Menschen immanenten Antrieb, die Transzendierung seines Egos zu suchen, seine spirituelle Evolution voranzutreiben, um seinen transpersonalen Wesenskern zu realisieren. Aus diesem Impuls kommt die religiöse Motivation, einer Ahnung zu folgen, einer Hoffnung, daß es im Leben mehr geben muß, als das, was der profane Alltag vermittelt. Dies ist der Quell des oft beschriebenen faustischen Drangs, hinter den Schleier der Illusionen zu blicken, die Grenzen des körperliche Seins zu sprengen und die Unio mit dem allumfassenden kosmischen Sein zu suchen. Das *Liber Cordis Cincti Serpente* spricht davon, daß „also the stream of the stars floweth ever majestical unto the Abode; bear me away upon the Bosom of Nuit!."[679] Gemäß der thelemitischen Aussage „Every man and every woman is a star"[680] bedeutet dies, daß sich alle Menschen in einem ewigen Strom befinden, einem ewigen Streben unterliegen, sich dem zu nähern, was sie übersteigt, überragt. Alle Menschen haben den Drang, Nuit – der Urmutter – entgegenzustreben, um sich mit ihr zu vereinigen, das universale Sein zu erlangen, indem das beschränkte Ego aufgegeben wird und mit ihm auch jegliche Beschränkungen. Dies ist der transzendente Willensimpuls, den alle Menschen miteinander teilen[681] und der so etwas wie tragende Struktur dessen darstellt, was sich in jedem Menschen als unterscheidendes Merkmal findet.

---

[679] Crowley, 1990a, p. 68
[680] op. cit., p. 107
[681] Wobei eine Selektion stattfindet, da nur wenige Menschen sich dieses Impulses bewußt werden, während er für die Mehrheit (welche das Liber AL *Volk* nennt) keine Relevanz hat. Crowleys politische Utopie dachte an die Philosophen-Könige, welche das Volk regieren und er fühlte sich bestätigt durch das *Liber AL:* „Ye are against the people, O my chosen" [op. cit., p. 116] und noch deutlicher in der Konsequenz. „Let my servants be few and secret; they shall rule the many and the known" [op. cit., p. 107]

b) der individuelle Wahre Wille:

Hierunter kann man nun das karmische Muster verstehen, vor dessen Hintergrund ein Mensch seine aktuelle Inkarnation gestalten muß. Im thelemitischen Verständnis ist dieses karmische Element im Leben des Menschen weniger ein fest gezeichneter Schicksalsweg, sondern eher ein allgemeines Lebensmuster, welches einen dynamischen Prozeß darstellt, der auf den Verhaltensmustern früherer Inkarnationen, sowie auf den neu geschaffenen karmischen Elementen und aktuellen Lebensumständen beruht. Dieses karmische Muster formt eine Art Ideallinie der persönlichen Entwicklung, die, wenn sie denn verfolgt wird, die Möglichkeit schafft, den allgemeinen Wahren Willen zu verwirklichen. Neben dieser Möglichkeit führt ein Leben gemäß dieser Ideallinie generell auch zu einem glücklichen Leben, weil nach thelemitischer Lehre so gut wie alle Konflikte und Probleme nur darauf zurückzuführen sind, daß der Mensch seiner Ideallinie nicht folgt und damit auch Kollisionen mit anderen Menschen möglich werden, die wiederum zu weiteren Problemen führen. Ebenso wie ein Stern unbeirrbar seinem Orbit folgt und es im Universum normalerweise zu keiner Kollision zwischen Sternen kommt, genauso führt der persönliche Wahre Wille jeden Menschen auf eine Bahn, die zu keinen Kollisionen mit anderen Menschen führt.[682]

Jetzt wird auch deutlich, daß der Vorwurf des Anarcho-Hedonismus an der Sache Crowleys völlig vorbei geht. Der Wahre Wille (in seinen beiden Aspekten) ist nicht identisch mit den flüchtigen Trieben und Wünschen des Egos. Wünsche sind in der Regel Äußerungen des bewußten Willens und Leidenschaften, Triebe etc. gehen auf den unbewußten Willen zurück. Der Wahre Wille hat mit diesen beiden Willensimpulsen nichts zu tun und weiterhin sagte Crowley, daß der Wahre Wille sich niemals in destruktiv-negativen Aktionen äußern kann. Dies deshalb, weil der individuelle Wahre Wille immer auf den allgemeinen Wahren Willen hin orientiert ist.[683]

> Men of „criminal nature" are simply at issue with their true Wills. The murderer has the will-to-live; and his will to murder is a false will at variance with his true Will, since he risks death at the hands of Society by obeying his criminal impulse.[684]

---

[682] Das ist natürlich nur eine Idealvorstellung, denn auch wenn die Menschen, die ihren Wahren Willen erkannt haben, keine Kollisionen hervorrufen, so sind sie nicht gegen Kollisionen an sich gefeit, da die Menschen, die von ihren Trieben und egoistischen Wünschen getrieben werden, sehr wohl Kollisionen mit ihnen verursachen können.
[683] Dies ist ein *sine qua non*, damit die Idee des Wahren Willens überhaupt aufrecht erhalten werden kann. Könnte der individuelle Wahre Wille negative Auswirkungen zeitigen, würde er dem allgemeinen entgegenlaufen und dessen Ausrichtung negieren.
[684] Crowley, 1976, p XX

Crowley bestreitet also nicht, daß es Taten gibt, die man als destruktiv beschreiben kann, noch geht es ihm darum, solche Taten spirituell zu legitimieren, wie man ihm zuweilen vorgeworfen hat. Ganz in traditionellem Sinn sieht auch er solche Taten als im Ego verankert und stärkt damit weiter seine Ansicht, daß dieses Ego mit all seinen Beschränkungen, Wünschen und Trieben nicht das wahre Selbst des Menschen sein kann und der Entwicklung im Wege steht. Es muß überwunden werden und alle destruktiven Taten belegen, daß der betreffende Mensch noch nicht seinen Wahren Willen erkannt hat. Da in diesem Wahren Willen alleine die Quelle der Entwicklung zu sehen ist, und die Garantie, daß der Mensch losgelöst von allen Beschränkungen sich selbst verwirklichen kann, d.h. sein eigentliches Menschsein manifest werden lassen kann, soll das Gesetz für alle gelten: *Do what thou wilt.*

Ist der Wahre Wille jedoch einmal erkannt, dann verändert dies das Leben total, da es einer inneren Vergewaltigung gleichkäme, wenn man ihn nicht erfüllen würde und die *Holy Books* machen deutlich: „(...) thou hast no right but to do thy will."[685] Die Erkenntnis des Wahren Willens kann durchaus der bisherigen Lebensplanung diametral entgegengesetzt sein und eine völlige Neuorientierung fordern, wobei es allerdings keine andere Möglichkeit gibt, als sich dem zu fügen, weil man sonst einen Stillstand oder gar einen Rückschritt in seiner kosmischen Evolution provozieren würde. Der bewußte und der unbewußte Wille führen den Menschen solange sinnvoll durch das Leben, wie sie keinerlei Verbindung zum transzendenten Wahren Willen haben. Ist dieser Wahre Wille jedoch in die alltägliche Realität eingebrochen, dann ist sein Impuls auf die jeweilige Persönlichkeit so stark, daß es möglich ist, daß die normalen Strukturen der Persönlichkeit durcheinandergeraten[686] und die üblichen Steuerungsmechanismen nicht mehr richtig funktionieren. Es ist notwendig, daß das Ego als Illusion erkannt wird und damit als alleinige Quelle aller Ablenkungen vom heiligen Pfad der Erkenntnis. Ist es einmal realisiert, daß der Wahre Wille sich nicht auf vergängliche Phänomene bezieht, wird deutlich werden: „For pure will, unassuaged of purpose, delivered from the lust of result, is in every way perfect."[687]

---

[685] Crowley, 1990a, p. 110
[686] Viele Religionen kennen das Phänomen des *heiligen Wahnsinns*, also einen scheinbar destruktiven Effekt nach einer spirituellen Erfahrung.
[687] Crowley, 1990a, p. 110

4.5.5 Der Holy Guardian Angel – die innere Führung

Nach all den notwendigen Vorbereitungen und ersten Schritten auf dem spirituellen Weg, steht der Adept vor der Aufgabe, die nicht nur das wichtigste Erlebnis im menschlichen Dasein darstellt, weil es die Vorbedingung ist, den Sprung über den Abyssos zu wagen, sondern auch das zentrale Mysterium von Crowleys Orden resp. seiner Doktrin verkörpert. Alle Übungen, Rituale, Meditationen etc., die innerhalb von Crowleys System gelehrt und praktiziert werden, haben nur das eine Ziel, den Menschen auf die Begegnung mit seinem persönlichen Gott vorzubereiten – ihn die Kenntnis von – und den Umgang mit seinem *Holy Guardian Angel*[688] zu lehren. Da dieser als Wesenheit verstanden wird, der zu seinem Schützling in einer persönlichen Beziehung steht, wie ein wohlwollender älterer Bruder,[689] hört die Verantwortlichkeit der Ordensoberen der A..A.. zu dem Zeitpunkt auf, an dem der *Holy Guardian Angel* seinen Schützling an die Hand nimmt, um ihn weiter in die Mysterien einzuweihen und ihm beim Sprung über den Abgrund zu helfen.

Nach Crowley ist der *Holy Guardian Angel* ein spirituelles Wesen, ein eigenständiger Mikrokosmos so wie auch der Mensch oder die bekannten Götter der Religionen.[690] Crowleys Worte sind in diesem Punkt unzweideutig:

> We may readily concur that the Augoides, the „Genius" of Socrates, and the „Holy Guardian Angel" of Abramelin the Mage, are identical. But we cannot include this „Higher Self"; for the Angel is an actual Individual with his own Universe, exactly as a man is; or, for the matter of that, a bluebottle. He is not a mere abstraction, a selection from and exaltation of one's own favourite qualities, as the „Higher Self" seems to be.[691]

> He is not, let me say with emphasis, a mere abstraction from yourself; and that is why I have insisted rather heavily that the term „Higher Self" implies „a damnable heresy and a dangerous delusion."[692]

In thelemitischem Verständnis wird dem *Holy Guardian Angel* also ebenso wie im christlichen Sinne eine behütende, schützende Eigenschaft zugeschrieben, wobei allerdings eine Bedeutung als Psychopompos hinzukommt. Crowley beließ es deswegen bei dieser Bezeichnung für diese zentrale Wesenheit, wobei ihm bewußt war, daß in moderner Zeit die Vorstellung einer Gestalt des christlichen Volksglaubens eher Befremdung oder Unverständnis hervorrufen würde. Aber gerade weil es sich um eine für moderne Menschen eher groteske und absurde

---

[688] Neben *Augoides* auch *Genius* oder *Daimonion* genannt.
[689] „ He (der HGA; d. Vf.) is something more than a man, possibly a being who has already passed through the stage of humanity, and his peculiarly intimate relationship with his client is that of friendship, of community, of brotherhood, or Fatherhood." [Crowley, 1991a, p. 281 s.]
[690] Im Gegensatz etwa zu den Dämonen der *Goetia*, die Crowley als Elemente des menschlichen Geistes beschreibt und die in diesem Sinne keine eigenen Intelligenzen sind.
[691] Crowley, 1991a, p. 276
[692] op. cit., p. 282

Vorstellung handelt, sah Crowley darin eine Möglichkeit ein Wesen, das dem Normalbewußtsein nicht zugänglich ist, darzustellen. Alles, was das normale Bewußtsein über diese Gestalt sagen kann, muß falsch sein, da die Termini sich auf eine Ebene des Seins beziehen, die außerhalb des normalen Daseins liegt. Die Bezeichnung dieser spirituellen Mittlergestalt als „Schutzengel" soll verhindern helfen, daß der Mensch den Fehler begeht, sie in einen Begriffskäfig zu sperren und aufgrund menschlicher Deutung mißzuinterpretieren. Diese überholte Vorstellung eines Schutzengels erschien Crowley das geeignete Bild zu sein, das eine nicht zu beschreibende Entität darstellen kann oder das zumindest als Anhaltspunkt dienen kann, ohne Gefahr zu laufen, daß das Symbol mit dem Dargestellten identifiziert wird.

Nachdem der Adept seinen Geist und seinen Körper diszipliniert hat, ist er bereit, sich auf die Begegnung mit dem *Holy Guardian Angel* vorzubereiten. Innerlich identifiziert der Mensch sich nicht mehr absolut mit seinem Ego, sondern erhebt sein Bewußtsein in die Tiphereth-Sphäre, durch die auch der *Holy Guardian Angel* mit den unter ihm liegenden Ebenen des Bewußtseins kommunizieren kann. Um diesen Kontakt herzustellen, vertieft sich der Adept in sein Verlangen, das ähnlich einer tiefen Sehnsucht und Liebesempfindung all sein Wesen durchdringen muß, seinen Augoides kennenzulernen. Er muß sich im Gebet entflammen, um Erfolg darin zu haben. Aleister Crowley erstellte ein Ritual, welches auf seinem eigenen Ritus zur Kontaktierung mit *Aiwass*, seinem *Holy Guardian Angel*, basierte, und betrachtete dies als Beispiel an der sich seine Schüler orientieren konnten. Er schließt dieses Liber Samekh genannte Ritual mit der eindringlichen Anweisung:

> Let the Aspirant perform this Ritual aright, perfect in every part thereof, once daily for one moon, then twice, at dawn and dusk, for two moons, next, thrice, noon added, for three moons, afterwards, midnight making up his course, for four moons four times every day. Then let the Eleventh moon be consecrated wholly to this Work; let him be instant in continual ardour, dismissing all but his sheer needs to eat and sleep. For know that the true formula whose virtue sufficed the Beast in this Attainment, was thus:
> INVOKE OFTEN
>
> So may all men come at last to the Knowledge and Conversation of the Holy Guardian Angel: thus sayeth the Beast, and prayeth to His own Angel that this book be as a burning Lamp, and as a living spring, for Light and Life to them that read therein.[693]

Ist der Kontakt zum Engel einmal hergestellt, übernimmt dieser die Führung im Leben des Menschen und geleitet ihn weiter durch die notwendigen Schritte seiner spirituellen Entwicklung. Die wichtigste Aufgabe des Engels wird es sein, seinen Schützling für den Sprung über den Abyssos bereitzumachen, um ihm die

---

[693] Crowley, 1976, p. 291

Geheimnisse zu offenbaren, die hinter dem Abgrund liegen, der die duale Welt der Illusion von der Welt der non-dualen Transzendenz trennt: „Also I heard the voice of Adonai the Lord[694] the desirable one concerning that which is beyond."[695]

4.5.6 Der Abyssos – die Grenze

Crowleys Doktrin beruht auf zwei esoterischen Konzepten des Universums, die beide als ineinander verschachtelte Realität betrachtet werden, so daß Thelema die Existenz als *Multiversum* begreift. Diese beiden Konzepte sind a) der kabbalistische Lebensbaum, der das kosmische Sein als aus den 10 Sephiroth bestehend zeichnet und b) das System der Enochischen Magie,[696] das die Welt in die sog. 33 Aethyre einteilt. Ursprünglich sind beide kosmologisch-spirituellen Konzepte unabhängig voneinander gewesen, aber bereits im Golden Dawn wurden beide miteinander in Verbindung gebracht, was an der generellen eklektizistischen Tendenz des Okkultismus begründet liegt, der alle Mysterienschulen, spirituellen Lehren und religiösen Konzepte als Splitter eines einzigen großen Puzzles betrachtet. Dabei gilt die *Kabbala*[697] als esoterische Seite der jüdischen Religion, ebenso wie etwa die *Gnosis* als esoterische Seite des Christentums betrachtet wird.[698] Aethyre und Sephiroth gelten als parallele Koordinaten einer Realität, die allerdings verschiedene Ebenen dieser Realität beschreiben und somit bis auf einige Dimensionen nicht immer kongruent miteinander sind:

> Now the plane of the Aethyrs interpenetrateth and surroundeth the universe wherein the Sephiroth are established, and therefore is the order of the Aethyrs not the order of the Tree of Life. And only in a few places do they coincide. But the knowledge of the Aethyrs is deeper than the knowledge of

---

[694] Meint den *Augoides*. *Adonai* dient als Substitut für den Namen Gottes im Alten Testament; der *Holy Guardian Angel* ist die persönliche Offenbarung des Göttlichen für das Individuum, da solche Trennungen der Begriffe nur unterhalb des Abyssos existieren.
[695] Crowley, 1990a, p. 81
[696] Ein magisches System, das auf den Mathematiker und Astronomen John Dee [1527-1608] zurückgeht, der unter anderem auch der Hofastrologe von Königin Elizabeth I. gewesen ist. Sein Leben wurde in romanhafter Form von Gustav Meyrink in *Der Engel vom westlichen Fenster* beschrieben. Innerhalb der okkulten Tradition gilt Dee jedoch nur als Wiederentdecker einer uralten magischen Lehre, welche bis auf Atlantis zurückgehen soll. [cf. Schueler, 1992, p. 2 s.]
[697] Auch Qabalah geschrieben [Hebr.: QBL].
[698] D.h., da der Okkultismus sich als esoterische Weisheitstradition versteht, sieht er generell in den exoterischen Formen der jeweiligen Religionen im besten Fall immer nur eine oberflächliche Lehre für die Massen, oder schlimmstenfalls eine Korrumpierung der eigentlichen Lehren. Während der sunnitische Islam, das offizielle Christentum und etwa der Hinduismus ihre jeweiligen mystischen/esoterischen Traditionen Sufismus, Gnosis und Tantrismus in Bezug auf ihre Rechtgläubigkit beargwöhnen oder gar verdammen, sieht der Okkultismus in ihnen die eigentliche wahre Lehre, auf die er in seinen weltanschaulichen Ansätzen Bezug nimmt.

the Sephiroth, for that in the Aethyrs is the knowledge of the Aeons, and of Thelema[699]

Um das Konzept des Abyssos in Crowleys Doktrin zu verstehen, sollen an dieser Stelle zwei Betrachtungen zu den gerade genannten Systemen eingeschoben werden.

4.5.7 Exkurs: Der kabbalistische Lebensbaum[700]

Dieser ist eine Struktur von verschiedenen Sphären, die in einer schematischen Baumstruktur angeordnet sind und in der Kabbala als Modell verwendet wird, wie Gott die Welt erschaffen hat. Auf der anderen Seite ist es ebenso ein mystisches System, dessen Methodik dazu dient, daß die menschliche Seele sich Gott nähern kann. In diesem Sinne ist es ein ganzheitliches Konzept, welches das Wirken Gottes und die Annäherung seiner Geschöpfe an ihn umfaßt.

Der Lebensbaum besteht aus den 10 Sephiroth[701] und den sie verbindenden 22 Pfaden[702] und zeichnet das Bild der Schöpfung als dynamischen Prozeß der sich in die Manifestation hinein ergießenden Kraft Gottes. Gott hat nach dieser Vorstellung nicht einzelne Elemente in der Welt erschaffen, sondern er hat seine Schöpfungskraft in sich immer weiter verzweigende Sphären der sich somit dynamisch entwickelnden Existenz emaniert, so daß sich diese kreative Kraft mehr oder weniger selbständig verwirklichte, solange bis sie auf der untersten Sphäre (Malkuth), der materiellen Welt, einen scheinbaren Ruhepunkt fand. Malkuth ist nur ein scheinbarer Ruhepunkt, da die göttliche Schöpfungskraft sich quasi in den Erkenntnisdrang umwandelt, der den Menschen zur spirituellen Evolution befähigt und antreibt, so daß sich letztlich, wenn der einzelne Mensch sich durch die kabbalistischen Methoden wieder mit Kether identifiziert hat, der Kreis der Schöpfung schließt. In Crowleys Lehre wird dies ganz im gnostischen Sinne als der göttliche Funke interpretiert, der sich im Menschen wiederfinden läßt und nun auf der untersten Sphäre inkarniert, dabei eine Art Erinnerung an seine Herkunft behalten hat und zurück zum Ursprung allen Seins strebt. Dieses Bild des Universums zeichnet ein sich permanent entwickelndes Potential, da in jeder Sephirah die ihr nachgeordneten Sephiroth *in posse* bereits enthalten sind. Während diese Sphären (Sephiroth), obgleich nur eine glyphische Darstellung,

---

[699] Crowley, 1998, p. 153 (Thelema im Original mit griechsichen Buchstaben geschrieben)
[700] Hebräisch *Otz Chiim* genannt.
[701] Hebräisch für *Schale;* Sephiroth = Plural; Sephirah = Singular
[702] Im *Sepher Jesira* [bekannt als „Buch der Schöpfung"] werden diese Pfade mit spezifischen Tönen und Buchstaben in Verbindung gebracht, die als elementare Grundstrukturen des Seins verstanden werden. In der okkultistischen Adaption später vor allem mit den 22 Tarot-Trümpfen und ihrer Beziehung zu diesen Pfaden weiterentwickelt.

als Beschreibung objektiver Wirksphären Gottes betrachtet werden,[703] sind die sie verbindenden Pfade eher subjektive Resonanzen, die diese schwingenden Sphären in den Geschöpfen, vor allem dem Menschen, hervorrufen. Um die generelle Bedeutung des Abyssos zu verstehen, ist die Aussage der Kabbala wichtig, daß das materielle Universum sich in der untersten Sephirah Malkuth[704] manifestiert, während die oberste Sephirah Kether, als die erste Emanation des Göttlichen, das reine sich selbstbewußte ewige Sein darstellt. Kether ist nicht die gesamte Wirklichkeit des Göttlichen,[705] sondern deren erste Emanation. Kether selbst ist das göttliche Sein vor dem Hintergrund des unoffenbarten Göttlichen, welches die Kabbala die *negativen Schleier der Existenz* nennt und die in drei Ebenen vorgestellt werden: *Ayin* – Negativität, *En Soph* – das Unendliche und *Or En Soph* – das unendliche Licht. Da diese Ebenen aber für den menschlichen Geist nicht zugänglich sind, konzentriert sich der thelemitische Erkenntnisweg auf die erfahrbaren Sphären und bietet eine Methodik, um sich von Malkuth hinauf nach Kether vorzuarbeiten. Dieses symbolische Erklimmen des Lebensbaums[706] beschreibt die spirituelle Evolution eines in Malkuth existierenden Geschöpfes, das sich durch beständige Verfeinerung seines eigenen Bewußtseins vorbereitet, letztlich mit dem strahlenden unpersönlichen Sein in Kether zu verschmelzen. In der thelemitischen Religion wird dieser Entwicklungsweg oft mit dem Gralsmythos in Verbindung gebracht, wo der Mensch anfänglich als „der tumbe Tor" durch die Welt läuft, ganz und gar in ihren Beschränkungen gefangen, um dann einem Erkenntnisimpuls zu folgen, der ihn antreibt, sich auf die Suche zu begeben, um letztendlich „den heiligen Gral" zu erlangen, die überfließende Schale des reinen klaren Lichtes. Der tumbe Tor wird durch die Erkenntnisse auf seinem Weg letztlich zu Parzival, dem Hüter des Grals und hat damit sein menschliches Potential verwirklicht.

Innerhalb der glyphischen Darstellung des Makrokosmos[707] wird die obere sephirothische Triade [Kether, Binah und Chokmah] von den unteren Sephiroth durch einen Abgrund [Abyssos] getrennt.[708] Dies bedeutet für die spirituelle Entwicklung, daß die Pfade,[709] welche unterhalb des Abyssos zur Erreichung der

---

[703] Das *Sepher Ha-Bir*, eines der Hauptwerke der Kabbala, beschreibt die Sephiroth als *Eigenschaften* Gottes, was das Sein als eine mit Gott identischen Manifestation beschreibt. Interessant ist auch die weiterführende Idee des Kosmos, als *Adam Kadmon*, dem archetypischen Menschen, der ebenso durch die Sephiroth beschrieben wird, vor dem Hintergrund dieser kosmischen Psychologisierung Gottes.
[704] Hebräisch für *Das Reich*
[705] Wichtig ist zu betonen, daß Kether keine Persönlichkeit ist, sondern ein Zustand – ähnlich dem buddhistischen Nirvana.
[706] Das biblische Bild der *Jakobsleiter* kommt einem in den Sinn.
[707] Der *Otz Chiim* gilt auch als Beschreibung des Mikrokosmos, des Menschen, da seine Struktur als Spiegelung des *Adam Kadmon*, des archetypischen Menschen gilt.
[708] In der jüdischen Kabbala wird die obere Triade auch mit dem göttlichen Schöpfungsplan gleichgesetzt, durch den sich das unendliche Licht Gottes in der Welt manifestiert. Die unter dem Abyssos liegenden Sephiroth stehen dabei für die 7 Tage, in denen die Welt geschaffen wurde. [Genesis, 1,4 –2,4a]
[709] Die Pfade korrespondieren mit den 22 Tarot-Trümpfen, die wiederum die Eigenschaften der Pfade, sowie Visualisierungsschemata darstellen, um auf diesen Pfaden zu „reisen".

verschiedenen Sephiroth benutzt werden können, nicht mehr hilfreich sind, um die oberen drei Sephiroth zu erreichen, da es keinerlei direkte Verbindung mehr gibt. Um diese obere Triade zu erreichen, muß man – um im Bilde dieser kabbalistischen Struktur zu bleiben – *springen*, d.h. man muß den Boden der bisherigen Realität verlassen, man muß sich von der bisherigen Sicherheit der Egovorstellung lösen. Die Natur dieses Abyssos ist eine chaotische, da in ihm die Formen keinen Bestand haben,[710] aber dort gebildet werden: „There is no being in the outermost Abyss, but constant forms come forth from the nothingness of it."[711] Er ist das Übergangsstadium der sich langsam verdichtenden göttlichen Schöpfungskraft, die aus dem non-dualen Formlosen herabfließt in die Sphären konkreter Manifestation.

4.5.8 Exkurs: Enochian Magick

Wie bereits erwähnt, benutzt Crowley neben der Kabbala auch das System der Enochischen Magie. Dies ist einerseits darauf zurückzuführen, daß dieses System als ein sehr mächtiges gilt und Crowley in seiner Zeit im Golden Dawn damit in Berührung kam, als dieses System als systematisches Konzept entwickelt wurde. *Dr. John Dee* und sein Gehilfe *Edward Kelly* bekamen durch den Engel *Ave* Informationen vermittelt, die sie als das verlorene Wissen des Patriarchen Enoch des Alten Testaments ansahen, woher sich auch der Name des Systems letztlich ableitet. Dabei bediente sich Kelly eines sog. Schauglases,[712] in dem ihm der Engel auf einer Buchstabentafel nacheinander Worte und Sätze zeigte, deren Koordinaten Kelly wiederum Dee ansagte, der sie dann auf seiner eigenen Tafel identifizieren konnte. Der Engel gab diese Botschaften rückwärts diktiert an, damit durch eine eventuelle Aussprache nicht Kräfte entfesselt wurden, die zu diesem Zeitpunkt unerwünscht waren. Viele der Aufzeichnungen Dee's sind verschollen und das, was sich noch finden läßt, befindet sich in den sog. *Sloane Documents*,[713] die im Britischen Museum in London aufbewahrt werden. Das, was man dort über das Enochische System findet, ist allerdings kein systematisches Konzept, sondern im Wesentlichen die von Dee aufgezeichnete Information. Es blieb im Dunkeln, bis Gregor Mathers sich dieser Dokumente annahm und vor dem Hintergrund seiner eigenen magischen Schulung daraus ein System der magischen Praxis entwickelte. Es stellte sich heraus, daß die seltsamen Worte, in denen der Engel Dee die Botschaften übermittelt hatte, eine eigene Sprache zu sein schien, die auf einer eigenen Grammatik und Syntax basierte. Obgleich der Name Enochisch beibehalten wurde, als der Golden Dawn

---

[710] *The horror of emptiness* [Crowley, 1998, p. 155]
[711] op. cit., p. 163
[712] So nannte man zu jener Zeit das, was heute als Kristallkugel bekannt ist.
[713] no. 3188, no. 3189, no. 3191, no. 3677, und no. 3679. Reproduktionen von diesen Dokumenten sind einzusehen unter Holden, http://users.rcn.com/cholden/ (Stand: 12.09.04)

sich mit diesen Informationen befaßte, kam schnell der Gedanke auf, man habe es mit der alten Sprache aus Atlantis zu tun.[714] Allerdings bildete sich die Meinung heraus, es seien sehr gefährliche Elemente, die man durch die Enochischen Anrufungen evozieren könne und obgleich das System zum Lehrgut des zweiten Ordens innerhalb des Golden Dawn gehörte, wurde aus diesem Grund nicht wirklich praktisch mit ihm gearbeitet.[715]

Für Crowley war es nicht nur deshalb interessant, weil es ein wenig genutztes Gut des Ordens war und eine angeblich sehr effektive magische Methode dazu,[716] sondern er war auch der Überzeugung, daß er die Reinkarnation des Edward Kelly war, so daß er nun dazu berufen sei, seine damalige Arbeit wiederaufzunehmen.[717] Es war Crowley, der nach Kelly der erste war, der die sog. Aethyre, also die Sphären, zu denen Kelly durch die Vermittlung des Engels *Ave* Zugang erhielt, wieder bereiste. Das Ergebnis war das Werk *The Vision & the Voice*, welches bis heute zu den schwer deutbaren, aber auch eindrucksvollsten Werken Crowleys gehört.[718]

Die Enochische Magie ist ein sehr komplexes System der traditionellen Zeremonialmagie[719] und basiert auf einigen zentralen Elementen, die an dieser Stelle kurz skizziert werden sollen:[720]

Die Grundlage der Enochischen Magie sind die sog. *Calls* oder *Keys* genannten Anrufungen, die unter anderem die *Aethyre* - kosmische Sphären - öffnen.

---

[714] „Enochian is not mere Gibberish; it is a real language with a grammar and syntax of ist own. Perhaps it is, as more than one occultist has claimed, a degenerate form of drowned Atlantis" [Crowley, Audio-CD,<Booklet>] Eine weitere Deutung geht davon aus, Enochisch sei die Sprache gewesen, die in der Zeit gesprochen wurde, als die *Gottessöhne* [je nach theologischer Interpretation Engel oder irdische Nachkommen Sets] auf Erden wandelten und mit menschlichen Frauen verkehrten. [Gen 6,1-4] Daher auch die Bezeichnung *Angelic Language*.
[715] Diese Gefährlichkeit sei auch der Grund gewesen, warum Atlantis untergegangen sei – als eine Folge des Mißbrauchs der enochischen Kräfte durch die Priester.
[716] „(...) anyone with the smallest capacity for Magick finds that they work" [Crowley, 1998, p. 8]
[717] Kelly, der eigentlich Talbott hieß und eine kriminelle Vergangenheit hatte, verschwand mit Dees Frau, nachdem er eine Botschaft empfangen hatte, die ihn so verstörte, daß er nie wieder etwas mit Magie zu tun haben wollte. Er verschwand nach dieser kurzen Episode mit Dee im Dunkel der Geschichte und soll erneut ein kriminelles Leben geführt haben – so die Legende.
[718] Nach der Meinung d. Verf. zeigt sich in der in diesem Werk gegebenen Beschreibung seiner Visionen, Crowley's Sprachpotential und poetisches Können stärker, als in seinen eigentlichen Gedichten.
[719] Also einer magischen Praxis, die stark von Drama und aufwendigen Ritualen geprägt ist. Das Gegenteil dazu ist die pragmatische und ergebnisorientierte *Chaosmagie*, welche vor allem auf der minimalistischen Sigillenmagie des *Austin Osman Spare* basiert. [cf. Spare, 1990] Allerdings muß ein wesentlicher Unterschied gemacht werden zwischen dem ursprünglich von Dee und Kelly verwendeten „System" und dem heutigen, vor allem auf der Lehren des Golden Dawn basierendem System. Letzteres ist mit der eigentlichen Golden Dawn-Lehre und Praxis verknüpft und wirkt gegenüber dem, was Dee und Kelly ursprünglich praktizierten, sehr überfrachtet. Die Sloane Manuskripte legen nahe, daß Dee und Kelly nur die Gebete/Anrufungen rezitiert haben und dann Kelly bereits seine Visionen im Schauglas sehen konnte. Dies war mit Sicherheit keine komplexe Zeremonialmagie, wie sie heute in Zusammenhang mit der Enochischen Magie praktiziert wird.
[720] Eine gute Zusammenfassung zum Thema Enochische Magie findet sich unter NORA, http://www.occultresearch.org/enochian/ (Stand 12. 09. 04)

Dee und Kelly arbeiteten mit verschiedenen Utensilien, unter anderem den *Watchtower Tablets,*[721] welche in zweidimensionaler Struktur eine Darstellung der vier kosmischen Wachtürme geben, die heute verstanden werden als besondere „Dimensionswinkel" im Universum. Mathers brachte später diese Wachtürme mit den vier Elementen[722] in Verbindung. Durch eine Einzeichnung von bestimmten Kreuzformen auf diese Tafeln, die Buchstaben enthalten, erhält man je Tafel drei Namen, die als geheime Namen Gottes aufgefaßt werden. Insgesamt erhält man somit 12 geheime Namen Gottes. In den Riten, welche in diesem System auch heute praktiziert werden, dienen diese Watchtower Tablets als eine Art Fenster zu den mit den vier Elementen korrespondierenden Dimensionswinkeln und durch die Intonation der Heiligen Namen Gottes werden diese Fenster geöffnet und projizieren die Qualitäten des jeweiligen Elementes in die persönliche Aura des Magiers.[723]

Legt man nun um das große Kreuz, welches einen Watchtower Tablet in vier gleiche Teile aufteilt, einen spiralförmigen Weg, dann bilden die so erhaltenen Buchstaben wieder einen neuen Namen – den Namen des sog. *Elemental King*. Dieser steht dem Element, welches durch die jeweilige Tafel aktiviert werden kann, vor und herrscht über die Wesenheiten, die diesem Element zugeordnet sind. Dabei gibt es zwei verschiedene Wege, mit diesem König umzugehen. Entweder man aktiviert die untergeordneten Kräfte, was den König automatisch evoziert, oder aber man evoziert ihn als spezielle Kraft gesondert.

Weiterhin enthält jede Tafel die, auf ähnliche Weise erfahrbaren, Namen der *Seniors*, wobei jeder Elemente Tafel vier dieser Seniors zugeordnet sind, so daß man durch die vier Tafeln 24 Seniors bestimmen kann, die dem Elemental King unterstehen.[724] So wie die Kings den Elementen vorstehen, regieren die Seniors planetare Kräfte, die ebenso in den magischen Riten aktiviert werden können.

Jede Tafel enthält durch das Hauptkreuz, welches sie in vier Teile spaltet, in jedem Element wiederum ein Sub-Element. D.h. die Tafel des Feuers enthält Erde, Luft, Wasser und Feuer als weitere untergeordnete Elemente in sich. Belegt man nun die vier kleineren Quadrate der Sub-Elemente[725] wieder mit einem

---

[721] Zuweilen auch *Enochian Tables* genannt.
[722] Erde, Feuer, Wasser, Luft – aber im magischen Kontext als metaphysische Prinzipien verstanden, die nicht mit den irdischen Elementen verwechselt werden dürfen, wenngleich diese auch ein Ausdruck des jeweiligen Prinzips sind. Es gibt ein fünftes Element in der Magie – Geist oder Äther, der alle vier enthält, wie auch transzendiert.
[723] Man fühlt sich an die Natur der Ikonen als Fenster zum Himmel erinnert, die in der Orthodoxie eine zentrale Rolle spielen.
[724] Diese Seniors gelten als identisch mit den 24 Ältesten, die die Johannesoffenbarung als vor dem Throne Gottes niederkniend beschreibt: „Da fielen die 24 Ältesten und die vier Lebewesen nieder und beteten Gott an, der auf dem Throne sitzt und sprachen „Amen! Alleluja!" [Off, 19,4]
[725] Die verschiedene Elemente differenziert ansprechbar werden lassen: Das Element Erde existiert demnach als Erde/Erde, Erde/Feuer, Erde/Wasser und Erde/Luft. Entsprechendes gilt für die übrigen Elemente.

Kreuz, dem sog. *Sephirothic Cross*[726] dann erhält man wieder zwei Namen, die wiederum je einen weiteren Engel beschreiben: einerseits den *Command Angel* und den ihm unterstehenden *Serviant Angel*. Diesen beiden Engeln unterstehen wiederum andere Engel, die sog. *Kerubic Square Angels*, deren individuelle Namen auf ähnliche Weise in Erfahrung gebracht werden.

Eine weitere Tafel ist das *Tablet of Union*, welches als Kommunikationsinstrument zum Engel *EHNB* dient und bei enochischen Arbeiten auf dem Altar plaziert wird. Dieser Engel repräsentiert reine geistige Energie und wird vor allem invoziert, wenn es nötig ist, die durch die Watchtower Tablets evozierten Kräfte zu kontrollieren.[727]

Durch die Zusammenwirkung dieser und ähnlicher Tafeln, die zuweilen auch dreidimensional in Pyramidenform[728] erstellt werden und dann wiederum andere komplexe Zusammenhänge und Namensfolgen ergeben, die *Archangels*, *Demons* und andere Wesenheiten evozieren sollen, die mit diesen Tafeln und den Bereichen, welche von ihnen repräsentiert werden, in Verbindung stehen und den *Enochian Keys*, kommt eine komplexe Ritualstruktur zustande, die ebenso komplexe Visualisierungen begleitet, um Möglichkeiten der supernaturalen Kommunikation zu schaffen.

Die *Enochian Keys* oder *Calls,* sind eine Sammlung von 19 Anrufungen und Gebeten in der enochischen Sprache,[729] die zu verschiedenen Zwecken eingesetzt werden. Die ersten 18 Calls dienen in der Regel zur Anrufung der verschiedenen Engel, Dämonen und Elementarwesen, zur Weihung von magischen Gerätschaften, Divination etc., der 19. Schlüssel jedoch dient zum Öffnen der 30 Aethyre.

---

[726] Auch *Calvary Cross* genannt.
[727] D.h. er entspricht dem Element Äther, das in den genannten Tafeln fehlt.
[728] Diese Praxis geht auf den Golden Dawn zurück, der den so entstehenden zusätzlichen Seiten der Tafeln verschiedene Korrespondenzen zuwies: Hebräische Buchstaben, Astrologische Zeichen, Tarot-Karten etc. [cf. Schueler, 1988, p. 109]. Der Zusammenhang mit Tarotkarten wird vor allem deswegen so wichtig, da die Deutung der Enochischen Sprache als Sprache des untergegangenen Atlantis eine direkte Verbindung zum Tarot erlaubt. Der Tarot gilt in esoterischen Kreisen als ägyptisches Mysterienerbe, welches den Menschen vom Gott Thot geschenkt worden ist und es gehört ebenso zum allgemeinen okkulten Traditionsgut, daß das alte Ägypten zum Erben der atlantischen Weisheit wurde. Als kleine Anmerkung sei noch erwähnt, daß [wie ein Praktiker der Enochischen Magie d. Vf. vor Jahren erzählte] in der heutigen „enochischen Magieszene" der Horrorfilm *Hellraiser*, der einen Würfel beschreibt, der durch Verschiebung seiner Seiten Dimensionstore öffnet, durch welche die sog. *Cenobiten*, besondere Dämonen, in die irdische Realität gelangen, als Darstellung des enochischen Konzeptes verstanden wird, wobei dem Urheber der Story – Clive Barker - eingeweihtes Wissen zugeschrieben wird – zumal in einer Szene des Films ganz kurz ein Portrait Crowleys zu sehen ist.
[729] cf. Crowley, 1998, p. 7; Man muß natürlich skeptisch anmerken, daß die Behauptung, dies sei eine echte Sprache mit kompletter Grammatik und Syntax, eine sehr gewagte ist, da zur Analyse derselben ja nur diese 19 kurzen Anrufungen und die Skizzen der Buchstabentafeln herangezogen werden können, so daß dies als Ausgangslage zumindest äußerst problematisch scheint. Selbst wenn dies der Fall sein sollte, so sagt dies noch nichts darüber aus, ob es auch eine „echte" Sprache ist. Daß man sehr wohl Sprachen künstlich erschaffen kann, hat J.R.R. Tolkien in seinem *Lord of the Ring* Mythos und den darauf bezogenen, von ihm entwickelten Sprachen, eindrucksvoll bewiesen.

Einen kurzen sprachlichen Eindruck soll an dieser Stelle ein Auszug aus diesem *Key of the Thirty Aethyrs* geben:

> Madariatza das perifa LIL cahisa micaolazoda saanire caosago od fifisabalzodizodarasa Iaida. Nonuca gohulime: Micama adoianu MADA jaoda belliorebe, soba ooaona cahisa luciftias peripesol, das aberaasasa nonucafe netaaibe coasajo od tilabe adapehaheta damepelozoda, tooata nonucafe jimicalazodoma larasadatofejilo marebe yareryo IDOIGO (...)[730]

> [O ye Heavens which dwell in the first Air, ye are mighty in the parts of the Earth, and execute the Judgement of the Highest! Unto you it is said: Behold the Face of your God, the beginning of comfort, whose eyes are the brightness of the Heavens, which provided you for the Government of the Earth, and her unspeakable variety, furnishing you with a power of understanding to dispose all things according to the Providence of him that sitteth on the Holy Throne (...)][731]

Diese Aethyre werden nun als spezifische kosmische Dimensionen aufgefaßt, die ebenso, wie der kabbalistische Lebensbaum, den metaphysischen Aufbau der kosmischen Strukturen beschreiben. Dabei wird davon ausgegangen, daß die Aethyre umfassendere Dimensionen beschreiben, in denen die verschiedenen Sephiroth selbst wiederum enthalten sind. Es gibt verschiedene Zuweisungen der Sephiroth und der Zwischenräume innerhalb der Sephiroth zu einzelnen Aethyren, bis hin zu spezifischen Aethyren, die den Baum des Lebens, oder gar mehrere dieser Bäume enthalten.[732]

Diese kosmische Struktur ist von einer Vielzahl spiritueller Intelligenzen bewohnt, welche in einer strikten Hierarchie miteinander agieren, was wiederum Auswirkungen auf die Art und Weise hat, wie der Magier mit diesen Entitäten umzugehen hat.[733] In der Reihenfolge ihrer Machtfülle stellt sich diese Hierarchie folgendermaßen dar:

---

[730] Schueler, 1988, p. 257
[731] op. cit., p 258
[732] Also wieder im Sinne des angenommenen Multiversums, das in der Magie oftmals zum tragenden Konzept gehört. Eine theoretische Basis dieser Gedanken ist z.B. das serialistische Konzept von *John W. Dunne*, der davon ausging, daß es im Universum eine unendliche Präsenz verschiedener Dimensionen gibt, die nur durch den Zeitfaktor voneinander getrennt sind, und daß zuweilen Vergangenheit, Gegenwart und Zukunft zusammenfallen können. Begabte Personen könnten demnach einen temporären Zugang zu einer anderen Dimension dieses mehrdimensionalen Universums erhalten, was viele sog. übernatürliche Erlebnisse als Realität einer anderen Dimension dieses seriellen Universums erklären würde. Dunne erläuterte seine Ideen zuerst 1927 im Buch „An experiment in Time" und 1934 ausführlicher in dem Werk „The serial Universe." [anon., http://www.iglou.com/members/emonk/dreams/Time.htm (Stand: 12.09.04)]
[733] Der Gründer der *First Church of Satan*, Anton Szandor LaVey (1930 – 1997), – der in Wirklichkeit Howard Stanton Levey hieß [zum Thema Legende vs. Wirklichkeit in Bezug auf LaVey v. LaVey/Schreck, http://www.churchofsatan.org/aslv.html (Stand: 12.09.04) -, sah in der Deutung einer christlich angehauchten kosmischen Engelsstruktur eine Mißinterpretation des gesamten enochischen Konzeptes: "The „angels" refered to in Kelly's first revelation of the Enochian Keys, obtained through the windows of the crystal, are only „angels" because occultists to this day have lain ill with metaphysical constipation. Now the crystal clears, and the „angels" are seen as „angles" and the windows to the fourth dimension are thrown open – and to the frightened, the Gates of Hell" [LaVey,

Kings
Seniors
Sephirotic Cross Angels
Kerubic Angels
Archangels
Angels
Lesser Angles
Demons[734]

Die 30 Aethyre haben eine absteigende Numerierung, d.h. der unterste Aethyr hat die Nummer 30 und der oberste Aethyr die Nummer 1.

30. TEX	20. CHR	10. ZAX
29. RII	19. POP	9. ZIP
28. BAG	18. ZEN	8. ZID
27. ZAA	17. TAN	7. DEO
26. DES	16. LEA	6. MAZ
25. VTI	15. OXO	5. LIT
24. NIA	14. VTA	4. PAZ
23. TOR	13. ZIM	3. ZOM
22. LIN	12. LOE	2. ARN
21. ASP	11. ICH	1. LIL

Der Magier beginnt seine Reise durch die Sphären im Aethyr TEX, der mit Malkuh korrespondiert und findet sein Ziel im Aethyr LIL, was in kabbalistischer Betrachtung Kether darstellt. Ebenso, wie die Ordensgrade in Zusammenhang stehen mit den Sephiroth, da sie den durch sie repräsentierten Bewußtseinsstufen entsprechen, so korrespondieren sie auch mit bestimmten Aethyren. Dies erlaubt es, daß der Aspirant sich nach seinen persönlichen Vorlieben und Fähigkeiten entweder am traditionell kabbalistisch geprägten Pfad orientiert, wenn er die Grade der spirituellen Entwicklung durchläuft, oder aber den Weg der enochischen Aethyre als Orientierungssystem verwendet, wobei immer die Möglichkeit bleibt, beide Systeme gleichzeitig zu verwenden, da sie nicht verschiedene Realitäten beschreiben, sondern die eine Realität differenziert darstellen.[735]

Jeder dieser Aethyre wird mit dem 19. Enochischen Schlüssel geöffnet, indem der Name des betreffenden Aethyrs eingesetzt wird. Die enochischen Anrufungen werden dabei nicht normal gesprochen, oder rezitiert, sondern *vibriert*. Dies ist eine besondere Art der Aussprache, die den Körper in Schwingungen versetzt

---

1969, p. 155]. LaVey entwickelte ein eigenes dimensionsspezifisches Konzept in Verbindung mit trapezoidischen und pyramidalen Formen – „The Law of the Trapezoid" [cf. LaVey, 1992, p. 111]
[734] cf. Schueler, 1992, p. 52
[735] Durch die Zusammenführung der kabbalistischen Tradition mit dem enochischen System, die beide auf der Grundlage eines eklektizistisch-okkultistischen Systems überarbeitet wurden, ist somit eine ganzheitliche metaphysische Beschreibung der Realität, wie auch eine ebensolche Methodik möglich geworden, die Crowleys grundsätzlichem Ansatz, das alte Weisheitsgut von unnötigem Ballast zu befreien und es als neudefinierten Einheit zugänglich zu machen, sehr entgegenkommt.

und dadurch eine starke Involvierung des Magiers, sowohl psychisch wie auch physisch, in den Ritualablauf unterstützt.[736] Das zentrale Element in Crowleys Lehre über die Entwicklung des spirituellen Potentials, das sich im Menschen finden läßt und das ihn befähigt, die Illusionen um ihn herum zu zerstören, um seine eigentliche Natur freizusetzen - die Überquerung des Abyssos - findet sich dabei in beiden Systemen, dem kabbalistischen Lebensbaum, wie auch im Konzept der 30 Aethyre. Während der Abyssos in der Struktur des Lebensbaums eine Lücke zwischen den durch die 22 Pfade verbundenen Sephiroth ist, ist er im Enochischen System ein eigener Aethyr – ZAX, dessen „formula represents the weakening of the Energy of the Sun, and the falling into incoherent elements of all that is organized."[737]

Vor dem Hintergrund des ihm bekannten erweiterten Systems der enochischen Magie, gestaltete Crowley die Öffnung des Abyssos, was gleichbedeutend ist mit einer Evokation von *Choronzon*,[738] als traditionelle zeremonialmagische Evokation. Auf seiner Reise durch die algerische Wüste zusammen mit seinem Schüler Victor Neuburg,[739] wurde ein magischer Schutzkreis in den Wüstensand gezogen, der Neuburg, welcher als Schreiber und Zeuge fungierte, von dem, was durch den Ritus entfesselt werden konnte, schützen sollte. Vor diesen Zirkel wurde ein Dreieck gezogen, das in der traditionellen Zeremonialmagie dazu dient, die evozierten Entitäten dort zu fesseln, so daß sie nur in einen Teil der den Magier umgebenden Realität gelangen können. Der Abyssos wird von Crowley in all seinen Werken immer wieder als eine transzendente Erfahrung beschrieben, die in einem Bereich weit jenseits der profanen Wirklichkeit erfahren wird. Selbst Vergleiche der Abyssoserfahrung mit anderen, ähnlichen spirituellen Konzepten wies er immer scharf zurück:

> Hindus may maintain that Atmadarshana, or at any rate Shivadarshana, is the equivalent of crossing the Abyss. Beware of any such conclusions! The trances are simply isolated experiences, sharply cut off from normal thought-life. To cross the Abyss is a permanent and fundamental revolution in the whole of one's being.[740]

Atmadarshana[741] und Shivadarshana[742] bezeichnen bei Crowley spezifische Zustände des Samadhi.[743] Atmadarshana ist dabei strenggenommen ein Zustand

---

[736] Eine Ahnung dieser besonderen Sprechweise geben die Sakralgesänge im tantrischen Buddhismus (Vajrayana).
[737] Crowely, 1998, p. 159
[738] Laut Crowley bereits von Edward Kelly, der ihn zuerst gesehen hatte, als „that mighty devil" bezeichnet [ibid.]
[739] Frater *Omnia Vincam*
[740] Crowley, 1991a, p.112
[741] Versenkungsstufe, die sich auf das Selbst bezieht (sansk.: *Atman*)
[742] Versenkungsstufe, die sich auf die Fähigkeit des Gottes Shiva bezieht, der das Universum zerstören würde, wenn er je sein drittes Auge öffnet. *Darshana* (sanskr.) heißt soviel wie „Anschauungsweise", woher sich die spirituelle Übung des *darshan* als Anblick des Guru erklärt, der nach hinduistischer Lehre Segen bringt. Innerhalb des Hinduismus wird der Begriff auch noch zur Bezeichnung von 6 spezifischen Lehrsystemen (*Darshanas*) verwendet, die die Veden als Offenbarung respektieren.

des Dhyana, wobei Crowley zwischen verschiedenen Formen der Egolosigkeit unterscheidet. Atmadarshana ist die Bewußtwerdung der illusionären Natur des Ich und gehört damit zur Versenkungsstufe des Dhyana. Dhyana wird von Crowley aufgefaßt als Zustand, in dem die Elemente des Ego und des Non-Ego sich gegenseitig in der Betrachtung aufheben, was zu einer temporären Auflösung des Ego führt. Shivadarshana ist seiner Natur nach radikaler als Atmadarshana, da es tatsächlich zu einer Vereinigung der egohaften und non-egohaften Elemente kommt, die nicht nur in der Kontemplation geschaut wird, sondern als Zustand erfahren wird. Deshalb gehört diese Form der Egolosigkeit zur Versenkungsstufe des Samadhi. Beide Versenkungsstufen sind jedoch nur temporär, d.h. sie erlauben Einsichten in einen Aspekt der wahren Wirklichkeit und brauchen dazu den Projektionshintergrund des Bewußtseins, das sich vom Wesen her durch diese Einsichten nicht dauerhaft umwandelt – die Egoverhaftung an sich bleibt also bestehen.[744] Im Unterschied zu diesen durchaus tiefen Versenkungsstufen der verschiedenen spirituellen Traditionen, ist der Sprung über den Abyssos, den Crowley als unabwendbares Wagnis vor die Erreichung des letzten Ziels, der Befreiung von den Illusionen, setzt, keine Einsicht in den Zustand der Egolosigkeit, sondern eine totale Zerstörung des Egos. Eben darin liegt auch die Gefährlichkeit dieses Bewußtseinssprungs über die Grenze zwischen den Sphären, resp. die Durchschreitung des 10. Aethyrs. Gelingt der Sprung nicht, weil der Adept durch die vorhergehenden Praktiken seine Lösung vom Ego nicht vollkommen gemacht hat, dann wird er selbst – seine Persönlichkeit, sein Bewußtsein etc. – alles, was ihn zum Menschen macht, der über ein spirituelles Potential verfügt, in die Vernichtung hineingezogen. Samadhi ist ein Zustand, der wieder vergeht, wenngleich er auch sehr lange anhalten kann. Kehrt das Bewußtsein aus dieser Versenkungsstufe in das Normalbewußtsein zurück, kann es von den gewonnen Einsichten lernen – aber es geht keine Gefahr von dieser Erfahrung aus. Ist man jedoch an der Stufe angelangt, an der man zum Sprung über den seinsmäßigen Abgrund bereit ist, und er mißlingt, kann man nicht mehr zurück, sondern man wird weiter vorwärtsgetrieben. Im Gegensatz zu einem gelungenen Sprung, der den Adepten als Nemo[745] in der Stadt der Pyramiden[746] inkarnieren läßt, also in einer Bewußtseinsform sich wiederfinden läßt, die nicht mehr egoverhaftet ist, da das Ego unwiderruflich vernichtet ist, kommt nach einem mißlungenen Sprung dort nichts weiter an, als eine leere ausgebrannte

---

[743] *Samadhi* ist die höchste Form yogischer Praxis, welche in den von *Patanjali* verfassten *Yoga-Sutras* beschrieben werden und dort als die acht *Angas* (Glieder) des Raja-Yoga erwähnt sind: *Yama* (Selbstbeherrschung), *Niyama* (5 Tugenden der Selbstdisziplin), *Asana* (meditative Körperhaltung), *Pranayama* (Atemkontrolle), *Pratyhara* (Kontrolle der Sinne), *Dharana* (geistige Sammlung), *Dhyana* (Meditative Leere) und *Samadhi* (höchste Versenkung).

[744] Dadurch, daß die Vereinigung der Gegensätze im Shivadarshana keine andauernde ist, bleibt davon nur die Erfahrung übrig, die der Praktizierende vor dem Hintergrund seines Bewußtseins als Erinnerung behält – insofern bleibt wie beim Atmadarshana nur eine Einsicht nach dieser Erfahrung übrig.

[745] Derjenige, der auf der „anderen Seite" des Abyssos wieder erscheint, kann keinen Namen haben, da es keine Bezugspunkte mehr gibt für eine Ich-Du Relation und es ist konsequenterweise *Niemand*, der im Zustand Binah entsteht.

[746] Bezeichnung für die Sephirah Binah.

Hülle, eine bloße Projektionsfläche der im Abyssos wirkenden chaotischen Kräfte.

Und dennoch stellt sich die Praxis der Konfrontation mit dem Abyssos und seiner Verkörperung Choronzon als traditionelle Evokation dar, weniger als meditative Betrachtung, wie das Konzept an sich vielleicht nahelegen würde, wenngleich in Crowleys Magieverständnis alle äußeren Formen und Riten nur Hilfestellungen sind, um Veränderungen im Bewußtsein zu stimulieren und diese zu lenken. Dabei erhöhte Crowley die Gefahr bei der Evokation, vom traditionellen Standpunkt aus betrachtet, auch noch dadurch, daß er entgegen der magischen Tradition, die den Beschwörer im Kreise geschützt sehen will, selbst im Dreieck Platz nahm, als der Ritus begann. Symonds, der diese Handlungsweise Crowleys als „foolhardy action" beschreibt, mißversteht den Sinn der Operation als „to invite obsession by the demon when he was evoked into the triangle."[747] In Crowleys Denken war es eine Konsequenz seines metaphysischen Verständnisses des Abyssos. Die Öffnung des 10. Aethyrs sollte nicht nur, wie bei Edward Kelly, eine Vision des Abyssos erlauben, sondern Ziel war es, sich tatsächlich den dort wirkenden Kräften auszuliefern, also den Sprung zu wagen.[748] Geht man davon aus, daß Crowley diese zeremonialmagische Operation ebenfalls nur als dramaturgische Potenzierung eines Spannungszustandes im Sinne des energized enthusiasm verstand, dann wollte er augenscheinlich die emotionale Spannung seines Bewußtseins auf ein absolutes Maximum bringen. Eingedenk, daß seinem Unterbewußtsein die okkulte Tradition sehr vertraut war, mußte die Tatsache, daß er sich dem traditionellen Magieverständnis zufolge im Triangel in extreme Gefahr begab, dazu führen, daß eben der Effekt der Spannungsmaximierung erfolgte. Für Crowley war demnach konsequenterweise der Abyssos in dem Augenblick der Operation ein Zustand in den er sich versetzte und kein Ort, an dem er sich aufhielt.

---

[747] Symonds, 1989, p. 118

[748] Die Angabe Tegtmeiers [Tegtmeier, 1989, p. 46], Crowley hätte sich im Zuge der Schau des 14. Aethyrs zum Magister Templi erklärt, ist falsch. Erstens macht dies im System der Grade der Erlangung in Crowleys System keinen Sinn, da der Magister Templi der Grad desjenigen ist, der den Abyssos erfolgreich überquert hat, Crowley ihn also nicht vor dem 10. Aethyr hätte annehmen können [Zur Erinnerung: die Aethyre werden absteigend durchlaufen, vom 30. hinauf zum 1.] und zweitens sagt der Engel in der Vision des 14. Aethyrs: „I am Hermes, that am sent from the Father to expound all things discreetly in these the last words [weil die Vision ihrem Ende zuging; d. Vf.] that thou shalt hear before thou take thy seat among these, whose eyes are sealed up and whose ears are stopped and whose mouths are clenched, who are folded in upon themselves, the liquor of whose bodies is dried up, so that nothing remains but a little pyramid of dust" [Crowley, 1998, p. 142]. Im 14. Aethyr erhielt Crowley einen Ausblick auf den Magister Templi und eine Erklärung, daß er berufen sei, diesen Grad zu erlangen – was *de facto* aber erst nach Abschluß der Operation geschah, in der Crowley die Aethyre bereiste. [cf. Regardie, 1989, p. 414]. Desweiteren ist Tegtmeiers Definition der Aethyre als „rituelle(r) Trancevisionen festgelegten Inhalts" [Tegtmeier, 1989, p. 46] ebenso falsch. Es gilt als eindeutig in der thelemitischen Bewegung, daß „Contrary to popular belief, each persons visions will NOT be exactly the same as Aleister Crowley's visions within Liber 418- "The Vision and the Voice" [anon., http://enochiana.tripod.com/aethyrs.html (Stand: 12.09.04)]

Die Gefahr, die innerhalb des Abyssos lauert, wird durch die Wesenheit Choronzon symbolisiert, die selbst keine Person ist, aber als illusionäre Erscheinung einer Persönlichkeit aus dem Abyssos hervortreten kann.[749] Als Crowley den 10. Aethyr – ZAX – durch das oben skizzierte Ritual öffnete, erschien auch ihm Choronzon in verschiedenen Formen, dabei immer andere Persönlichkeiten annehmend und sprach zu ihm:

> I am the Master of Form, and from me all forms proceed. I am I.[750] I have shut myself up from the spendthrifts, my gold is safe in my treasure-chamber, and I have made every living thing my concubine, and none shall touch them, save only I. (...)
> From me come leprosy and pox and plague and cancer and cholera and the falling sickness.[751] Ah! I will reach up to the knees of the Most High and tear his phallus with my teeth, and I will bray his testicles in a mortar, and make poison thereof, to slay the sons of men[752]

Choronzon bezeichnet sich in diesen Worten als Meister der Formen, was jedoch im thelemitischen Verständnis als bloße Lüge aufgefaßt wird. Choronzon ist die Spiegelung des Egos im Abyssos und ebenso wie diesem der Wunsch zu herrschen innewohnt, präsentiert sich Choronzon als Meister all der chaotischen Formen, die im Abyssos herumwirbeln. Durch seinen Versuch, das „Gold" in seinen Schatzkästen zu horten und eben nicht zu verschwenden, präsentiert sich Choronzon als sich selbst isolierende Gegenkraft zur emanierenden Schöpfungskraft Gottes, da die Schöpfung gerade durch das sich selbst Verschwenden des Göttlichen zustande kam. Damit gehört er zu denselben Gegenkräften, zu der etwa auch die christliche Maria gehört, die von den Entitäten, die Crowley in den Aethyren geschaut hat, beschrieben wird: „Moreover there is Mary, a blasphemy against B a b a l o n (sic), for she hath shut herself up."[753] Es ist eben dieses sich abschließen, sich isolieren von der dynamischen sich permanent entwickelnden Schöpfung, die ein Konzept, eine Lehre oder eine Entität im Universum zur negativen Kraft deklarieren. „She (Maria; d. Vf.) seeks to resist Change, which is Life; she refuses the formula, „love under will."[754]
Choronzon, der in diesem Sinne durchaus der christlichen Satansgestalt entspricht,[755] ist gänzlich darauf ausgerichtet, die Schöpfungskraft – symbolisiert

---

[749] „(...) for although he (Choronzon, d. Vf.) is not a Person, he is the metaphysical contrary of the whole Process of Magick" [Crowley, 1998, p. 159]
[750] Anlehnung an die Selbstoffenbarung Jahwes *Ich bin der ich bin.* [Ex, 3,14]
[751] Choronzon ernährt sich von Furcht und Angst, wenn ein Mensch in den Abyssos eintritt, deswegen ist es auch so wichtig, daß der Aspirant seine Identifikation mit dem Ego überwunden hat, da dieses die Quelle der Angst ist, die Choronzon anvisiert.
[752] Crowley, 1998, p. 163 s.
[753] op. cit., p. 213
[754] ibid.
[755] Wobei Crowleys Lehre eindeutig ein gnostischer Umwertungsprozeß zugrundeliegt, der gut und böse gänzlich anders definiert als das Christentum, das ja in thelemitischer Vorstellung durchaus aus derselben Quelle entstammte wie die thelemitische Doktrin im gegenwärtigen Zeitalter. Die Tatsache, daß christliche Symbole, Namen und Ideen in diesem Sinne umgedeutet werden, läßt aber nicht den

durch die Hoden – zum Versiegen zu bringen und die Existenz auszulöschen, also die Manifestation der göttlichen Kraft zurückzuführen in den Wirbel der noch nicht gebildeten Formen, wie sie im Abyssos erscheinen.

> Choronzon hath no form, because he's the maker of all form; (...)
> And, because he is himself, therefore he is no self; the terror of darkness, and the blindness of the night, and the deafness of the adder, and the tastelessness of stale and stagnant water, and the black fire of hatred, and the udders of the Cat of slime; not one thing, but many things. (...)[756]

Ein sehr interessanter Punkt ist, daß die Rituale, die heute angewendet werden, um diese Überquerung des Abyssos zu vollziehen, dem Vorgehen Crowleys allerdings genau entgegengesetzt sind, was durchaus die grundsätzliche Frage aufkommen läßt, inwieweit dies dann noch dieselbe Erfahrung ist, die dabei anvisiert wird resp. inwieweit dabei die Interpretation Crowleys in Bezug auf das, was sich tatsächlich abspielt, noch präsent ist. In allen d. Vf. bekannten Riten, die auf evokatorischer Basis arbeiten, sich dabei also an Crowleys Vorgehen orientieren, befindet sich der Adept in klassischer Manier innerhalb des Schutzkreises und begnügt sich damit, den Abyssos um diesen Kreis herum sich manifestieren zu lassen, um ihn zu *betrachten* – nicht um sich ihm total zu überlassen:

Das verbreitete *Enochian Ritual of the Abyss* drückt im Vorwort seine Intention wie folgt aus: „The following ritual is provided for those magicians, who will to face into the Abyss and dare to cross beyond it."[757] Die Ritualbeschreibung zielt aber lediglich darauf „(to) See the depths of the Abyss surrounding you in your protected circle."[758] Eben dies war ja *nicht* das Ziel Crowleys, weil die Betrachtung des Abyssos keine Metamorphose des menschlichen Seins hervorrufen kann, wie dies ja bereits bei den Versenkungszuständen deutlich wurde. Weiterhin war ein Grund dafür, daß Crowley das Tor zum Abyssos innerhalb des Dreiecks öffnete, zu verhindern, daß die alles negierende Kraft, die im Abyssos wirkt, auf die reale Welt übergreifen kann, was – wenn man die zugrundeliegende Idee zu Ende denkt – zur Vernichtung dieser Realität geführt hätte, oder zumindest hätte führen können:

> Now, then, the Seer being entered within the triangle, let him take the Victims and cut their throats,[759] pouring the blood within the Triangle, and

---

Schluß zu, dies sei Zeichen eines Satanismus, da damit die systemimmanenten Differenzierungen, welche zu dieser Umwertung führen, nicht mitbedacht werden und dies deshalb in eine völlig falsche Richtung führt. Es liegt eben keine simple Umformung der ethischen Parameter vor, sondern eine Neuformung innerhalb eines anderen weltanschaulichen Kontextes. [cf. Schmidt, 1992, p. 7 ss. et 130 ss.]
[756] Schmidt, 1992, p. 165
[757] Schueler, 1992, p. 356
[758] op. cit., p. 360
[759] Die Opfertiere waren drei Tauben.

being most heedful that not one drop fall without the Triangle; or else Choronzon should be able to manifest in the universe.[760]

Damit verschließt sich Crowley offensichtlich zumindest nicht der Möglichkeit, daß der Abyssos, als eine Dimension, die man zuvorderst in seinem Bewußtsein erfährt, sich dennoch real manifestieren kann, wobei er aber nie den tatsächlichen Hintergrund erläutert hat. Dementsprechend gibt es manchmal eine Überschneidung im Verständnis magischer Operationen und ihrer Effekte, zwischen psychischen und physischen Wirkungen.
Allerdings geht dieses Ritual und alle, die sich an ihm orientieren, davon aus, daß der Magier sich eine Insel schafft, auf der er geschützt ist und der Abyssos um ihn herum sich manifestiert – was exakt das Resultat wäre, vor dem Crowley warnt.

Das Ritual beschließt mit dem Rat: „Let the demons of the Abyss be as black swirling clouds upon a midnight sea but unable to harm you."[761] – was dem eigentlichen Sinn der ganzen Operation der Doktrin nach, die dahinter steht, völlig konträr ist: die Vernichtung des Ego. All diese in der heutigen thelemitischen Welt bekannten und praktizierten Evokationen stehen auf der Basis der klassischen Evokationsmagie, die Kräfte beschwört und die den Magier selbst schützt. Bei Crowley geht es aber im eigentlichen Sinne um die Vernichtung der – hier zu schützenden – Persönlichkeit. Da am Anfang des Rituals die Intention angegeben wird mit dem Ziel, den Abyssos zu überqueren, scheint der Schlußsatz die Art und Weise zu definieren: „Remain in this state as long as you can."[762]

Der existentielle Sprung über den Abgrund, der das duale vom non-dualen Sein, die Illusion der Wirklichkeit, von der dahinterliegenden Transzendenz trennt, und der nur gelingen kann, wenn das, sich selbst als real empfindende, Ego völlig zerstört ist, ist hier degradiert worden zu einer Art spirituellen Sightseeing-Tour, die sich mit einer bloßen Betrachtung dieses Abgrundes aus dem sicheren Schutzkreis heraus begnügt und dabei das eigentlich thelemitische Ziel – die Persönlichkeit jeglichen Schutzes zu entkleiden, damit deren irrealer Kern vernichtet werden kann - völlig negiert. Hier wird also eine Inkonsistenz mit der thelemitischen Doktrin deutlich, die jedoch in ihrer Konsequenz von den beteiligten Thelemiten gar nicht erfaßt wird, was man durchaus erstaunlich finden kann.[763]

---

[760] Crowley, 1998, p. 162 ; Die Aufzeichnungen des Ritus beschreiben zwar, wie Choronzon auch außerhalb des fesselnden Dreiecks agiert, aber diese Erscheinungen sind als bloße Illusionen zu verstehen. [op. cit., p. 163 ss.] Was Crowley zu verhindern trachtete, war die tatsächliche Manifestation des Abyssos in der Welt.
[761] Schueler, 1992, p. 360
[762] op. cit., p. 361
[763] Es steht allerdings in Einklang mit vielen Beispielen innerhalb thelemitischer Gruppen, die deutlich werden lassen, daß das Ego nicht in der von Crowley gelehrten Konsequenz als Wurzel allen Übels verstanden wird, sondern als die eigentliche Basis betrachtet wird, auf der man sich definiert.

4.5.9 Der Ipsissimus – die Vollendung

Das letzte Tor, welches der Adept der Mysterien nach Crowleys Lehre durchschreiten muß, die letzte heilige Aufgabe, die es zu bewältigen gilt, ist das Ablegen des Eides des Ipsissimus – die Erlangung des höchsten Grades innerhalb von Crowleys Orden A.A. – was gleichbedeutend ist mit der höchsten Stufe, die ein inkarniertes Bewußtsein erlangen kann.

Das Ablegen eines magischen Eides ist dabei weniger eine symbolische Aussage über eine erlangte Bewußtseinsstufe, als vielmehr die tatsächliche Inkraftsetzung einer lange vorbereiteten Ausweitung des Bewußtseins. *Ipsissimus* bedeutet soviel wie, „das Selbst in höchster Vollendung", oder „das über sich hinausgehende Selbst" und bezieht sich auf das transzendente Selbst, welches zur bereits beschriebenen himmlischen Triade (Jechidah, Chia, Neschamah) gehört und sich in dieser manifestiert.

Das, was innerhalb der thelemitischen Religion über den höchsten erreichbaren geistigen Zustand ausgesagt wird, gleicht in der Art seiner vagen Beschreibung den Aussagen anderer Religionen und spiritueller Schulen über die letzte Wirklichkeit. Dies liegt daran, daß man versucht, mit Begriffen und Aspekten der irdischen Welt etwas zu beschreiben, was dieser Welt *per definitionem* transzendent ist. Aleister Crowley, der angibt, diesen höchstmöglichen Grad der Erleuchtung erreicht zu haben, beschreibt ihn wie folgt:

> The Grade of Ipsissimus is not to be described fully; (...) Here is only said this:
> The Ipsissimus is wholly free from all limitations soever, existing in the nature of all things without discriminations of quantity or quality between them. He has identified Being and not-Being and Becoming, action and non-action and tendency to action, with all other such triplicities, not distinguishing between them in respect of any conditions, or between any one thing and any other thing as to whether it is with or without conditions.
> He is sworn to accept this Grade in the presence of a witness, and to express its nature in word and deed, to withdraw Himself at once within the veils of his natural manifestation as a man, and to keep silence during his human life as to the fact of his attainment, even to the other members of the Order.
> The Ipsissimus is pre-eminently the Master of all modes of existence; that is, his being is entirely free from internal or external necessity. His work is to destroy all tendencies to construct or to cancel such necessities: He is the Master of the Law of Unsubstantiality (Anatta[764]).
> The Ipsissimus has no relation as such with any Being: He has no will in any direction, and no Consciousness of any kind involving duality, for in Him all

---

Gegenseitige Hahnenkämpfe um Ordensgrade und Befugnisse und eine schon inflationär zu nennende Tendenz zur Häufung von Crowley-Reinkarnationen in der Szene sind nur einige dieser Beispiele. Die Werke Peter.-R. Königs dokumentieren diese psychologische Kehrtwende in der Praxis der von den O.T.O.–Gruppierungen propagierten Thelema-Lehre im Detail. [cf. König, 1994a, 1994b und 1998]
[764] „Nicht-Ich", das buddhistische Konzept, welches die Existenz eines realen Egos verneint.

is accomplished; as it is written „beyond the Word and the Fool, yea, beyond the Word and the Fool."⁷⁶⁵

Im Ipsissimus ist alles vollendet, da dieser Grad mit der Sephirah Kether korrespondiert und damit eins ist mit dem göttlichen Bewußtsein. Es ist das in seiner eigenen Vollendung sich realisierende Selbst, welches oberhalb des Abyssos existiert und deshalb nicht mehr der Relativität und der Dualität unterworfen ist, so daß alle Ebenen zusammenfallen, innen und außen, Sein und Nicht-Sein. Ganz im Sinne Karl Jaspers ist der Ipsissimus das *Umgreifende* geworden, und markiert einen Punkt auf der spirituellen Entwicklungsschiene, wo sich die Existenz, die von Jaspers als Grenze zwischen Immanenz und Transzendenz definiert wird, zur bewußt erlebten Schnittmenge von beidem wandelt. Nur in einer Welt der Gegensätze kann es Unterschiede geben, nur in einer Welt der relativen Bedingungen kann man nach Vollendung streben – der Ipsissimus jedoch macht keinerlei Unterschiede mehr, da er die Welt in sich trägt und nicht mehr die Welt ihn umfängt. Der Ipsissimus ist reines Bewußtsein, welches keinerlei Beschränkungen mehr unterworfen ist – weder materieller, noch geistiger Art. Vom Standpunkt der Menschen aus, die Existenz nur als eingebunden in spezifische Formen und Strukturen kennen, die das Sein an sich nur in seiner Reflexion in Quantität und Qualität erfahren können, mag es sich so darstellen, daß ein Ipsissimus nicht mehr existiert. Und tatsächlich existiert er nicht mehr in den Formen, sondern die Formen sind nur Spiegelungen seiner selbst – er existiert nur an der Quelle des Seins, die allen Formen ihre – illusionäre - Existenz verleiht. Für den Ipsissimus existieren weder Raum noch Zeit, weil beides auf relativen Qualitäten basiert und diese für den Ipsissimus keine Relevanz mehr besitzen. Vergangenheit, Gegenwart und Zukunft sind für den Ipsissimus eins – er *ist* einfach nur, ohne jegliche Attribute, die man diesem Sein zuschreiben könnte. Fragen, etwa *wann* er denn *ist*, oder ob dieses Sein eine Grenze hat, ob er also einmal nicht mehr *ist*, lassen sich nicht beantworten, weil die Frage bereits zeigt, daß sie nicht beantwortet werden kann. Sie geht an der Natur des Ipsissimus völlig vorbei. Ein Ipsissimus kennt kein Handeln mehr, keine Aktion an sich, weil er keine Notwendigkeit für ein Handeln mehr sieht. Handlungen, Aktionen jeglicher Art basieren auf Unterschieden zwischen Dingen und Situationen, die es zu ändern oder zu erhalten gilt. Dadurch aber, daß ein Ipsissimus außerhalb der Zeit und des Raumes existiert, entfallen diese Bedingungen, da alle Dinge, die getan werden können, bereits in ihm verwirklicht sind – beide Zustände, vor dem Handeln und danach, sind für ihn gleichzeitig existent, was Handlungen sinnlos macht. Allerdings sind jene ungetanen Handlungen dennoch in ihm verwirklicht, weil sonst wieder eine Dualität für den Ipsissimus vorliegen würde. Deswegen sind Handlungen nicht nur sinnlos, weil die Bedingungen für sie nicht existieren, sondern die Bedingungen existieren auch deshalb nicht mehr, weil diese Handlungen bereits getan sind.

---

[765] Crowley, 1976, p. 234

Die Tatsache, daß nach thelemitischer Vorstellung derjenige, der diesen höchsten aller möglichen Geisteszustände erreicht, Stillschweigen darüber zu bewahren hat, sogar seinen Ordensbrüdern und –schwestern gegenüber, läßt die Frage aufkommen, wie sich ein Leben als Ipsissimus auf irdischer Ebene konkret darstellt, wie auch die Frage, warum ein Ipsissimus dann nicht einfach von der irdischen Ebene verschwindet.

Ein Ipsissimus nimmt nach dieser Vorstellung sowohl die Welt um ihn herum, wie auch die Menschen um ihn, anders war als vorher. Er sieht in ihnen nur die illusionären Spiegelungen seiner selbst und erkennt, daß es sich um *Lila*, das göttliche Spiel handelt. Er weiß darüber hinaus, daß er sowohl der Spielende ist, wie auch der Initiator des Spiels – und das Spiel. Diese Erkenntnis stört jetzt aber nicht das Genießen des Spiels, sondern macht es nach Crowley erst möglich. Dies deshalb, da jeder, der in diesem Spiel denkt, es wäre Wirklichkeit, sich um den Genuß bringt – auch wenn er keine Wahl hat, darüber zu entscheiden. Anders als beim Buddhismus etwa, ist die thelemitische Sicht auf die Welt nicht negativ, d.h. obwohl für Crowley die *Trance des Leidens* notwendig ist, die Erkenntnis des unerleuchteten Individuums *Sabbe pe dukkham*[766] den ersten Schritt auf dem Weg der Erkenntnis darstellt, so ist seine Interpretation des Lebens als göttliches Spiel generell positiv. Die spirituelle Motivation des Buddhisten, letztendlich dem Samsara zu entfliehen, also quasi aus dem Spiel auszusteigen, unterscheidet sich von der Motivation eines Thelemiten, der dieses Spiel nicht verlassen will, sondern die Natur des Daseins als Spiel realisieren möchte – um es zu genießen, weil es deswegen auch inszeniert wird.[767]

Daß der Ipsissimus nun nicht einfach aus der irdischen Dimension verschwindet, liegt nicht nur an seiner freiwilligen Entscheidung, sondern auch am spirituellen Mechanismus, der sein menschliches Dasein bedingt.

Der Ipsissimus hat sein Bewußtsein mit dem göttlichen Bewußtsein der oberen Triade identifiziert und unterliegt als solches nun nicht mehr den Auflösungserscheinungen der Persönlichkeit. Allerdings hat diese Identifizierung, diese Erkenntnis, die unteren Prinzipien nicht betroffen, d.h. das bereits geschilderte psycho-spirituelle System, das den Menschen kennzeichnet, arbeitet weiter wie bisher. Die „Maschine", das Prinzipiengeflecht des Ruach, funktioniert nach wie vor nach den gegebenen Vorgaben und hält das körperliche Leben der gegenwärtigen Persönlichkeit aufrecht. Die karmischen Kräfte, die zur

---

[766] *Dasein ist Leiden* – die erste der Vier Edlen Wahrheiten des Buddhismus, wobei das zu übersetzende Wort „dukkha" nur sehr unzureichend mit „Leiden" erfasst ist. Dukkha drückt im Grunde aus, das das Leben an sich in letzter Konsequenz *unbefriedigend* ist.
[767] Bei diesem Vergleich legt d. Vf. das theravadische Nirvana Konzept zugrunde, welches sich in seiner Beschreibung in Negationen näher an der Wortbedeutung „Verwehen" orientiert. Mahayanistische Ausrichtungen relativieren einerseits das Endziel des Nirvana durch eine Betonung des *Boddhisattva*-Ideals, oder durch Zwischen-Stufen wie etwa dem *Reinen Land* (wobei es auch innerhalb des Amida Buddhismus Unterschiede gibt, z.B. in der Interpretation der auf Shinran Shonin zurückgehenden Jodo Shinshu, das reine Land wäre eine Metapher für das Nirvana selber ist) und beschreiben oftmals das Nirvana auch in positiven Ausdrücken, was der theravadischen Strenge des Verwehens oder Verlöschens des Menschen die Radikalität nimmt. [cf. Schumann, 1990, p. 199]

Bildung dieser Persönlichkeit geführt haben, wirken weiter – allerdings ohne neue karmische Impulse zu bekommen. Diese entstehen durch die Interaktion mit der Umgebung, den Erfahrungen etc., die dann zu einer neuen Persönlichkeit führen, weil das Bewußtsein in der materiellen Welt verankert ist. Der Ipsissimus besitzt zwar noch das untere Konstrukt, aber sein Bewußtsein liegt nicht mehr in der relativen Sphäre und deswegen entstehen auch keine karmischen Kräfte mehr, die umgesetzt werden müßten. Die noch vorhandenen karmischen Kräfte wirken sich solange aus, bis sie erschöpft sind. So wie ein angestoßenes Rad solange rollt, wie es äußere Kräfte gibt, die es in Schwung halten und langsam ausrollt, bis es zum Stillstand kommt, wenn es keinen Antrieb mehr bekommt, so besteht die irdische Existenz des Ipsissimus solange weiter, bis der „karmische Schwung" verbraucht ist. Um beim Beispiel des Rades zu bleiben: Die gewöhnlichen Räder (Menschen) erhalten ihren ständigen Antrieb dadurch, daß ihr Bewußtsein (Ruach) sich am Rand des Rades befindet und damit immer in Berührung mit dem Boden (Malkuth) ist, was dazu führt, daß materielle Kräfte das Rad immer wieder antreiben. Das Bewußtsein wird dadurch von den Auswirkungen des Rollens (Existenz) beeinflußt und geprägt, was wiederum zu einem Verhalten führt, das das Rollen des Rades aufrechterhält (Inkarnationen). Wenn der Mensch seinen Wahren Willen entdeckt, wird er sich quasi der Richtung bewußt, in die das Rad rollt, so daß er Konflikte auf dem Weg vermeiden kann. Die nächste Stufe auf dem Pfad ist der Kontakt zum *Holy Guardian Angel*, der mit der Speiche auf dem rollenden Rad vergleichbar ist. Das am Rande des Rades befindliche Bewußtsein ist den Auswirkungen des Rollens - der Existenz – am stärksten ausgesetzt und die Speiche stellt den Weg dar, der in die Mitte des Rades führt – das Loch in der Nabe, welche von der Bewegung des Rades nicht beeinflußt ist. Folgt das Bewußtsein der angezeigten Richtung (d.h. erhält es durch den *Holy Guardian Angel* die Möglichkeit zur Entwicklung), dann verringert sich die Auswirkung des Rollens um so mehr, je näher es der Nabe kommt. Der Ipsissimus jedoch ist das Loch, die Leere in der Radnabe und ist als solches von der Bewegung des Rades nicht mehr erfaßt. Um von der Nabe (Abyssos) wegzukommen, um also das materielle Rad zu verlassen, muß das Bewußtsein „springen", um in die Ruhe des immateriellen Lochs, der transzendenten Leere, zu gelangen. Das Ruach ist weiterhin von den verbliebenen karmischen Kräften angetrieben,[768] verlangsamt sich jedoch kontinuierlich, weil das Bewußtsein nicht mehr in Kontakt mit den materiellen Phänomenen (der Boden, auf dem das Rad rollt) ist. Hat das Rad keinen Schwung mehr, bleibt es stehen - der Mensch stirbt. Das hat für den Ipsissimus – in diesem Bild durch die Leere in der Mitte des Rades symbolisiert - keine Bedeutung und betrifft ihn ebensowenig wie das Rollen des Rades. Es gibt somit keine Notwendigkeit mehr, eine neue Persönlichkeit zu formen, es gibt keine Kräfte mehr, die sich auswirken müssen.

---

[768] Kenneth Grant sieht in diesem Ruach-angetriebenen Wesen quasi eine Art Zombie: „(der Ipsissimus; d. Vf.) has no Will in any direction, which signifies release from the conditions of embodied existence. The Ipsissimus is thus always disembodied and yet un-dead" [Grant, 1980, p. 280]

Das Beispiel verdeutlicht aber auch, daß sowohl die Erkenntnis des Wahren Willens, wie auch der Kontakt zum *Holy Guardian Angel* nicht die Befreiung von den karmischen Kräften bringen. Bewegt sich das Bewußtsein im Wissen der Richtung des Rollens auf der Speiche in die Nähe der Nabe und schafft den Sprung in die Leere nicht, bevor ein erneuter „Stoß" (neue Inkarnation) das Rad wieder antreibt, rutscht es wieder an den Rand des Rades und muß den Erkenntnisweg erneut beschreiten.

Am prägnantesten hat Crowley dieses Ziel der Vergottung, der Erleuchtung,[769] oder wie immer man dieses Endziel nennen möchte, in einem Ritualtext ausgedrückt:

> I also am a star in Space, unique and self-existent, an individual essence incorruptible; I also am one Soul; I am identical with All and None. I am in All and all in Me; I am apart from all and lord of all, and one with all.
> I am a God, I very God of very God; I go upon my way to work my will; I have matter and motion for my mirror; I have decreed for my delight that Nothingness should figure itself as twain, that I might dream a dance of names and natures, and enjoy the substance of simplicity by watching the wanderings of my shadows. I am not that which is not; I know not that which knows not; I love not that which loves not. For I am Love, whereby division dies in delight; I am Knowledge, whereby all parts, plunged in the whole, perish and pass into perfection; and I am that I am, the being wherein Being is lost in Nothing, nor deigns to be but by its Will to unfold its nature, it needs to express its perfection in all possibilities, each phase a partial phantasm, and yet inevitable and absolute.
> I am Omniescient, for naught exists for me unless I know it. I am Omnipotent, for naught occurs save by Necessity my soul's expression through my will to be, to do, to suffer the symbols of itself. I am Omnipresent, for naught exists where I am not, who fashioned space as a condition of my consciousness of myself, who am the centre of all, and my circumference the frame of mine own fancy. I am the All, for all that exists for me is a necessary expression in thought of some tendency of my nature, and all my thoughts are only the letters of my Name.

---

[769] Symonds totale Unkenntnis der eigentlichen spirituellen Doktrin Crowleys, über den er moralisierend-psychologisierende Bücher verfasst hat [wobei interessanterweise *King of the Shadow Realm* eine nur unwesentlich erweiterte wörtliche Kopie seiner ersten Biographie darstellt - *The Beast 666*] zeigt sich etwa in seiner Behauptung, der Grad des Magus entspräche der Ebene eines Buddha. [cf. Symonds, 1989, p. 245]. Dies und der offensichtliche Umstand, daß Symonds ein sehr persönliches Problem mit dem Objekt seiner literarischen Werke hat [so scheint in manchen seiner Kommentare ein gewisser Neidfaktor präsent zu sein, etwa wenn er die Tatsache, daß Crowleys sexuelle Aktivität laut seiner Tagebuchaufzeichnungen immer „excellent, magnificent, exceptionally good, nothing untoward ever happened, and there was never any *post coitum triste* for him" [op. cit., p. 261] gewesen ist, mit den Worten kommentiert: „It is all so predictable and boring" [ibid]] relativiert seine Crowley-Biographien, deren Aussagewert eher in der reinen Materialfülle, denn in der Analyse derselben liegt. Sehr bezeichnend ist z.B. auch Symonds Erklärung dafür, daß Jane Wolfe keine Mätresse von Crowley wurde: „The explanation is probably simple: from her photograph, taken at the Abbey (gemeint ist die Abbey of Thelema in Cefalu; d. Vf.), Jane Wolfe looks like a sturdy, middle-aged lesbian" [op. cit., p. 268]. Solche platten Statements sagen mehr über Symonds als über Crowley aus, möchte man meinen.

I am the One, for all that I am is not the absolute All, and all my all is mine and not another's; mine, who conceive of others like myself in essence and truth, yet unlike in expression and illusion.

I am the None, for all that I am is the imperfect image of the perfect; each partial phantom must perish in the clasp of its counterpart; each form fulfill itself by finding its equated opposite, and satisfying its need to be the Absolute by the attainment of annihilation.[770]

---

[770] Crowley, 1970, p. 335

V. Fazit

> Und wenn Therion meiner Meinung nach in einem Punkt gescheitert ist, so mit Sicherheit darin, daß er (...) der Versuchung nicht widerstehen konnte, seine berechtigte Revolte gegen den Ungeist der Mittelmäßigkeit und der bigotten Intoleranz nach eigenem Verständnis in eine Religion umzuformen und damit eben jenes System letztlich doch wieder zu bestätigen, das zu überwinden er einst angetreten war.[771]

Diese Meinung eines Crowley-Biographen, der sicherlich zu denen gehört, die Crowley wohlgesonnen sind, zeigt exemplarisch die Problematik, in der sich Crowleys eigenes Anliegen unweigerlich verfangen hat. Allerdings ist es nicht so, daß Aleister Crowley aus einem – wie man dem obigen Zitat leicht entnehmen könnte – wohlüberlegten Plan heraus, eine Religion geformt hat, sei es nun aus selbstdarstellerischen Gründen oder gar aus dem Wunsch heraus, ein Medium zu schaffen, das seine Person im Gedächtnis der Gesellschaft halten würde. Eine solche effektorientierte Begründung übersieht nämlich völlig die eigentlichen Persönlichkeitsmerkmale Crowleys, die ihn letztlich zu dem haben werden lassen, als der er der Nachwelt erhalten geblieben ist.

Aleister Crowley war nach Meinung des Verfassers auf der tiefsten Ebene seines Wesens ein spiritueller und tief religiöser Mensch, wobei die Tatsache, daß er als Kind bereits in einem streng religiösen Umfeld aufgewachsen ist, diesen religiösen Impuls sicherlich gefördert hat. Zu dieser spirituellen Orientierung kamen dann persönliche Merkmale, wie ausgeprägtes Selbstdarstellungsbedürfnis, ein elitäres Selbstbewußtsein, aber auch mannigfaltige Talente, die in Kombination mit einem forschend-skeptischem Geist eine einzigartige Mischung persönlichkeitsbildender Elemente darstellten. Deshalb läßt sich Crowleys zentrales Anliegen, die Wissenschaft und die Religion harmonisch zu vereinen, ohne weiteres als eine Projektion seiner eigenen inneren Zerrissenheit deuten. Er wollte aufrichtig das, was er in sich selbst als spannungsgeladenen Gegensatz empfand und was im Grunde eine Reflexion dessen ist, was die Menschen generell bis heute als kontradiktäre Impulse in ihrem Dasein erfahren, dadurch lösen, daß er - gemäß dem bekannten Pauluswort - alles prüfte und das Gute behielt.[772]

Damit hat er – der H.P. Blavatsky ja eindeutig zu seinen Vorläufern, ja Wegbereitern gezählt hat – das alte theosophische Ideal im 20. Jahrhundert erneut aufgegriffen, die Weisheit der verschiedenen Religionen und Traditionen zusammenzuführen. Im Gegensatz zur Theosophischen Gesellschaft aber erscheint Crowley moderner, skeptischer und in mancher Hinsicht auch

---

[771] Tegtmeier, 1989, p. 150
[772] 1 Thess 5, 21

konsequenter, ja man könnte auch sagen radikaler, was zum Teil seine Attraktivität in heutiger Zeit erklärt, wo „Tausende von Menschen (sich) auf den Meister Therion (berufen), ohne initiiert zu sein, oder einem der zahlreichen Orden und Konventikel an(-gehören), die sich thelemitisch nennen und in den letzten siebzig Jahren entstanden sind – in Kanada, oder Japan, in Serbien oder in Peru."[773]

Es ist dabei diese durchaus existentielle spirituelle Motivation, die *Trance des Leidens* -, die Crowley sowohl gedrängt hat, sein spezifisches System zu kreieren, die es ihm aber auch unmöglich gemacht hat, letztlich eine Selbsterfahrungsmatrix zu schaffen, auf der das Individuum innerhalb seiner eigenen Parameter reifen kann. Das eigentliche Problem von Crowleys *Scientific Illuminism* ist weniger die oft gescholtene Pseudowissenschaftlichkeit, die als Vorwurf an sich noch nicht einmal sonderlich stichhaltig ist, da solche bestimmenden Termini weitestgehend von kohärenten Definitionen abhängig sind. „Wissenschaft", im Sinne einer legitimierenden Basisdefinition, ist immer nur so lange eine ausreichende Grundlage für Diskussionen, wie die beteiligten Parteien derselben Auffassung sind, was diese eigentlich ausmacht. Crowleys *Scientific Illuminism* befindet sich in derselben Situation wie etwa die heutige Parapsychologie (für die einen notwendiger Schritt im Sinne einer offenen und objektiven Wissenschaftlichkeit, für die anderen bloß die abgedrehte Schwester der ernsthaften Psychologie) und es ist sicherlich nicht zuviel gesagt, daß Crowley, von seiner Intention her, sicherlich zu den entfernten Verwandten derer gehört, die die parapsychologische Forschung etablieren wollten. Es sind natürlich zwei unterschiedliche Ausgangspunkte, bei denen der eine, von der Naturwissenschaft her kommend, die Offenheit besitzt, unerklärliche Phänomene nicht *a priori* abzutun, sondern erklären zu wollen und der andere in einer okkult-magischen Tradition stehend, den Mut hat, seine eigene Erfahrung unter Beweis stellen zu wollen, auch auf die Gefahr hin, diese als Selbstbetrug entlarvt zu sehen.

Das ist denn auch der eigentliche Beitrag Aleister Crowleys gewesen - daß er eine Jahrtausende alte geistige Strömung, die menschliche Erfahrungen tradiert, einer Reform und einer Überprüfung hat unterziehen wollen. Sein Ansatz, Skepsis, Disziplin, auswertbare Aufzeichnungen, Entmystifizierung etc. zur Grundlage einer Neubetrachtung dessen zu machen, was in seinen Augen zu Unrecht und vor allem zum Nachteil des modernen Menschen als absurd und überholt abgetan wird, ist dabei ein genuin wissenschaftlicher Beweggrund: Crowley ging es in erster Linie darum, Fragen zu stellen, Lösungen und Erklärungen für die Phänomene dieser Welt zu finden. Dies ist, nebenbei bemerkt, auch die Motivation die hinter allen Religionen steht. In beiden Bereichen geht es also um die Unmöglichkeit des Menschen, in einer Umwelt ohne Antworten zu existieren, in der sich ihm essentielle Fragen unweigerlich stellen. Sieht man sich seine psychologische Interpretation magischer Praktiken

---

[773] Bouchet, 2000, p. 114

genauer an, wird man nicht umhin kommen, diese als mögliche valide Deutung der beschriebenen Erfahrungen, die sie zu induzieren scheinen, zu akzeptieren. Aus dieser möglichen Deutung heraus leitet Crowley nun aber eindeutig den Wert dieser magischen Tradition ab und erklärt sie zu einer hilfreichen und wertvollen Lehre, die es nun, gerade weil man sie von einer neuen Erkenntniswarte her, erklären kann, zu nutzen gilt. In dieser Hinsicht darf man seinen *Scientific Illuminism* als erfolgreiche Umsetzung werten und muß diesem dieselbe Seriosität zugestehen wie der Psychotherapie, oder auch der Psychologie.

Die Tatsache jedoch, daß Crowley selbst, seinen Worten zufolge, spirituelle Erfahrungen gemacht hat, die für ihn objektive Wirklichkeiten beschrieben und die weit über das hinausgehen, was sich durch eine rational-psychologische Interpretation eines praktischen Magiemodells erklären ließen, bringt eben jene Spannung in sein Konzept zurück, die er eigentlich hatte auflösen wollen. Je weiter sich Crowley in der Entwicklung seines religiösen Konzeptes vom Individuum und seiner eigenen Erfahrung entfernt, je globaler und heilsgeschichtlich bedeutsamer seine theologisch-kosmologischen Schlußfolgerungen werden, desto größer wird dieser Spannungsbogen. Diesen kann er zuletzt nur noch überbrücken, indem die Akzeptanz der Offenbarung des *Gesetzes von Thelema*, die Initiierung des *Neuen Äons*, seine eigene Rolle als *Prophet* etc. als Voraussetzung der spirituellen Entwicklung proklamiert wird, diese aber gleichzeitig auch dadurch legitimiert werden muß, indem sie jeder für sich selbst als Tatsache erfahren kann – wenn er den von Crowley gelehrten Entwicklungsweg praktisch beschreitet.

Besonders der Umstand, daß Crowley in seinem Selbstverständnis als Logos des Äons, als Prophet der „Götter" auftritt, bedingt eine spezifische Abhängigkeit der Rezeption seiner eigentlichen Doktrin mit der Einschätzung seiner Person, da dieser eine spirituelle Autorität zukommt, die geradezu einen *ex cathedra* Charakter besitzt. Aleister Crowley trat zu einer Zeit mit einem geradezu soteriologischen Autoritätsanspruch auf, in der die Mehrzahl der Menschen ein gewisses Unbehagen verspürt, wenn sie mit einem solchen Anspruch konfrontiert werden. Die Akzeptanz der Gesellschaft für eine Persönlichkeit, die für sich eine heilsgeschichtlich relevante Stellung in Anspruch nimmt, ist insgesamt nicht besonders groß und es scheint, daß ein solcher Anspruch nur akzeptiert werden kann, wenn die betreffende Person bereits im Dunkel der Geschichte versunken ist, da dies eine gewisse Transzendierung und Mystifizierung ihrer eigentlichen menschlichen Natur erlaubt. Religiöse Stiftergestalten sind demnach nur zu akzeptieren, wenn im Laufe der Zeit ihre menschliche Natur, i.e. ihre Gleichartigkeit mit denjenigen, die ihnen folgen, überdeckt wird durch konsequente Erhöhung ihrer durch die Lehre proklamierten Ausnahmemerkmale. Dabei machen sich die wenigsten Christen etwa bewußt, daß Religionsstifter in unseren Tagen durchaus das selbe Phänomen verkörpern wie z.B. Jesus von

Nazareth zu seiner Zeit, welcher wiederum in seiner eigenen Epoche mit derselben Ablehnung seiner evtl. proklamierten Ausnahmestellung und göttlichen Autorität konfrontiert war wie Religionsstifter heutzutage. Man kann dies deutlich beobachten, wenn man sich die Biographen von Aleister Crowley einmal anschaut und realisiert, daß jene, die gegenüber seinem Nimbus als Prophet einer neuen Religion, eines neuen Heilsweges, besonders ablehnend gegenüberstehen, von seiner eigentlichen Lehre nicht wirklich viel verstanden haben. Andere wiederum, die auf seine Persönlichkeit und seinen Anspruch weniger emotional reagieren, was auch bedeuten kann, ihn zu relativieren, können eher differenzieren zwischen Crowley als spirituellem Lehrer und seiner Person, sowie zwischen *Thelema* und *Scientific Illuminism*.

John Symonds etwa, der in seiner Biographie immer dann seine feindliche Einstellung, dem Objekt seiner Biographie gegenüber, nicht verhehlen kann, wenn er abweicht von der reinen biographischen Darstellung und zu einem bewertenden Kommentar ansetzt, hat bis zuletzt im Grunde in Crowley das gesehen, was er in ihm sehen wollte und läßt damit sehr oft erkennen, daß er nie wirklich hinter diese Projektion seiner diesbezüglichen Erwartungshaltung geblickt hat, was seine verschwommene Interpretation der crowleyschen Doktrin, die er in seinem Buch liefert, erklärt:

> Tatsächlich läßt sich ohne Übertreibungen sagen, dass um ihn eine Aura des Seltsamen oder gar des Bösen war. Zu guter Letzt war Crowley für jedermann sichtbar das geworden, was er sein Leben lang zu sein beansprucht hatte: ein Magus, ein Geheimer Oberer, ein Wesen, das jedermann und zu allen Zeiten mit dem Teufel assoziieren würde.[774]

Gerald Suster auf der anderen Seite, der in seiner Biographie wesentlich stärker den inhaltlichen Hintergrund von Crowleys Leben betont, kommt aufgrund seiner weniger fokussierenden und wertenden Betrachtung der Person Crowleys bei einem Kommentar zu dem oben gegebenen Zitat von Symonds zu einem anderen Schluß: „Symonds was perhaps seeing that which he most desired to see – as was so often the case with those who met Crowley. However (...) we find not the Devil but a Taoist sage."[775]

Beide Biographen stehen dabei exemplarisch einerseits für die Extreme bei der Bewertung von Aleister Crowley als Person und reflektieren andererseits dabei auch die generelle Problematik, daß der seiner Doktrin immanente Anspruch als der *Holy Chosen One*, Crowley in dem, was er gelehrt hat und was er als seine eigentliche Mission ansah, massiv behinderte und dieser Umstand seine eigentliche Lehre nie wirklich über den okkultistischen Kreis hat hinauskommen lassen.

---

[774] Symonds, 1983, p. 473
[775] Suster, 1988, p. 186

Abschließend läßt sich deswegen konstatieren, daß Aleister Crowley in seiner Bemühung, alte spirituelle Traditionen, Ideen und Praktiken für eine wissenschaftlich aufgeklärte Zeit wieder nutzbar zu machen und durch eine neue Definition verstehbar werden zu lassen, seinen eigentlichen innovativen Beitrag geleistet hat. Der Umstand, daß sein Name zumindest bei einem Teil der heute an diesen Fragen Interessierten mit eben dieser Bemühung in Verbindung gebracht wird, scheint dabei eine Entwicklung zu sein, die nicht *wegen* seiner selbstproklamierten Natur als Erleuchteter und Prophet, sondern viel eher *obwohl* dies der Fall war, in dieser Weise verlaufen ist. Das menschliche Fragen an sich, der faustische Versuch, das Unverstehbare dennoch zu verstehen, ist dabei für Crowley, wegen der Hoffnung vielleicht Antworten zu finden, auch für unübliche Methoden, Legitimation genug.

Anything which throws light upon the Universe, anything which reveals us to ourselves, should be welcome in this world of riddles. [776]

---

[776] Crowley, 1976, p. 58

Literaturverzeichnis

Primärquellen:

CROWLEY, ALEISTER: *Buch 4 – Magie*, Zürich: Psychosophische Gesellschaft, s.a. (a)
CROWLEY, ALEISTER: *Magie als Philosophie für alle – Theorie*, vol. I & II, Zürich: Psychosophische Gesellschaft, s.a. (b)
CROWLEY, ALEISTER: *Das Herz des Meisters*, in: Äquinox, vol. II, Zürich: Genossenschaft Psychosophia, 1955a
CROWLEY, ALEISTER: *Der Soldat und der Bucklige ! & ?*, in: Äquinox, vol. II, Zürich: Genossenschaft Psychosophia, 1955b
CROWLEY, ALEISTER: *Kleine Aufsätze die zur Wahrheit führen*, Äquinox, vol. III, Zürich: Genossenschaft Psychosophia, Zürich, 1955c
CROWLEY, ALEISTER: *Magischer Dialog – ein Zwiegespräch über Magie in Theorie und Praxis mit den Anweisungen von Meister Therion*, in: Äquinox, vol. IV, Zürich: Genossenschaft Psychosophia, 1956a
CROWLEY, ALEISTER: *Liber NU sub figura XI – Der Kult des unendlichen Äusseren*, in: Äquinox, vol. IV, Zürich: Genossenschaft Psychosophia, 1956b
CROWLEY, ALEISTER: *Liber HAD sub figura DLV – Der Kult des unendlichen Inneren*, in: Äquinox, vol. IV, Zürich: Genossenschaft Psychosophia, 1956c
CROWLEY, ALEISTER: *Liber XLIV - Die Messe des Phönix*, in: Äquinox, vol. IV, Zürich: Genossenschaft Psychosophia, 1956d
CROWLEY, ALEISTER: *Liber XXI – Khing Kang King, der Klassiker der Reinheit*, Äquinox, vol. V, Zürich: Genossenschaft Psychosophia, 1956e
CROWLEY, ALEISTER: *Liber LXI vel causae A.A.*, in: Äquinox, vol. VI, Zürich: Genossenschaft Psychosophia, 1957a
CROWLEY, ALEISTER: *Die Seele der Wüste*, in: Äquinox, vol. VI, Zürich: Genossenschaft Psychosophia, 1957b
CROWLEY, ALEISTER: *Liber LXV – Cordis Cincti Serpente*, Äquinox, vol. IX, Zürich: Genossenschaft Psychosophia, 1958
CROWLEY, ALEISTER: *777 & Other Qabalistic Writings,* York Beach, Maine: Samuel Weiser, 1973
CROWLEY, ALEISTER: *Moonchild*, York Beach, Maine: Samuel Weiser, 1974
CROWLEY, ALEISTER: *Magick in Theory and Practice*, Edision, New Jersey: Castle Books, 1976
CROWLEY, ALEISTER: *Die Psychologie des Haschisch – das gefährliche Kraut*, in: *Die Psychologie des Haschisch & Kokain*, Bonn: Edition Discordia, 1982a
CROWLEY, ALEISTER: *Kokain*, in: *Die Psychologie des Haschisch & Kokain*, Bonn: Edition Discordia, 1982b
CROWLEY, ALEISTER: *Das Buch Thoth*, München: Urania, 1983
CROWLEY, ALEISTER: *Astrologick – des grossen Meisters Studien zur Astrologie*, Basel: Sphinx, 1985a
CROWLEY, ALEISTER: *Das Buch des Gesetzes – Liber Al vel Legis*, Basel: Sphinx, 1985b
CROWLEY, ALEISTER: *Liber NU sub figura XI*, California: Stellar Visions, 1986
CROWLEY, ALEISTER: *Aha*, Phoenix, Arizona: Falcon Press, 1987
CROWLEY, ALEISTER: *Gilles de Rais – the banned lecture*, München: belleville, 1988

CROWLEY, ALEISTER: *The Book of the Goetia of Solomon the King*, New York City: Magickal Child Publishing, 1989a
CROWLEY, ALEISTER: *Yoga – Acht Vorlesungen*, München: Knauer, 1989b
CROWLEY, ALEISTER: *The Confessions of Aleister Crowley – an autohagiography*, London: Arkana Books, 1989c
CROWLEY, ALEISTER: *Liber 777 und andere kabbalistische Schriften*, Bergen/Dumme: Peyn & Schulze, 1989d
CROWLEY, ALEISTER: *Liber Aleph – das Buch von Weisheit oder Torheit*, Bergen/Dumme: Peyn & Schulze, 1989e
CROWLEY, ALEISTER: *The Holy Books of Thelema*, York Beach, Maine: Samuel Weiser, 1990a
CROWLEY, ALEISTER: *Tagebuch eines Drogenabhängigen*, Berlin: a-verbal, 1990b
CROWLEY, ALEISTER: *Magick without tears*, Scottsdale, Arizona: New Falcon Publications, 1991a
CROWLEY, ALEISTER: *The Equinox of the Gods*, Scottsdale, Arizona: New Falcon Publications, 1991b
CROWLEY, ALEISTER: *The Law is for all*, Phoenix, Arizona: New Falcon Publications, 1993
CROWLEY, ALEISTER: *The Book of Lies*, York Beach, Maine: Samuel Weiser, [2]1995
CROWLEY, ALEISTER: *The Vision and the Voice – with commentary and other papers*, York Beach, Maine: Samual Weiser, 1998

Sekundärquellen:

[anon.]: *Ex Occidente Lux – Ein Ketzerbrevier in freien Folgen*, fasc. 3, Zürich: Genossenschaft Psychosophia, 1955
[anon.]: *Ex Occidente Lux – Mitteilungsblatt*, fasc. 1 – 74, Stein/Schweiz: Genossenschaft Psychosophia, 1954 – 1960
[anon.]: *Oriflamme*, fasc. 3 – 14, Stein/Schweiz: Genossenschaft Psychosophia, 1961- 1962
[anon.]: *Bibliotheka Crowleyana – The collection of J.F.C. Fuller: Catalogue of a unique Collection of Books, Pamphlets, Mss., Proof Copies, etc. by, about, or connected with Aleister Crowley*, Edmonds: Sure Fire Press, 1989 (Reprint des Originals von 1966)
[anon.] *Ausstellung Aleister Crowley vom 11. Oktober – 5. November 1931*, Veröffentlichung des Kunstarchivs Nr.: 59, Berlin: Galerie Neumann-Nierendorf & Porza, s.a.
ASHCROFT-NOWICKI, DOLORES: *Der Baum der Ekstase – ein Handbuch der Sexualmagie*, Saarbrücken: Neue Erde, 1991
BAUER, WOLFGANG et al.: *Lexikon der Symbole*, Wiesbaden, 1983
BAUMANN, MARTIN: *Deutsche Buddhisten – Geschichte und Gemeinschaften*, Marburg: diagonal-Verlag, 1993
BÄUMER, ULRICH: *Wir wollen nur Deine Seele – Hardrock: Daten, Fakten, Hintergründe*, Wuppertal: Verlag & Schriftenmission der Evang. Gesellschaft, 1984
BEECKEN, JOHANN RICHARD (ed.): *Die Heilige Magie des Abramelin – die Überlieferung des Abraham von Worms*, Berlin: Schikowski, 1957
BLAVATSKY, H. P.: *Die Geheimlehre – Die Vereinigung von Wissenschaft, Religion und Philosophie*, vol. I-IV, Den Haag: J.J. Couvreur, s.a.
BONIN, WERNER F. (ed.): *Lexikon der Parapsychologie*, Herrsching: Pawlak Verlagsgesellschaft, 1984
BOOTH, MARTIN (ed.): *Aleister Crowley – selected poems*, s.l.: Crucible, 1986

BOUCHET, CHRISTIAN: *Aleister Crowley – das Leben eines modernen Magiers*, Neuhausen: 2000
DRURY, NEVILL: *Lexikon des esoterischen Wissens*, München: Knaur, 1988
DUQUETTE, LON MILO/HYATT, CHRISTOPHER S. (ed.): *Aleister Crowley's Illustrated Goetia-Sexual Evocation*, Scottsdale, Arizona: New Falcon Publications, 1992
DUQUETTE, LON MILO: *The Magick of Thelema – A Handbook of the Rituals of Aleister Crowley*, York Beach, Maine: Samuel Weiser, 1993
DUQUETTE, LON MILO: *My Life with the Spirits – The Adventures of a Modern Magician*, York Beach, Maine: Samuel Weiser, 1999
DVORAK, JOSEF: *Satanismus – Geschichte und Gegenwart*, Frankfurt a. M: Scarabäus/Eichborn, 1989
FLOWERS, S. EDRED: *Fire & Ice – Magickal Teachings of Germany's Greatest Secret Occult Order*, St. Paul, Minnesota: Llewellyn Publications, 1990
FORTUNE, DION: *Die mystische Kabbala*, Freiburg/i. Br.: Bauer, 1987
GRANT, KENNETH: *Aleister Crowley and the Hidden God*, London: Frederick Muller, 1973
GRANT, KENNETH: *Outside the Circles of Time*, London: Frederick Muller, 1980
GRANT, KENNETH: *Remembering Aleister Crowley*, London: Skoob Book Publishing, 1991
GRANT, KENNETH: *Hecate's Fountain*, London: Skoob Book Publishing, 1992
GRANT, KENNETH: *Cults of the Shadow*, London: Skoob Books Publishing, [2]1994
GREGORIUS, GREGOR A. (ed.): *Aleister Crowley's Magische Rituale*, Berlin: Schikowski, 1980
HAACK, FRIEDRICH-WILHELM: *Die Fraternitas Saturni (FS) als Beispiel für einen arkanmystogenen Geheimorden des 20. Jahrhunderts*, München: Arbeitsgemeinschaft für Religions- und Weltanschauungsfragen, [2]1980 (Hiram Edition 1)
HAACK, FRIEDRICH–WILHELM: *Satan – Teufel – Luzifer, Alter Aberglaube – Neuer Satanskult*, München: Evangelischer Presseverband für Bayern, [6]1987 (Münchner Reihe)
HAACK, ANNETTE/ HAACK, FRIEDRICH–WILHELM: *Jugendspiritismus und –Satanismus – Begriffe, Informationen, Überlegungen*, München: Arbeitsgemeinschaft für Religions- und Weltanschauungsfragen, [3]1988 (Dokumentations-Edition 11)
HAACK, FRIEDRICH-WILHELM: *Anmerkungen zum Satanismus*, München: Arbeitsgemeinschaft für Religions- und Weltanschauungsfragen, 1991 (Moonchild-Edition 17)
HUTCHINSON, ROGER: *Aleister Crowley – The Beast Demystified*, Edinburgh/London: Mainstream Publishing, 1998
INTROVIGNE, MASSIMO/ TÜRK, ECKARD: *Satanismus – Zwischen Sensation und Wirklichkeit*, Freiburg i. Br.: Herder, 1995
KÖNIG, PETER-R. (ed.): *Der OTOA-Reader*, München: Arbeitsgemeinschaft für Religions- und Weltanschauungsfragen, 1994a (Hiram Edition 18)
KÖNIG, PETER-R.: *Das OTO-Phänomen – 100 Jahre Magische Geheimbünde und ihre Protagonisten von 1895 – 1994*, München: Arbeitsgemeinschaft für Religions- und Weltanschauungsfragen, 1994b (Hiram Edition 16)
KÖNIG, PETER –R.(ed.): *Abramelin & Co*, München: Arbeitsgemeinschaft für Religions- und Weltanschauungsfragen, 1995 (Hiram Edition 20)
KÖNIG, PETER-R. (ed.): *Astrum Argenteum: How to make your own McOTO [OTO-Phänomen Teil 8] Fotokopien in streng limitierter Auflage – nur für wissenschaftliche Zwecke – zusammengestellt*, München: Arbeitsgemeinschaft für Religions- und Weltanschauungsfragen, 1996 (Hiram Edition 22)
KÖNIG, PETER–R.(ed.): *Ecclesia Gnostica Catholica – Die Gnostischen Neo-Christen*, München: Arbeitsgemeinschaft für Religions- und Weltanschauungsfragen, 1998 (Hiram Edition 25)

LAVEY, ANTON SZANDOR: *The Satanic Bible*, New York: Avon Books, 1969
LAVEY, ANTON SZANDOR: *The Satanic Rituals,* New York: Avon Books, 1972
LAVEY, ANTON SZANDOR: *The Devil's Notebook*, Portland: Farel House, 1992
LEHMBERG, F.W. (ed.): *Magische Sonderdrucke und Interna der Fraternitas Saturni*, München: Arbeitsgemeinschaft für Religions- und Weltanschauungsfragen, 1980 (Hiram Edition 10)
LENNHOFF, EUGEN/POSNER, OSKAR: *Internationales Freimaurer-Lexikon*, Wien/München: Amalthea, 1980
MAUGHAM, W. SOMMERSET: *Der Magier,* Zürich: Diogenes Verlag, 1975
MESSENGER, CHARLES: *Blitzkrieg – eine Strategie macht Geschichte*, Bergisch Gladbach: Lübbe, 1978
MESSNER/GOGNA: *K2 – Berg der Berge*, München: BLV Verlagsgesellschaft, 1980
MEYRINK, GUSTAV: *Der Engel vom westlichen Fenster*, München: Knaur, 1975
MIERS, HORST E.: *Lexikon des Geheimwissens*, München: Goldmann, ^{5}1982
MÖLLER, HELMUT/HOWE, ELLIC: *Merlin Peregrinus – Vom Untergrund des Abendlandes*, Würzburg: Königshausen und Neumann, 1986 (Harmening, Dieter (ed.): Quellen und Forschungen zur Europäischen Ethnologie, vol. II)
O.T.O.: *AGAPE –The official organ of the U.S. Grand Lodge of the Ordo Templi Orientis* VOLUME IV, NUMBER 1, Austin/TX: 2002 [C.O.T.O. Zeitschrift]
REGARDIE, ISRAEL/STEPHENSEN, P.R.: *The Legend of Aleister Crowley*, Phoenix, Arizona: Falcon Press, 1983
REGARDIE, ISRAEL: *Das Magische System des Golden Dawn,* Freiburg i. Br.: Bauer, 1988
REGARDIE, ISRAEL: *The Eye in the Triangle – An Interpretation of Aleister Crowley*, Las Vegas: Falcon Press, 1989
REGARDIE, ISRAEL: *Die Elemente der Magie,* Hamburg: Rowohlt, 1991
REUß, THEODOR (ed.): *Lingam-Yoni oder Die Mysterien des Geschlechts-Kults*, München: Arbeitsgemeinschaft für Religions- und Weltanschauungsfragen, 1983 (Hiram-Edition 14)
ROBERTSON, SANDY: *The Aleister Crowley Scrapbook*, York Beach, Maine: Samuel Weiser, 1994
SCHMIDT, JOACHIM: *Satanismus – Mythos und Wirklichkeit*, Marburg: diagonal, 1992
SCHUELER, GERALD J.: *Enochian Magick – A Practical Manual, The Angelic Language Revealed*, St. Paul, MN: Llewellyn Publications, ^{2}1988
SCHUELER, GERALD J.: *An Advanced Guide to Enochian Magick – A complete Manual of Angelic Magick*, St. Paul, MN: Llewellyn Publications, 1992
SCHUMANN, HANS WOLFGANG: *Mahayana Buddhismus – die zweite Drehung des Dharma Rades,* München: Diederichs: 1990
SKINNER, STEPHEN (ed.): *Magickal Diaries of Aleister Crowley*, York Beach: Samuel Weiser, ^{2}1997
SPARE, AUSTIN OSMAN: *Gesammelte Werke*, Wien: Edition Ananael, 1990
STOLZ, FRITZ: *Grundzüge der Religionswissenschaft*, Göttingen: Vandenhoeck & Ruprecht, 1988
STORL, WOLF-DIETER: *Feuer und Asche, Dunkel und Licht – Shiva, Urbild des Menschen*, Freiburg i. Br.: Bauer, 1988
SUSTER, GERALD: *The Legacy of the Beast –The Life, Work and Influence of Aleister Crowley*, London: W.H. Allan, 1988
SYMONDS, JOHN: *Aleister Crowley - Das Tier 666*, Basel: Sphinx, 1983
SYMONDS, JOHN: *The King of the Shadow Realm – Aleister Crowley: his life and magick*, London: Duckworth, 1989
TEGTMEIER, RALPH: *Aleister Crowley – Die tausend Masken des Meisters*, München: Knaur, 1989

U.D., FRATER (= Tegtmeier, Ralph): *Handbuch der Sexualmagie – Praktische Wege zum eingeweihten Umgang mit den subtilen Kräften des Sexus*, Haar: akasha, 1986
WASSERMAN, JAMES (ed.): *Aleister Crowley and the Practice of the Magickal Diary – Includes John St. John and A Master of the Temple from The Equinox*, Phoenix, AZ: New Falcon Publications, 1993
WENISCH, BERNHARD: *Satanismus*, Mainz: Matthias Grünewald, 1988
WILSON, COLIN: *Aleister Crowley – The Nature of the Beast*, Wellingborough: Aquarian Press, 1987
WILSON, COLIN: *Aleister Crowley – the Nature of the Beast*, Wellingborough: Aquarian Press, 1987

Elektronische Medien:

CROWLEY, ALEISTER: *The Great Beast Speaks* [Audio-CD], London:M.O.D., s.a

Internetquellen:

[anon.]: http://www.iglou.com/members/emonk/dreams/Time.htm (Stand: 12.09.04)
[anon.]: http://enochiana.tripod.com/aethyrs.html (Stand: 12.09.04)
CRANE, SCOTT: http://members.optusnet.com.au/~cranesco/sci-ill.html (Stand: 12.09.04)
HOLDEN, CLAY: http://users.rcn.com/cholden/ (Stand: 12.09.04)
IANNOTTI, TONY: http://www.bapho.net/archives/C/C0000095/s0000004a.gif (Stand: 12.09.04)
KAVANAGH, BARRY / MOORE, ALAN: http://www.blather.net/articles/amoore/alanmoore.txt (Stand: 12.09.04)
KELLY, http://www.geocities.com/Athens/Parthenon/7069/aboutgmk.html (Stand: 12.09.04)
LAVEY, ZEENA / SCHRECK, NICKOLAS: http://www.churchofsatan.org/aslv.html (Stand: 12.09.04)
NATIONAL OCCULT RESEARCH ASSOCIATION (NORA): http://www.occultresearch.org/enochian/ (Stand: 12.09.04)
PEDERSEN, BJARNE SALLING: http://users.cybercity.dk/~ccc12757/home1.htm (Stand: 12.09.04)

www.ingramcontent.com/pod-product-compliance
Lightning Source LLC
Chambersburg PA
CBHW020109020526
44112CD00033B/1104